◀开放中国丛书▶

郎丽华　裴长洪　林桂军◎主编

第四路径：

中国OFDI逆向技术溢出效应研究

刘　宏◎著

经济日报出版社

图书在版编目（CIP）数据

第四路径：中国 OFDI 逆向技术溢出效应研究 / 刘宏著. -- 北京：经济日报出版社，2016. 9
ISBN 978-7-5196-0003-7

Ⅰ. ①第… Ⅱ. ①刘… Ⅲ. ①对外直接投资-影响-技术进步-研究-中国 Ⅳ. ①F832. 6②F124. 3

中国版本图书馆 CIP 数据核字（2016）第 216457 号

第四路径：中国 OFDI 逆向技术溢出效应研究

作　　者	刘　宏
责任编辑	王　忺
校　　对	徐建华
出版发行	经济日报出版社
地　　址	北京市西城区白纸坊东街 2 号（邮政编码：100054）
电　　话	010-63567683（编辑部）
	010-63516959　83559665（发行部）
网　　址	www. edpbook. com. cn
E-mail	edpbook@126. com
经　　销	全国新华书店
印　　刷	北京九州迅驰传媒文化有限公司
开　　本	710×1000 毫米　1/16
印　　张	12
字　　数	180 千字
版　　次	2017 年 1 月第一版
印　　次	2017 年 1 月第一次印刷
书　　号	ISBN 978-7-5196-0003-7
定　　价	36. 00 元

序　言

刘宏教授作为国内经济学界研究国际直接投资和跨国公司问题的学者，在该领域积累了一些研究成果，研究方法新颖，研究视角独特，所提出的政策建议受到了政府、企业的高度重视和同行的高度好评。在他的新著即将出版之际，我应邀欣然作序。

本书是在中国经济由高速增长向中高速换挡以及结构性矛盾日益突出的现实处境下，在自主创新、吸收外资和许可贸易等传统技术创新路径对提高我国科技进步略显乏力的背景下，作为第四条技术创新路径的对外直接投资逆向技术溢出就成为政府、企业和学界普遍关注的焦点。刘宏教授对中国对外直接投资逆向技术溢出的存在性、传导机制、影响因素和区位选择，尤其是其理论分析框架等一系列问题进行了深入的思考和系统的论证，这一研究是具有理论和实践意义的。

发展中国家作为工业化的后起之秀如何实现国内经济的持续增长和对发达国家的技术追赶是经济学理论研究领域的重要话题。英国经济学家哈罗德（Harrod）和美国经济学家多马（Domar）几乎于同一时期阐述了各自的经济增长思想，由于两位学者的经济增长模型具有一定程度的相似性，因此学术界一般将其合称为哈罗德（Harrod）－多马（Domar）经济增长模型，该模型成为现代经济增长理论的开端。1956 年美国经济学家索洛（Solow）在其《关于经济增长理论的一篇论文》一文中指出了哈罗德－多马模型存在的缺陷进而总结出具有新古典性质的索洛增长模型，并提出了全要素生产率（TFP）用来衡量技术进步对于经济增长的贡献度。新古典经济增长理论虽然认识到技术进步对经济增长的重要性，但其关于经济进步外生性的假设则显得过于牵强，鉴于此 20 世纪 80 年代以经济学家罗默（Romer）、卢卡斯（Lucas）等为主要代表的一批学者摒弃了新古典经济增长模型中关于技术进步外生性的假定，相继提出了具有技术进步内生化特征的经济增长模型，即内生经济增长模型或新经济增长模型。20 世纪 90 年代格罗斯曼（Grossman）和赫尔普曼（Helpman）等人基于研发（R&D）的内生增长模型更是把技术进行内生化处理，从而在理论上使得经济长期增长具备了可能性。这些学者们的研究结论普遍认为，知识和人力资本的积累是一个国家经济增长的源泉，而技术进步和技术创新则能为国家经济发展提供源动力。

在当今全球经济一体化日益加深的时代，一个国家的技术进步除了可以依靠自主创新之外，还可以通过贸易、FDI 等其他外部方式获取，特别是对严重缺乏核心技术的发展中国家来说，引进和吸收发达国家的先进技术就成为了自身技术积累的重要途径。学者们也从不同的角度对该问题进行了研究，Kogut&Chang（1991）研究认为获取东道国美国的先进技术可能是日本投资者的动机，并且合资经营被证明是日本用来获取和分享美国技术能力的重要方式。Teece（1992）以 20 世纪 80 年代流入美国硅谷的对外直接投资数据为研究对象进行分析研究，结论表明在硅谷的大量外国资本源起于当地高端的生产技术和高强度的研发密度，通过与投资国采取合作、合资等经营模式接近了高新技术的源发地并通过技术的逆向溢出机制提高了本国的自主创新能力和技术水平。Wesson（1999）研究表明技术落后企业可以通过对外直接投资的逆向技术溢出机制来达到提高本国技术水平的目标。Chung（2001）认为跨国公司是实现国际技术转移的有效纽带，通过这一纽带，技术落后的国家可以获得本国所不具备的先进的科学技术，间接地带动本国技术创新和研发能力的提升。Lichtenberg & Potterie（2001）通过研究认为对外直接投资是实现国际技术外溢的一种有效途径，技术落后国家可以通过开展海外投资促进本国的技术进步。Behera&Goldar（2012）的结论同样显示对外直接投资与逆向技术溢出效应之间存在着长期的稳定关系。上述学者们分别从不同角度的研究不仅构建了逆向技术溢出的理论基础，同时也用实证数据验证了逆向技术溢出的客观存在性，这些都为对外直接投资逆向技术溢出的深入研究铺垫了基础并提供了理论支撑。

20 世纪中期以来，关于跨国公司对外直接投资的理论研究不断得到丰富和发展，对投资者投资动机、方式、决策的解释成为对外直接投资理论的研究重点。传统跨国公司理论认为驱使公司对外直接投资的内在动力是其相较于东道国公司而言具备一定的所有权优势，这一理论很好地解释了同时期发达国家对外直接投资行为。但是，随着经济全球化进程的加速推进，双向投资和并不具有所有权优势的越来越多的发展中经济体向发达经济体的投资行为使得传统理论陷入了困境。于是，学者们尝试从不同的角度对该行为进行解释并提出了小规模技术理论、技术地方化理论、技术创新产业升级理论以及战略管理理论等。这些理论的提出从不同层次和角度丰富和完善了跨国公司对外直接投资理论，为跨国公司对外直接投资实践中出现的新现象提供了理论支撑。刘宏教授的新著《第四路径：中国 OFDI 逆向技术溢出效应研究》一书以跨国公司对外直接投资理论为支撑，结合中国对外直接投资的实践活动，构建了适合分析中国对外直接投资逆向技术溢出的理论模型，分别从企业层次、产业层次和国家层次分析了对外直接投资逆向技术溢出的传导机制，并创新性地对技术获取型对外直接投资的目标国家和目标行业进行了有效识别。这些新的理论模型的构建、传导机制的分析以及对技术获取型对外直接投资的数据甄别等无疑为对外直接投资理论做出了重大贡献。

改革开放以来，中国经济在近 30 年的时间内实现了长期、持续、快速、平稳增长，中国综合国力得到了极大的提升，但是和世界发达国家相比较我国在科技进步和科技创新方面仍有较大差距，无论是科技研发投入占国内生产总值的比重、对国外技术的依赖程度还是科技进步对经济发展的贡献率都远远落后于发达国家。然而，当今世界国家之间的经济竞争以及综合国力的竞争很大程度上依赖于技术的先进性，科技的历次重大突破都可以为一个国家经济、政治、文化的发展提供源源不竭的动力，科技竞争已经成为国际竞争的制高点。当前，中国正处于建设创新型国家的决定性阶段，同时，中国经济增长也已经进入从高速到中高速的“换挡期”，因此必须更多地依靠科技创新引领、支撑经济发展和社会进步。本书作者刘宏教授充分认识到对外直接投资作为国际技术扩散的重要路径之一，能够显著提高母国企业、产业以及国家的技术水平，通过对外直接投资加强对技术的引进、消化、吸收和再创新，从而提高本国的自主创新能力。同时，本书通过对中国对外直接投资逆向技术溢出的理论和实证分析之后提出了富有现实指导意义的政策建议，对于政府适时调整“走出去”战略，制定转型期对外直接投资政策，以及企业合理规划科学制定对外直接投资的动机、方式与区位选择都具有较高的参考和借鉴价值。

刘宏教授长期从事跨国公司与国际直接投资的研究，他思想敏锐、知识渊博、逻辑缜密、思路开阔，对该领域前沿问题有较强的领悟力和洞察力，研究成果以不同形式相继被政府、企业和同行采纳和引用。我相信，本书对中国对外直接投资的深入研究不仅能够丰富和进一步发展对外直接投资基本理论，还可以为相关学者从事研究工作提供理论参考，进一步为中国政府制定决策和引导企业实施对外直接投资的实践活动提供政策建议、理论支撑。同时，读者也会从这本立足于理论又不失应用与实践性的著作中收获知识与喜悦。

朱钟棣

2016年元月7日

前　言

中国作为世界上最大的新兴经济体，自改革开放以来，经济增速一直位居世界前列，经济增长所取得的成就举世瞩目，综合国力明显增强，国际地位显著提高。但是中国的增长方式亟待转型升级，随着外部环境的变化和国内矛盾的堆积，中国改革开放以来所依赖的以低成本的出口拉动和投资驱动为特征的粗放式经济增长模式难以为继。劳动力成本的提高、资源对外依赖性的增强、绿色贸易标准提高的要求、针对中国的歧视性贸易政策等都使低成本的出口难以增长；土地财政和地方债的困境、基础设施建设的饱和使得低成本的投资难有发挥的空间，这二者又造成了中国内需不振。所以，集约式经济增长方式成为必然、迫切的选择，而这一切必须依靠技术进步。中国迅速提高科技在经济增长中的作用已经到了刻不容缓的地步。

在全球化条件下，提高一国技术水平的方式主要有自主研发、对外贸易、吸引外国直接投资和技术寻求型对外直接投资。

与其他提高技术水平的方式相比，技术寻求型对外直接投资的最大优点在于其是一种主动的技术获取途径，而对外贸易、吸引外国直接投资带来的技术都是由技术供给方经过筛选后提供的。技术寻求型直接投资可以接触到技术的最前沿，起到监听的作用，并能及时发现可能带来的新的行业机会。另外，技术寻求型对外直接投资还可获得管理、营销、文化等方面的知识和影响，其他方式不能提供，提供的不直接或程度不够。自主研发虽然较为主动，但中国自主研发能力不足，而技术寻求型投资可以促进自主研发能力的提高。

在全球化的条件下，很多发展中国家已通过技术寻求型对外直接投资获得了技术进步。包括美、欧、日等发达国家也十分重视技术寻求型对外直接投资对于技术进步的作用。技术寻求型对外直接投资应该成为如同自主研发一样的提高技术水平的常态方式。

国际直接投资在二战后，尤其是 1980 年代以来迅速发展。1960 年，美国经济学家海默首先提出了垄断优势理论，自此开始出现了独立的国际直接投资理论。早期的理论，比如垄断优势论、内部化理论、国际生产折衷理论、小岛清边际产业扩张理论主要用来解释发达国家的对外直接投资行为，认为对外直接投资的基础是发达国家企业拥有的超越东道国竞争者的某种优势。

20 世纪 70 年代发展中国家的对外直接投资逐渐增多，发展中国家的对外直接投资并不具备发达国家的传统意义上的优势，于是有的学者提出小规模技术理论、技术当地化理论、技术创新产业升级理论等来解释发展中国家的对外直接投资行为，这些理论认为发展中国家企业具有一些和发达国家企业不同的优势。

20 世纪 80 年代后，发展中国家向发达国家直接投资增加非常迅速，于是出现了新的动因解释理论，认为发展中国家向发达国家投资是为了寻求战略性资产，或者是为了寻求技术，这些理论可以称为寻求优势型理论。

中国对外直接投资始于 1979 年，自 2001 年中国政府实施“走出去”战略以来，对外直接投资呈现出高速增长的势头。截止到 2015 年，中国已经连续四年成为世界三大对外投资国之一。中国学者是从 90 年代后期开始涉及这一领域问题的研究，和中国对外直接投资以及技术寻求型对外直接投资的规模和发展速度比起来，中国在这一方面的研究显得较为薄弱。

目前关于技术寻求型对外直接投资的研究虽然取得了一些成果，但是还存在着一些需要改进的地方。第一，理论研究方面存在一些问题。没有形成一个普遍被接受的技术寻求型对外直接投资的理论体系，包括国外的研究也同样如此。一些理论研究成果存在一定的缺点。例如，已有的研究中，对中国技术寻求型对外直接投资逆向技术溢出发生的机理或机制的成果就存在下述问题：将国外获得技术机制和国内传播技术的机制混杂；将不同层次的机制构成因素放在并列的位置；将因果关系的机制构成因素认为是并列关系；一些概念界定模糊，不同概念有很多内容重叠。第二，实证研究也存在一些需要继续探讨的问题。实证的结论多数认为中国对外直接投资的技术进步效应是存在的，有的研究认为影响较为明显，有的研究认为影响系数较小，少数研究认为中国对外直接投资对技术进步有负面作用。因此，对于中国对外直接投资的技术进步效应的存在性和溢出程度的评价还不清晰。另外，实证方法和数据选择处理也存在一些问题。

因此本书对于中国技术寻求型对外直接投资相关的理论和实践问题进行了较为广泛、深入的探讨。主要内容大体分为以下几个部分：文献综述（经济增长理论、国际直接投资理论、技术寻求型对外直接投资理论）；中国对外直接投资和技术寻求型对外直接投资历程和现状分析；中国技术寻求型对外直接投资的逆向技术溢出机制研究；技术寻求型对外直接投资的目标国家和目标行业的有效识别；中国技术寻求型对外直接投资技术进步效应计量实证；中国技术寻求型对外直接投资技术进步效应影响因素理论研究和计量实证；逆向技术溢出效应的区位选择理论研究；人才流动对中国技术寻求型对外直接投资技术进步效应影响的理论研究和政策建议等。创新点主要表现在：对技术寻求型对外直接投资的目标国家和目标行业的有效识别；中国技术寻求型对外直接投资的逆向技术溢出机制研究以及人才流动对中国技术寻求型对外直接投资技术进步效应影响的理论研究等方面。另外，还从企业的层次对中国技术寻求型对外直接投资的技术进步效应进行了统计实证。

本书的研究成果可为政府制定技术发展规划、对外经贸战略、对外直接投资支持政策、技术寻求型对外直接投资的政策引导提供科学依据。还可以为企业进行国际化战略决策、制定研发规划以及帮助企业进行国际化经营的投资动机安排、投资方式选择、地理方向选择，尤以技术获取型对外直接投资的具体操作提供理论参考和应用指导。

目　录

第一篇　对外直接投资理论基础与文献回顾

1. 绪 论

1.1 研究背景

1.1.1 技术成为经济增长的新引擎

技术在人类文明演进的过程中始终起着至关重要的作用，它对社会生产力的提高进而为社会发展和经济增长均做出了不可磨灭的贡献。在当代，技术进步和技术创新的速度和广度均远远超过了过往的任何时代，和同样作为促进经济增长的资源、劳动和资本等要素相比，技术已经成为经济增长的新引擎。技术进步通过不断的改进劳动工具、扩大劳动对象，不仅使得生产效率大大提高，同时也缓解了经济增长给资源带来的压力，保证了经济社会的可持续发展，提高了经济社会的资源配置效率，促进了经济社会整体产出的增加。

在科技发展日新月异的当今时代，技术水平日益成为衡量国家之间综合国力高低的重要标志和竞争焦点。技术进步和技术创新不仅推动着国家经济总量的不断增长，同时通过对生产过程中产品工艺流程的重新设计，不仅提高了产品的质量，缩短了产品的生命周期，而且节约了劳动力，提高了生产效率。另外，技术进步对于促进经济增长方式的转变也具有极大的促进作用，依靠生产要素大量投入带动的粗放型经济增长方式消耗较高，效率较低，已经不适应当今生产力发展的实际状况，因此要想实现经济增长方式的转变，提高生产的效率、降低资源的消耗，实现资源的优化配置就必须依赖于技术水平的提高和技术创新的出现。同样，技术进步也在极大程度上推进了产业结构的调整，纵观历史，产业结构的每次调整均与技术进步有着密不可分的关系，农业取代游牧业、机器大工业取代手工劳动以及服务业、信息产业的逐渐兴起均与技术进步和技术创新有着紧密的联系。因此，可以说技术不仅是经济增长的新引擎，而且对经济增长方式转换和结构调整产生了巨大的推动作用。

现代西方经济学理论也论证了技术在经济增长中的决定作用。

索洛在其新古典增长模型中认为，如果不存在知识积累和技术进步，经济增长率只能等于人口增长率，长期经济增长率独立于储蓄率。他强调了技术进步的作用，认为技术进步是推动经济增长的源泉。虽然这一理论存在一些不足，但是确立了当代经济增长理论的范式。索洛模型是建立在资本边际收益递减的规律基础之上，所以得出了一些令人遗憾的结论。当假定资本边际收益不是递减而是不变或递增的时候，就确立了内生增长理论的基础。

AK 模型是资本边际收益不变的内生增长理论。这一理论认为，储蓄率越高，那么储蓄高于必须投资的差距就越大，资本深化就越快，经济增长率就越高，因此即使不存在劳动力的增长和技术进步，经济在一定程度上也可以实现内生增长。但是，这一模型中的资本包括人力资本和物质资本，且人力资本和物力资本可以相互替代，因此，还是强调了科技的作用。

在罗默的经济增长模型中，资本的边际收益是递增的。罗默认为，知识积累是经济增长中的一个具有独立作用的因素。在模型中，罗默把知识划分为一般性知识和专业化知识，一般性知识具有经济外部性，除了产生新知识的企业直接受益外，其他的企业也能获益，而专业化知识只给产生知识的企业和一些相关企业带来收益。从整个社会看，知识积累能促进全社会发生收益递增。他还认为，一个社会的经济部门分为物质生产部门和知识积累部门。一个国家要实现长期增长，应该重视研究开发部门的作用，着力增加在研发部门的投入，努力提高知识积累率，以促进技术进步，实现经济的持续增长。

科学产生技术，技术促进科学，科学必须通过技术才能对生产力发生作用，因此从对整个生产力和人类社会的促进作用角度来说，技术的作用就是科技的作用。科技是推动现代生产力发展的重要因素，现代科学技术更是如此。现代科学技术是在生产力各个要素中起主导作用的因素，是决定生产力发展的第一要素。科学技术研究已经成为了第一生产过程，并且正在成为社会的主导产业。现代科学技术还是生产力的新增长点，现代科学理论及其相关技术领域每次取得突破，都会带动相关产业的发展或者促进新的生产部门产生。

当今世界经济发展的潮流已经显示出，国家之间的经济竞争以及综合国力的竞争很大程度上依赖于技术的先进性，科技的历次重大突破都可以为一个国家经济、政治、文化的发展提供源源不竭的动力，科技竞争已经成为国际竞争的制高点。当前，中国正处于建设创新型国家的决定性阶段，同时，中国经济增长也已经进入从高速到中高速的“换挡期”，因此必须更多依靠科技创新引领、支撑经济发展和社会进步。

1.1.2 经济全球化浪潮的持续冲击

经济全球化一词由 T·莱维于 1985 年提出。国际货币基金组织对全球化的定义是：通过贸易、资金流动、技术创新、信息网络和文化交流，使各国经济在世界范围内高度融合，各国经济通过不断增长的各类商品和劳务的广泛输送，国际资金的流动，技术更快更广泛的传播，形成相互依赖关系。全球化不是新现象，而是从资本主义生产方式开始确立时就出现的趋势，大致经历了三个高速发展的时期。

20 世纪 80 年代以来的全球化高潮的原因是：一是第三次科技革命的发生；二是跨国公司的迅速发展；三是市场经济体制在全球范围内的普遍确立；四是三大国际经济协调组织的作用。

现阶段的全球化的新颖之处不在于经济活动的跨国扩散，而在于国际生产和贸易主要由跨国公司在全球范围内加以组织。全球化的发展涉及货币、服务、货物、人员的流动和跨国组织的产生与发展。全球化使传统民族国家之间的界限日益模糊，表现为国与国之间的经济、政治、社会和文化关系的联系增强，使得一国政府在调整本国经济运行时更容易受到外部环境的影响，实际上带来了部分国家权力的丧失。目前经济全球化已从原来的“国际贸易时代”走向“国际生产时代”，不但国际直接投资增加迅猛，而且许多国际贸易是由跨国公司主导的。跨国公司已经控制了国际贸易的 60%，国际技术贸易的 80%。对外直接投资则满足了更深程度参与全球化的要求，国际生产中的技术溢出在增加，而国际贸易中的技术溢出在减少。

伴随着生产全球化，必然带来研发全球化。由于科技研发的高投入、高风险和更新周期缩短的特征愈发明显，因而世界各国和企业在强调自主研发的同时，也越来越重视科学技术的引进。世界技术市场交易额在 20 世纪 60 年代中期为年均 25 亿美元，70 年代中期为年均 120 亿美元，80 年代中期年均为 500 亿美元，而 90 年代中期年均则超过了 2000 亿美元，2002 年达到近万亿美元。

各个国家和跨国公司的海外研发投入增加迅速，经济与合作发展组织的报告中指出，外资研发投入已占该组织成员国研发投入的 12%；国与国之间和跨国公司之间的合作研发发展迅速；人类基因组研究计划由美、英、日、德、法和中国 1100 多名研究人员共同参与。研发的全球化可以优势互补，降低研发费用，有效地推动技术进步。除了合作和技术贸易之外，在技术要素充分流动的过程中，技术外溢也为参与者带来了技术进步。而发展中国家由于在人均收入、科技水平上远低于发达国家，因而引进技术更加重要。

经济全球化的浪潮是不会停止的，不论强国还是弱国，都卷入其中，这是资本逐利扩大市场的必然要求。全球化具有自我强化的特点，正如经济学家约翰·H·邓宁所言：“除非有天灾人祸，经济活动的全球化不可逆转。这是技术进步的结果，而技术进步的趋势不可逆转。”

发展中国家的经济发展状况在很大程度上是由其参与经济全球化的程度决定的。参与全球化程度深的国家经济增长速度较快且相对稳定，不参与经济全球化或参与全球化程度较低的国家在经济发展上的表现刚好相反。有学者根据1985—1995 年的资料对积极参与全球化的国家和不参与全球化国家的经济发展状况进行了研究，结果表明：积极参与全球化的国家经济发展速度比不参与全球化的国家快 50% 以上。

发达国家经过多年的发展已具备了较强的经济实力，即使经济增长率较低也会有较大的经济总量的增长。发展中国家应该利用后发优势，实行赶超战略才能逐步缩小和发达国家之间的经济差距，这要求发展中国家必须努力吸收发达国家已有的成功经验和技术成果。从世界经济发展的历史来看，有一些国家和地区利用后发优势实现了经济发展和对先进国家的赶超，最为典型的例子是日本和韩国，他们的成功主要获益于大量使用发达国家的先进技术。

1.1.3 中国经济结构亟需转型升级

改革开放的 30 多年来，中国 GDP 增速平均维持在 9% 以上，GDP 总量比改革开放初期提高了将近 25 倍，已达近 9 万亿美元，占全球 GDP 近 12%，排在世界第二位。人均 GDP 在 1998 年实现了从低收入水平向下中等收入水平国家的跨越，2010 年实现了从下中等收入国家水平向上中等收入水平国家的跨越。

中国的增长方式始终存在问题，并伴随外部环境的变化和国内矛盾的堆积，这一方式所带来的种种弊病越来越明显，对经济持续增长、人民生活水平提高及社会安定有着越来越多的不利作用。中国经常出现的短期宏观经济问题，除外部冲击外，基本上都是增长方式内在问题的外在表现，集中体现在三驾马车拉动经济增长的动力不足。

出口带动经济增长动力不足的原因。改革开放初期，由于经济中闲置的大量资源，确实具有低成本的优势。经过一段时间的发展后，中国经济取得一定程度的增长，工资成本有迅速上升的趋势，自然资源供给也日趋紧张，但是为了保持和强化中国的出口竞争优势，通过政府的宏观规划和政策使得中国的劳动力成本和资源成本被压低了。现阶段，总体上说人均收入到达上中等水平，农业剩余劳动力转移完毕，人口红利的好处已快用尽，农民工维权要价意识的提高，社会福利、社会保障的要求提高等因素使得劳动力成本低的优势也基本消失，人为压低劳动力价格的办法很难再持续。因此，中国依靠廉价劳动力来维持高增长已经不能继续。

导致成本升高的另一个原因在于中国资源和能源的成本上升。资源能源成本上升与资源能源的对外依存度过高有关。中国的资源能源对外依存度过高的原因主要有以下几个：

第一个是中国资源能源消耗量巨大。中国已经是世界工厂，从改革开放初期资源消耗不多的国家发展成为了全球第一大资源消耗国。比如在 2008 年中国消耗的原材料达 226 亿吨，资源消耗量是美国的 4 倍，约占全球消耗总量 1/3。这其实很符合逻辑，既然是世界工厂为世界提供产品，必然需要世界来提供资源和能源。

第二个原因是中国的资源利用效率很低。目前，中国每万美元 GDP 的能耗约是美国的 2 到 3 倍、德国的 4 到 5 倍、日本的 8 倍左右，甚至还是印度的 2.8 倍。

第三个原因是中国又是一个矿产资源较为贫乏的国家。人均矿产储量潜在总值为 1.51 万美元，仅为世界平均水平的 58%，而且资源数量还在下降，资源的质量也在持续恶化。其中，35 种重要的矿产资源人均占有量仅为世界平均水平的 60%。石油、铁矿、铝土矿的人均占有量则更低，分别只相当于世界平均水平的 11%、44%、10%。

作为世界工厂，中国必然消耗大量的资源，而自身资源的匮乏和资源利用的低效，必然导致资源对外依存度高。根据《2015 中国矿产资源报告》的统计，2014 年中国石油、铁、铜等大宗矿产品进口量继续增长，对外依存度居高不下。这一报告表明：石油的对外依存度是 56.7%、铁矿石的对外依存度为 56.4%、钾肥的对外依存度为 51.5%、铝的对外依存度为 61.5%，铜的对外依存度达到了 71.4%。

在 2013 年，中国原油、天然气、煤炭三大主要能源的进口量均表现出快速增长的态势，它们的对外依存度进一步提高。在这一年，中国原油进口总额已达到 2196.5 亿美元，对外依存度是 58%，中国天然气进口量为 530 亿立方米，对外依存度达到 31.6%，中国也已成为全球第三大天然气消费国。除了油气之外，近些年中国煤炭的进口量也屡创新高，尽管中国煤炭的储藏量和产量都是世界第一。根据中国海关总署的消息，2013 年中国煤炭进口量为 3.27 亿吨，同比增长了 13%。其实早在 2011 年中国就已取代了日本成为世界上最大的煤炭进口国。

中国由于对外资源、能源依存度高，并且没有大宗商品的定价权，往往是购买某种商品那么此商品便会涨价，所以这一部分成本很难控制下来。除了大宗商品价格被操纵的原因外，实际上，集合全球资源也很难支持中国目前增长方式下的发展。世界环保观察组织的《1998 年世界现状》报告指出，如不改变目前的发展模式，全球的土地及水资源都满足不了中国对谷物的需求，石油资源也不能满足中国的需要。

还有一些行业的行政性垄断也抬高了国内生产和出口成本。劳动力成本和资源能源成本的上涨，再加上外部市场环境恶化，中国以出口带动经济增长的模式很难有继续发展的空间。

中国投资带动经济增长的力量也不足。近些年来，投资率不断攀升，目前固定资产投资占 GDP 的比重已接近 50%，远高于多数国家的 20% 左右的水平。这种现象有其深远的根源。可以用比较政治学领域里的投资饥渴症来解释。这个术语解释了所有指令性计划下一个持续不败的现象，在政府官员和国企管理层对扩大投资的疯狂追求下，生产的东西已经过剩，为什么还会继续投资呢？原因就是投资可以提高政绩。这种指导思想至今还在人们潜意识中存在着，也许在基础设施不足的情况下，这也带来某种程度的效率，尽管有浪费但在可接受范围内，不过就目前情况看，这种投资多数没有价值。而且目前的情况是政府投资的能力变弱，可投资有价值的项目逐渐减少。

中国政府，尤其是各地方政府一直是头号投资者。政府这些投资资金来源很大一部分是土地财政的贡献，还有借款。土地一旦卖完，那么土地财政就难以维持。一些沿海东部城市已无土地可卖，对他们来说，土地财政增长为零。不少地方政府负债累累，很多债务已进入还本付息的高峰期，以至于各地方政府还债能力被各方质疑。前几年突击借债投入的诸多基础项目中，大部分不具备高回报的性质，甚至有些根本没有回报，额外还有巨大的维护维修费用。

从可投资的项目来看也在减少。具有大规模投资能力的地方政府，多数都在中东部发达地区。经过多年的发展和投资，中东部发达地区的基础投资，可投项目基本投完，这其中普通公路、高铁、高速公路、航线、通讯设施、城市公共物品等已趋于饱和，甚至出现了过度投资的状况。如果西部地区复制东部地区的投资密度和规模，其脆弱的自然环境，稀少的人口均表明此类投资效益不高。

国企获得融资较容易，由于经营领域的特点，加上治理和管理的问题，投资于具有创新精神的实体项目很少，多数用于资本运作，这种投资很难为经济增长做出实质贡献。

一些民营中小企业有创新意识、能力，也有合适的项目，但由于中国金融市场不够发达，使得此类中小企业很难获得贷款。

来自于其他国家的跨国公司的投资也存在减少趋势。由于中国已经达到中高收入水平，技术水平也有了显著提升，加上发达国家向中国转移的产业几乎转移完毕。因此，投资很难发挥拉动经济持续增长的作用。

消费需求疲软表现在国内居民私人消费占比逐年下降。从 1978 年到 2014 年居民私人消费占 GDP 的比重由 49% 下降到了 36%，仅为一般国家的一半左右，在世界主要经济体中，这一比例是最低的。造成这一现象的主要原因是中国国民收入分配扭曲，短期内难以改变。收入扭曲有两个表现，一是居民收入占比低，二是居民收入分配不均，两极分化较为严重。2015 年 1 月 19 号公布的由国家统计局测算的中国近十年来的基尼系数都在 0.4 以上，也就是处于警戒线之上。造成这种现象的原因有长期的、短期的和过渡期三方面的原因。

长期原因中，如土地制度和户口制度，这两种制度从根源上影响了中国土地市场和劳动市场的发育，并认为农村的土地财富是不公正的转移，造成了城乡收入差距过大。并影响其他要素市场的成长，抑制了中国市场经济的活力。

中期原因中，过渡期间的现象，是从计划经济走向市场经济初始时期，资本缺乏，使资本报酬偏高，形成了一些利益阶层，这些阶层为了维护既得利益而通过市场或游说政府等手段使其在资本比较充裕时依然保持资本较高的报酬水平，这种现象可以用库兹涅茨的倒 U 型假说来解释。假说认为，在前工业文明向工业文明极为快速转变的经济增长早期，不平等的程度不断扩大，经过一个时期会变得稳定，到了增长的后期，不平等的程度将会缩小。许多发达国家的经济增长和收入分配不平等程度的关系，都呈现出倒 U 型，我国目前就处于这个转型期。另外，腐败问题对收入分配不均也有很大的影响，腐败问题也属于中期问题。现在，已到达从先富转到共富的道路上来的时期。

短期原因中，政府收入占比逐年提高是一个短期因素。政府财政收入占 GDP 的比重从 2000 年时的约 13.5% 上升到 2014 年的 22.1%。还需指出，中国政府实际所能控制支配的收入总量远大于财政收入，2008 年其占 GDP 的比重就已达到 30%，2010 年上升到 35%。若加上国有企业利润，政府实际所能控制支配的收入所占比重更大。2010 年高达 40.5%。但这样挤占了居民收入，加之社会保障体系覆盖面不广，保障程度不高，中国老百姓就增加了很多预防性储蓄。政府收入增加迅速的主要目标是增强政府对宏观经济进行调控能力，主要手段是进行投资。政府收入占比增加和中国的经济增长方式有关。其中资本获得报酬偏高和增长方式、政府鼓励、利益阶层维护、人力资本水平较低有着密切关系，人力资本水平较低是粗放式增长的必然结果。

另外短期内经常遇到的经济过冷、过热，以及地产问题，政府经常调整宏观政策的根源都是增长方式问题。

在粗放式增长方式下，消费、投资、出口这三驾马车均已进入到动力不足的阶段。唯一解决问题的办法就是转变经济发展方式，由粗放型转为集约型。转换的关键在于创新，尤其是制度创新和技术创新，对于中国的企业来说，重点是技术创新。

内外条件的改变决定了中国必须转变经济发展方式，由粗放型增长转为集约型增长，从单纯依赖出口和引进外资的对外经济联系方式转变为外贸、外商投资和对外直接投资并举，并在出口、吸引外商来华投资的红利逐渐用尽时，在对外直接投资上寻找新的红利。因此，对外直接投资在逐渐增加分量的过程中，必须给予更多的关注和支持。

科技是第一生产力，科技的竞争是国家与国家之间的终极竞争。江蕾、安慧霞、朱华（2007）对 1995－2005 年中国科技对经济增长贡献率进行测算，测算结果为 17.5%，而主要发达国家为 60%－80%，可知中国这一指标远低于主要发达国家。欧洲工商管理学院（INSEAD）与世界知识产权组织（WIPO）联合发布的 2015 年全球创新指数研究报告中，中国创新指数全球排名第 29 位。

对外直接投资是获得先进技术的重要途径，也是接触和学习众多最前沿技术的重要途径。在对外直接投资中，与转型关系最为密切的投资类型是技术寻求型对外直接投资。从经济转型、从对外经贸联系方式的发展上来看，研究技术寻求型对外直接投资有重要意义。另外，从微观的角度，分析技术进步的途径中，技术寻求型对外直接投资也具有不可替代的独特作用。

在全球化的条件下，提高一国技术水平的方式主要有自主研发、对外贸易、吸引外国直接投资、技术寻求型对外直接投资。从目前来看，技术寻求型对外直接投资有自己不可替代的作用。

这几种获取技术的方式特点对比如下：

第一，自主研发。

自主研发虽然重要，但是中国还不是科技强国，所以自主研发很难跳出技术边界的限制。其次，就中国目前来说，企业家精神不足，缺乏自主研发意识，并存在意识限制。另外存在预算限制，中国政府和企业的研发资金投入不足。再有，就是科技成果转化限制。中国科技成果转化机制不完善，即使有成果，但也不易转化成市场价值，知识产权状况堪忧。因此，单纯的自主研发不能够让中国完成技术赶超的目标。

第二，外商直接投资。

技术是跨国公司进行海外投资的基础，也是决定其竞争优势的关键。根据弗农的产品生命周期理论，跨国公司往往将核心研发环节和核心产品生产放在国内，对东道国转移的技术多数处于产品生命周期第三阶段的标准化技术，东道国很难获得先进技术。在三资企业中，平均研发费用仅占销售收入的 0.4%，这表明跨国公司不希望中国企业打破技术依赖的局面。

外资企业还通过就业、利润的挤出效应、研发资源的争夺，使中国的自主研发能力受到了抑制。

吴林海（2002）对我国苏锡常较为有名的三个科技园区的外商跨国企业进行了研究，结果发现：尽管在这些地区跨国公司密集，但只有企业，没有形成完整的产业链，导致外商直接投资的技术进步效应微弱，是一种较为普遍的现象。

第三，对外贸易。

单纯由市场决定的技术贸易很难达到均衡状态，这是由技术产品的特性决定的。由于信息不对称，技术的供需双方很难对技术做出一个合理的定价。另外，技术拥有方担心技术购买者会成为竞争对手，同时担心技术购买方由于保密不慎将技术外溢给更多的潜在竞争者。因此，中国企业很难买到合适的技术。

而且，很多发达国家对中国出口高技术产品实行严格的限制，比如美国。在我国中长期科学和技术发展规划纲要（2006－2020 年）部署的 11 个重点领域的 68 项优先主题中，有 10 个重点领域的 40 项优先主题的相关研发重点受到美国高技术的出口限制；27 项前沿技术的相关研发重点全部受到美国的出口限制；民用 13 个重大专项的相关研发重点中，有 11 项受到美国的出口限制。

中国企业在引进技术后，往往还会放弃原来的研发努力。中国每年固定资产投入中，40% 用于设备的投入，而其中 60% 用于进口国外的设备，用于消化吸收的投入很少。

而且引进技术中往往还存在中国企业难以破解的隐性技术，即使将中国企业所要求技术资料完全转给中国企业，中国企业也会由于难于破解而使技术和设备闲置。

另外，有形商品的国际贸易对于技术进步的作用主要是通过对中间产品和资本品的进口而实现的，最终消费品的进口也会带来一定程度的技术进步。但一些技术含量高的资本品和中间产品会受到出口的限制。所以，对于不存在出口限制的产品来说，技术和市场经验上的局限使得中国进口商在进口提高技术水平的资本品和中间产品时，效率不高。另外，在国内，人力资本方面的限制使得逆向工程的操作不如在技术寻求型对外直接投资条件下可行。

第四，技术寻求型对外直接投资。

技术分为显性技术和隐性技术。显性技术能够编码，技术需求方可通过文字、影像资料等获得。隐性技术不能够编码或不适于编码，对于这些技术，必须亲临工作现场或者接近工作现场通过意会才能学到。即使对于显性技术，也可通过亲临工作现场或者接近技术使用者而以免费或者成本较低的价格获得。

总之，技术在地理空间的传播有距离限制，距离技术供给方越近，获得的技术就越多，越远则信息损失和信息失真越严重。因此，获得目标的先进技术应该到该技术先进的国家和地区进行直接投资，通过进入其技术网络和价值链的技术溢出而获得。

技术寻求型直接投资的最大优点在于其是一种主动的技术获取途径，而第二、三、四种方式都是由技术供给方经过筛选后提供的。技术寻求型直接投资可以接触到技术的最前沿，起到监听的作用，及时发现可能带来的新的行业机会。另外，技术寻求型投资还可获得管理、营销、文化等方面的知识和影响，其他方式不能提供或者提供的不直接或程度不够。

技术寻求型投资和自主研发不矛盾，技术寻求型投资可以支持自主研发能力的提高。自主研发虽然较为主动，但中国自主研发能力尚且不足。所以，引进技术更加重要。在中国自主创新能力成为世界第一时，可以自主创新为主，在这之前，必须以引进技术为引导和升级的主要动力，并在此过程中循序提高自主创新能力。不过涉及国防和国家安全的内容除外。

而且中国现在已经具备了技术寻求型对外直接投资的能力，2013 年中国对外直接投资流量突破千亿美元大关，继 2012 年之后再次成为了世界三大对外直接投资国之一。2015 年，我国境内投资者共对全球 155 个国家（地区）的 6532 家境外企业进行了非金融类直接投资，累计实现对外投资 7350. 8 亿元人民币（折合 1180. 2 亿美元），同比增长 14. 7%，其中股权和债务工具投资 6304. 4 亿元人民币（折合 1012. 2 亿美元），同比增长 17. 6%，占 85. 8%；收益再投资 1046. 4 亿元人民币（折合 168 亿美元），与去年持平，占 14. 2%。中国对外直接投资经过 30 多年的发展，已具备一定的规模和基础，中国政府和企业在进行对外直接投资方面也具备了一定的经验和能力，而且充足的外汇储备使中国对外直接投资具备大规模发展的条件。同时中国 FDI 和 OFDI 也低于世界平均水平，所以中国发展对外直接投资具有很大的增长空间。

另外，根据郭娟（2013）的测算，中国对外直接投资中 36. 8% 属于技术密集型行业，这表明中国的技术寻求型对外直接投资也具有一定的基础。

1. 2 研究意义

1. 2. 1 理论意义

对于技术寻求型对外直接投资的技术溢出的存在性、溢出程度，以及对外直接投资的整体技术溢出效应的研究中，国内外已有诸多成果。有从理论上通过数学模型对技术寻求型对外直接投资动机和过程进行模拟，如 Andrea Fosfury, Massimo Motta（1999）*Multinational without advantages* 从技术扩散的角度阐明技术落后厂商进行FDI不是为了利用已有的优势，而可能是为了在地理上靠近先进厂商以分享技术扩散的好处。有从实证角度加以论证的，一般的结论是，经济较为发达的国家在向更为发达国家进行投资时，有明显的技术寻求目的，且能够获得较为明显的逆向技术溢出，如日本向美国投资（Kogut & Chang（1991）），或日本向欧洲投资（yamawaki（1993）），当然很多情况下存在双向溢出。对一些新兴工业化国家的研究多数情况下也支持逆向技术溢出效应的存在。个别发展中国家对外直接投资逆向技术溢出的获得不明显，甚至影响系数为负。

从20世纪90年代末以来，中国对外直接投资逆向技术溢出的研究取得了很大的进展。但也存在一些不足，表现在理论研究和实证研究中。

例如：某些用于分析技术寻求型对外直接投资或者逆向技术溢出的数理模型分析前提不严密；某些使用古诺模型来分析技术寻求型对外直接投资或者逆向技术溢出的研究不符合这一模型的适用条件等。

再如，对于中国对外直接投资逆向技术溢出的发生机理没有透彻的认识，表现有：将国外获得技术机制和国内传播技术的机制混杂；将不同层次的机制放在并列的位置；将因果关系的机制构成因素认为是并列关系等。

在实证研究方面，多数认为逆向技术溢出对中国来说是存在的，有的研究认为影响较为明显，有的认为影响系数较小。个别研究不支持中国的对外直接投资存在逆向技术溢出，甚至认为中国对外直接投资对技术进步有负面作用。因此，对于中国对外直接投资的逆向技术溢出效应的存在性和溢出程度没有形成基本统一的认识。

因此，针对上述理论存在的问题，本书尝试进行解决。

另外，本书的理论意义还表现在另外一些创新上：技术寻求型对外直接投资的目标国家和目标行业的有效识别；人才流动对中国技术寻求型对外直接投资技术进步效应影响的理论研究；从企业的层次对中国技术寻求型对外直接投资技术进步效应进行了统计的实证研究也是其一。

1.2.2 实践意义

在一定程度上使政府和企业对中国技术寻求型对外直接投资的相关问题有新的认识。为政府在制定技术发展规划、对外经贸战略、对外直接投资支持政策、技术寻求型对外直接投资的支持政策提供参考。

为企业进行国际化战略决策、制定研发规划、选择对外直接投资类型、国外分支和子公司的建立方式、进行技术寻求型国际直接投资的具体操作提供参考。

1.3 相关概念界定

1.3.1 对外直接投资

对外直接投资作为资本国际流动的重要形式之一，不同的机构和学者对其定义也有所区别。OECD 认为对外直接投资是：“一国的居民或者实体（例如直接投资者，母公司等）与另一国的企业建立长期关系，获取长期利益并对之进行控制的投资。”IMF 定义对外直接投资是：“在投资者母国以外的国家或地区所经营的企业中拥有持续利益的一种投资，目的是对该企业的经营管理拥有有效的发言权。”《帕尔格雷夫经济学大辞典》定义对外直接投资是，“涉及到工厂和土地等生产资料所有权”或“股票所有权使股东控制了厂商的经营活动的投资。”从 OECD、IMF 以及《帕尔格雷夫经济学大辞典》对对外直接投资的定义可以看出，对外直接投资不仅强调对被投资企业的控制权，同时还伴随着资源的跨国转移，投资的目的是获得长期的利益。本书综合以上不同研究机构的定义，并根据中国对外直接投资的实际状况，采用中国商务部和国家统计局联合发布的《对外直接投资统计制度》中的定义，认为对外直接投资是“国内投资者以现金、实物、无形资产等方式在国外及港澳台地区设立、购买国外企业，并以控制该企业的经营管理权为核心的经济活动。”

1.3.2 技术获取型对外直接投资

所谓技术获取型对外直接投资（TSFDI，Technology Sourcing Foreign Direct Investment）是指以寻求投资东道国的 R&D 机构、知识和效率因素、信息渠道等资源为主要动因，以提升投资母国技术落后企业创新、效率、研发能力为宗旨，以绿地或兼并收购海外研发机构为手段的跨境资本输出行为。对外直接投资是获得逆向技术溢出的重要渠道之一，而且这种逆向技术溢出对于母国整体、整个产业或母国企业的全要素生产率和专利申请数量有促进作用。

1.3.3 技术溢出效应

阿罗最早用外部性解释了溢出效应对经济增长的作用，罗默在此基础上，认为知识不同于普通商品之处在于知识具有溢出效应，并提出了知识溢出模型。本书在综合不同学者研究的基础上认为技术溢出效应是：“跨国公司通过对外直接投资内部化实现其技术转移，这种技术转让行为对东道国会带来外部经济效应。”

1.3.4 逆向技术溢出

一般情况下技术溢出都发生在发达国家向发展中国家的对外投资行为中，然而随着发展中国家跨国公司向发达国家投资行为的逐渐增多，会出现发展中国家跨国公司通过与东道国的技术领先者建立紧密的联系，从而降低生产成本，获得积极的外溢效应，并利用与发达国家跨国公司及其相关产业的联系，实现知识获取，获得反向外溢效应，我们称这种效应为逆向技术溢出。

1.4 本书框架结构

本书共分为四篇十二章，每篇具体内容如下：

第一篇是理论基础与文献回顾部分，本篇包括三章内容。第一章为绪论，首先对本书的研究背景、研究意义进行了阐述，并对对外直接投资、技术溢出效应以及逆向技术溢出等与本书相关的概念进行了界定，最后介绍了本书的框架结构并对中国对外直接投资的现状与存在的问题进行了简要概括。第二章对经济增长与技术进步的相关理论进行了文献回顾。对经济增长理论中关于技术进步的研究进行了归纳总结，然后分别介绍了国内外关于 OFDI 与母国经济增长的研究以及国内外关于 OFDI 与母国技术进步的研究，以便为本书的下一步研究提供支持。第三章首先对发达国家、发展中国家以及中国的对外直接投资进行了介绍，其次针对技术获取型对外直接投资理论进行了文献回顾，最后对现有国内外文献进行了整体评述。

第二篇是 OFDI 逆向技术溢出的理论研究，本篇共包括四章内容，主要从理论上对本书研究的问题进行探讨。第四章对逆向技术溢出的存在性问题进行了研究；第五章分别从企业层次、产业层次和国家层次分析了逆向技术溢出的传导机制，并运用中兴通讯的数据对这些机制进行了实证检验。第六章通过对 B－K 模型的改进，选取母国人力资本、母国研发投入存量等变量对逆向技术溢出效应的影响因素进行了研究。第七章首先介绍了我国对外直接投资的区域分布和行业分布状况，并对比研究了传统对外直接投资区位选择和技术获取型对外直接投资的区位选择，最后阐述了我国在技术密集行业及区域的 TSFDI 现状。

第三篇是 OFDI 逆向技术溢出的实证研究，本篇共包括三章内容，主要是运用现代经济分析工具对对外直接投资逆向技术溢出效应进行实证检验。第八章首先界定了技术获取型对外直接投资（TSFDI）的含义和作用，基于 CH 模型并对该模型进行扩展，引入母国的人力资本、与东道国的技术差距和母国的知识产权保护水平等因素建立起完整的计量模型。第九章为了加强研究的针对性，首先从中国对外直接投资的行业中识别出技术获取型的行业数据，并选取 TSFDI、TFP、自主创新以及国外研发资源的溢出等作为模型的指标，并对以上数据进行了有效处理，为下文实证检验做好铺垫。第十章通过对 B－K 模型进行扩展加入吸收因子构造出计量模型并对 OFDI 逆向技术溢出效应进行了实证检验。

第四篇是本书的最后一部分，主要研究了人才流动对技术进步的影响以及就如何提升 OFDI 逆向技术溢出效应提出政策建议，本篇共包括两章内容。第十一章首先强调了人力资本在技术创新中的重要作用，并从三个方面介绍了人才流动对技术创新的影响机制，最后归纳了人才流动对技术创新的作用机理。第十二章在全书研究的基础上，分别从国家层面、产业层面以及企业层面针对性地提出了提升 OFDI 逆向技术溢出效应的政策建议，以期对中国对外直接投资促进国内技术进步提供参考和指导。

1.5 中国对外直接投资现状和亟待破解难题

1.5.1 中国对外直接投资的发展现状概述

1. 对外直接投资规模仍保持快速增长

据商务部相关数据统计，2015 年，我国境内投资者共对全球 155 个国家（地区）的 6532 家境外企业进行了非金融类直接投资，累计实现对外投资 1180.2 亿美元，同比增长 14.7%。12 月当月，对外直接投资 138.9 亿美元，同比增长 6.1%。进入 2016 年，我国对外直接投资继续保持良好增长态势，截止到 2016 年 2 月，我国境内投资者共对全球 146 个国家和地区的 1859 家境外企业进行了非金融类直接投资，累计实现投资 1959.7 亿元人民币注（折合 299.2 亿美元，同比增长 71.8%）。其中股权和债务工具投资 1763.2 亿元人民币（折合 269.2 亿美元），占 90%；收益再投资 196.5 亿元人民币（折合 30 亿美元），占 10%。2002 年以后中国非金融类对外直接投资进入持续快速增长期，并有不断加速趋势。

自 2003 年以来，中国对外直接投资实现连续 12 年增长，2014 年中国对外直接投资流量是 2002 年的 45.6 倍，2002 - 2014 年的年均增长速度高达 37.5%。据商务部发布数据，截至 2014 年底，中国在境外投资设立企业 2.97 万家，分布在全球 186 个国家（地区），占全球国家（地区）总数的 79.8%，中国对外非金融类直接投资累计 1072 亿美元，同比增长 15.6%。仅澳大利亚研究机构认为，今后 3 年中国对外直接投资规模可能达到 7530 亿美元。此外，2012 年，在全球外国直接投资流出流量较上年下降 17%（根据联合国贸发会议 UNCTAD《2013 世界投资报告》显示）的背景下，中国对外直接投资创下净额 878 亿美元的历史新高，同比增长 17.6%，首次成为世界三大对外投资国之一。可见，中国对外直接投资规模仍保持快速增长，且在 2001 年到 2014 年中国对外直接投资流量和存量增长率与世界、发达、其他发展经济体的增长率比较始终处于较高的增长速度。

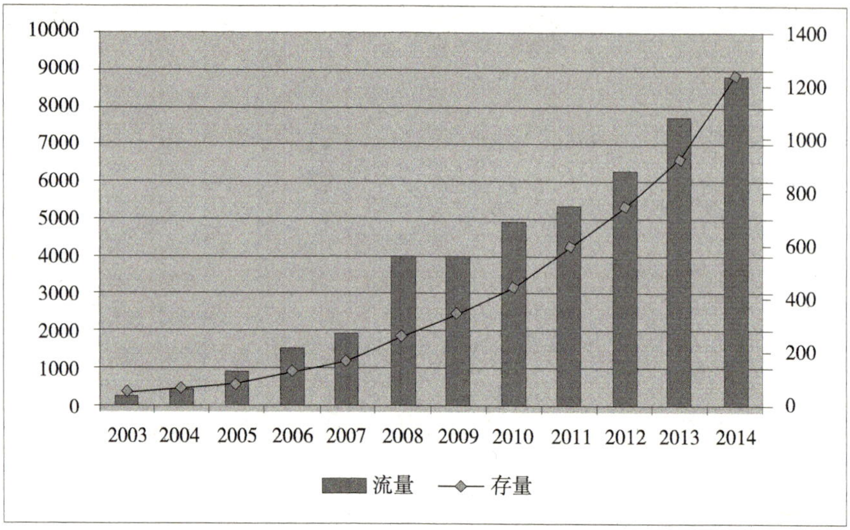

图 1.1　中国对外直接投资流量和存量（2003—2014）　单位：亿美元

资料来源：根据联合国贸发会议 UNCTAD 公布数据整理

表 1.1　中国、发达、发展经济体（除中国）、世界对外直接投资流量和存量增长率

年份 项目	流量增长率				存量增长率			
	中国	发达经济体	发展经济体（除中国）	世界	中国	发达经济体	发展经济体（除中国）	世界
2001	652	-39	-41	-39	25	-4	6	-3
2002	-63	-28	-48	-30	7	1	1	1
2003	13	8	16	10	-11	30	11	27
2004	93	53	111	58	35	18	1	18
2005	123	-6	18	-2	28	5	16	6
2006	73	55	75	58	31	24	34	25
2007	25	64	36	59	57	20	36	23
2008	111	-15	-5	-12	56	-16	-4	-15
2009	1	-48	-25	-43	34	19	13	18
2010	22	24	59	31	29	6	16	8
2011	8	15	1	12	34	-1	11	1
2012	13	-23	-2	-17	20	9	13	10
2013	15	-4	12	2	20	9	10	9
2014	15	-1	16	4	19	-2	10	0.15

资料来源：根据联合国贸发会议公布数据整理计算

2. 企业境外投资行业比较集中

2014 年，中国对外直接投资涵盖了国民经济的 18 个行业大类。其中流向第一产业 15.9 亿美元，同比增长 26.2%，占当年流量的 1.3%；第二产业 311.1 亿美元，同比下降 14.4%，占 25.3%，其中流向采矿业（不包括开采辅助活动）的投资 165.5 亿美元，同比下降 33.3%，流向建筑业的投资 34 亿美元，同比下降 22%；第三产业（即服务业）904.2 亿美元，同比增长 28.7%，占 73.4%。并且中国对外投资行业相对集中，主要以制造业、批发和零售业、租赁和商务服务业为主。

2014 年租赁和商务服务业占当年对外直接投资总额的 29.9%，批发和零售业占 14.9%，采矿业占 13.4%，金融业和制造业分别占到 12.9% 和 7.8%，这五个行业占比达到当年对外直接投资净额的 78.9%。2015 年，我国企业在交通运输、电力、通讯等优势产业对外直接投资累计约 116.6 亿美元，同比增长 80.2%。装备制造业对外直接投资 70.4 亿美元，同比增长 154.2%。同期，大型成套设备出口额同比增长 10%。

3. 投资区域逐渐趋于合理

中国大部分投资仍流向发展中国家，但投资增速放缓，而对发达国家或地区投资增速较快。据商务部统计，2014 年中国对拉丁美洲和亚洲的投资增长率分别仅为 -26.6% 和 -5%，而对欧盟直接投资同比增长 116.3%，占欧盟当年吸引外资的 3.8%；对美国投资 75.96 亿美元，同比增长 96.1%，占美国吸引外资的 8.2%；对澳大利亚投资 40.49 亿美元，同比增长 17.1%，占澳大利亚吸引外资的 7.8%。2014 年，中国对欧盟、美国、澳大利亚的投资均创历史最高值，发达国家已成为众多中国企业对外投资的首选投资目的地。

尽管中国 2014 年对外直接投资仍然集中在亚洲、拉丁美洲，但增速远低于中国当年对欧盟、澳大利亚、美国、俄罗斯联邦等发达地区的投资。在 2007-2011 年，英国吸收了中国在欧洲投资的 43%，2011-2012 年中国已成为英国第三大投资项目国，仅 2012 年中国企业在英国就完成 10 余项投资并购，总金额 80 多亿美元，这个数字超过此前六年中国对英投资额的总和。且据商务部统计，2012 年中国对外直接投资流向避税港英属维尔京群岛、开曼群岛的投资共计 30.67 亿美元，较上年的 111.45 亿美元下降 72.5%，而对美投资快速增长，总额达 40.48 亿美元，同比增长 123.5%，美国成为继中国香港之后的中国第二大直接投资目的地。此外，2013 年 1-10 月，中国流向中国香港的投资同比下降 13.2%，而对俄罗斯、美国、欧盟、澳大利亚的投资分别实现 858%、227%、92.4%、94% 的高速增长，对东盟也实现了 25% 的较快增长。

可见中国对外直接投资目标市场发生明显的变化，进一步加大对发达地区的投资，投资区域逐渐趋于合理，也表明中国对外直接投资结构趋于合理，产业结构加速调整。

4. 对外并购投资显著增加

在 2008 年国际金融危机发生当年，中国对外直接投资并购金额较上年增长了 379.4%，占中国对外直接投资额约 54%，尽管之后有所波动，但仍保持较高比例，如除 2009 年略低于 200 亿美元外，其他三年均超过 250 亿美元，显著高于 2007 年之前的水平。此外，据联合国贸发组织统计，中国跨境并购数量也呈现出快速增长，由 2008 年占全球并购交易案数份额的 1.0%，提高到了 2011 年的 2.5%，且在 2012 年，中国企业共实施对外投资并购项目 457 个，实际交易金额 434 亿美元，两者均创历史之最。2014 年中国企业共实施对外投资并购项目 595 起，涉及 69 个国家（地区），实际交易总额 569 亿美元，其中直接投资 324.8 亿美元，占并购交易总额的 57.1%，当年中国对外直接投资总额的 26.4%；境外融资 244.2 亿美元，占并购金额的 42.9%。美智库荣鼎集团近日发布报告指出，2015 年全球并购活跃，总额达 1 万亿美元，其中中国企业已完成的并购交易额 610 亿美元，同比增长 16%，创历史新高。

5. 投资主体多元化，国有企业占比下降

2014 年末，在对外非金融类直接投资 7450.2 亿美元存量中，国有企业占 53.6%，下降了 1.6 个百分点。非国有企业占 46.4%，较上年增加 1.6 个百分点。其中有限责任公司占 33.2%，较上年增加 2.4 个百分点；股份有限公司占 7.7%；私营企业占 1.6%；股份合作企业占 1.5%；外商投资企业占 1.2%。可见，随着中国对外直接投资的发展，民营企业实力逐渐增强。

商务部合作司公布的 2014 年末非金融类对外直接投资存量排列的 100 强中，民营企业最靠前的是华为公司，位列第 13 位，前 12 位均为国有、国资控股或参股公司。

可见，中国对外投资主体多元，但国有企业仍为主导，投资主体结构不合理，没有充分发挥民营企业的积极性和创造性。

1.5.2 中国对外直接投资亟待破解的难题

1. 中国对外直接投资只是量的剧增，仍未达到质的飞跃

虽然，中国对外直接投资目前处于快速增长阶段，但不论从对外直接投资流量还是存量上与发达国家相差太远，存量表现尤其明显，截至 2014 年底，中国对外直接投资存量达 8826.4 亿美元，位居全球第 8 位，但仅相当于美国对外投资存量的 14%，英国的 55.7%，德国的 55.7%，法国的 69%，日本的

74%，说明中国对外直接投资仍处于起步阶段，对外直接投资水平仍然很低，并且全球占比有限，在2000年到2014年投资存量全球占比远低于日本、英国、美国。

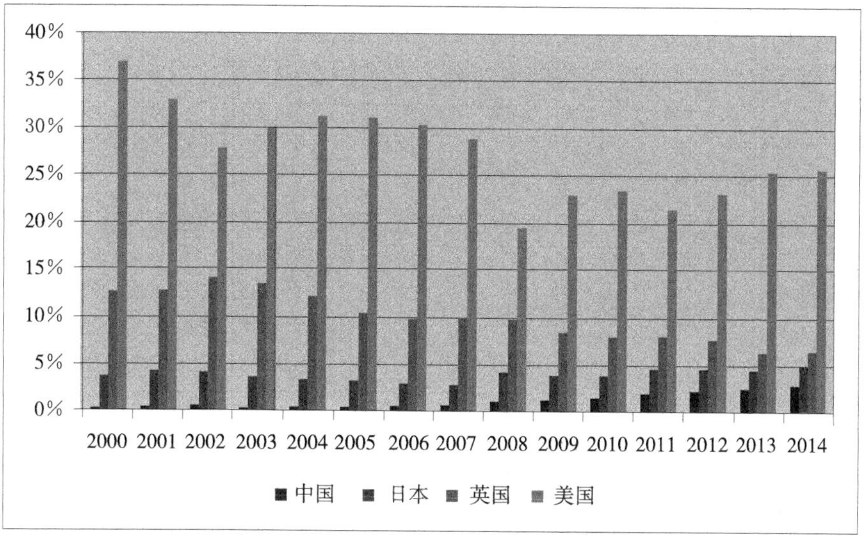

图1.2 中、日、英、美投资存量全球占比（2000－2014）

数据来源：根据UNCTAD数据计算

可见，中国对外直接投资规模不断扩大，但只是量的剧增，仍没有达到质的飞越，中国对外直接投资仍处于起步阶段。

2. 对外直接投资增速继续放缓

尽管2002－2014年，中国对外直接投资年均增速达37.5%，但增速明显放缓，2012年中国对外直接投资存量增长率由2011年的34%下降到了20%，而2014年中国对外直接投资存量增长率由2013年的20%下降到了19%，对外直接投资流量在2008年以后一直处于较低的增长水平。中国对外直接投资增速放缓一方面是受美联储削减量化宽松的预期造成汇率波动以及热钱撤出或亏损对金融市场造成一定预期冲击的影响，致使国际市场环境不稳定，此外欧美发达国家经济复苏缓慢，进口需求下降，外部环境的变化也促使中国改变经济发展方式；另一方面也说明，正如《亚洲发展展望2013更新报告》所言，中国经济正在摆脱过去依靠出口和投资拉动的增长方式，更加注重经济的稳健增长。表明中国对外投资结构正在逐步改善，逐渐重视加强在对外直接投资、产业结构多元化、基础设施建设等方面的结构调整，实施稳健的宏观经济政策。

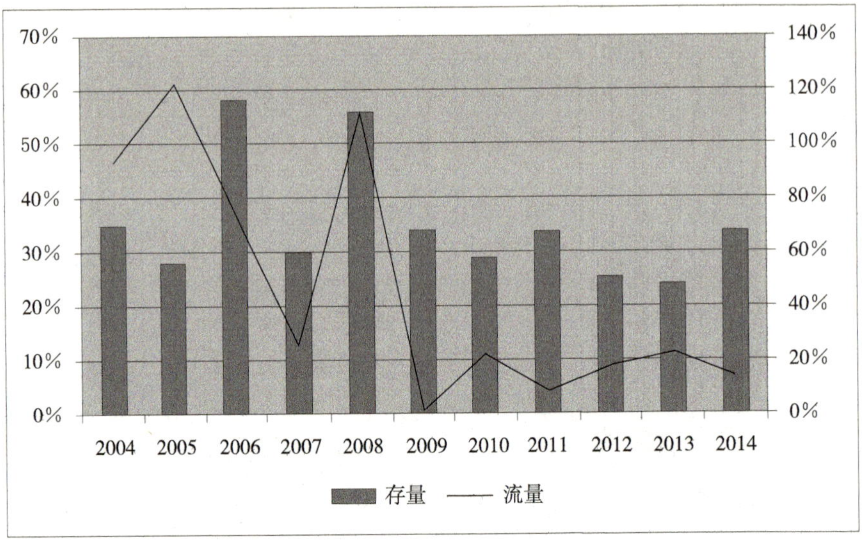

图 1.3　中国对外直接投资流量和存量增长率（2004－2014）

数据来源：根据 UNCTAD 数据计算

3. 对外直接投资结构有待继续完善

从中国对外直接投资行业看，行业分布比较集中，主要集中在租赁和商品服务业、采矿业、批发和零售业、制造业、金融业五个行业，这五个行业 2012、2013、2014 年占中国对外直接投资达到 80% 左右，而对高技术行业的直接投资占比较小，2014 年对信息传输、计算机服务和软件业投资仅为 31.7 亿美元，占 2.6%；科学研究、技术服务和地质勘查业 16.7 亿美元，占 1.4%。

从中国对外直接投资主体来看，正如本文前面所述，投资主体多元化，民营企业近年来表现活跃，但仍以国有大中型企业为主。据商务部统计，2014 年末，中国在对外非金融类直接投资 7450.2 亿美元存量中，国有企业占 53.6%，但中国绝大多数国有企业由于国家控股处于行业垄断地位，创新意识不强，而民营企业普遍存在资金缺乏、规模较小，无法抵抗海外直接投资的各种风险，投资主体结构整体单一且缺乏竞争力。因而，对外直接投资主体结构仍有待继续完善，这需要政府和企业的共同努力，在完善国有大中型企业管理结构，增强竞争实力的同时，充分发挥中小企业的积极性和创造性。

从中国对外直接投资区域来看，尽管中国投资遍布全球近八成国家和地区，但投资存量高度集中。截至 2014 年底，中国境内投资者在亚洲设立境外企业覆盖率高达 97.9%，欧洲为 85.7%，非洲为 86.7%，且中国对外直接投资前 20 位的国家地区存量累计达到 7872.52 亿美元，占总量的 89.2%。

4. 对外直接投资规模仍滞后于国内经济发展水平

一国对外投资存量与 GDP 之比，能够反映该国对外投资相对其经济的发展水平，据国际货币基金组织（IMF）公布数据显示，2014 年中国人均 GDP 已达 7485 美元，但 2014 年中国对外投资存量与 GDP 之比，仅相当于世界平均水平的 1/6，不到发展中经济体平均水平的 1/2，在金砖四国中也是最低的。

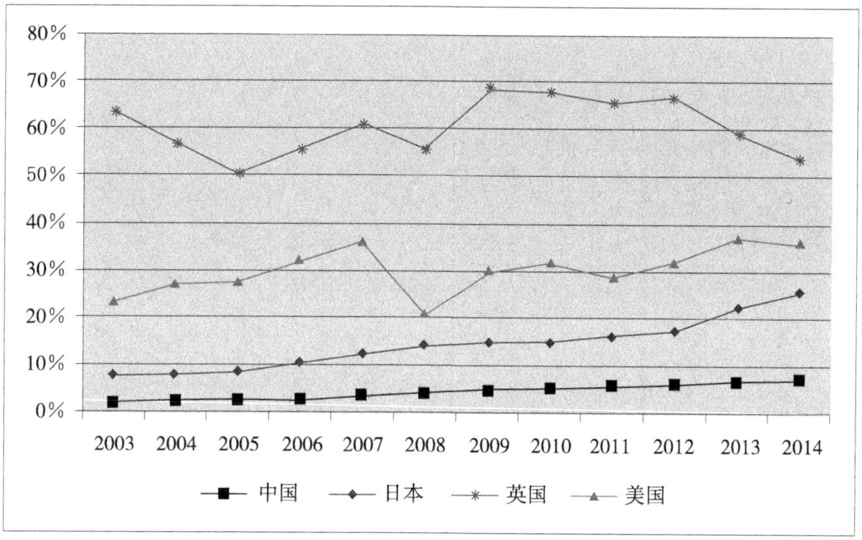

图 1.4　中、日、英、美对外直接投资存量占 GDP 比重（2003－2014）

数据来源：根据 UNCTAD 数据计算所得

从上图中，我们可以看到中国对外直接投资存量占 GDP 比例低于日本、英国、美国。根据联合国贸发会议（UNCTAD）数据计算，2014 年中国对外直接投资分别占全球当年流量和存量的 8.6% 和 3%，此外中国“资本输出”的规模与自身的“商品输出”相比，尽管差距从 2003 年开始逐渐缩小，但仍相去甚远，占商品输出规模一直低于 5%，2011 年中国资本输出仅占商品输出的 4.35%。一方面说明中国对外直接投资增长空间还很大，但另一方面也表明相对于发展速度而言，中国投资规模仍然相对较小，滞后于中国经济的发展。

但我们不能只关注对外投资规模的快速增长，与此同时我们也要关注资本输出与商品输出的平衡，谨防资本输出带来“替代中国”效应，只有这样才能真正促进对外直接投资规模在符合中国经济发展现实的情况下健康发展。

5. 中国对外直接投资企业的国际化水平较低

在全球非金融类按资产排名的跨国公司 100 强中，中国大陆仅有 1 家企业入围，而美国有 22 家，法国 16 家，德国和英国同为 12 家，日本为 6 家，跨国企业数量少，而且跨国程度低，2014 年中国 100 大跨国公司平均跨国指数为 12.93%，而 2012 年世界 100 强跨国公司平均指数为 62.25% 的平均水平，而且还远远低于 2012 年发展中国家 100 大跨国公司 38.95% 的平均水平；此外，2011 年，中国境外企业亏损比例高达 22.4%，2010 年中国企业跨境并购失败率达 11%，为全球最高，与发达国家跨国公司相比差距尤为悬殊，同期美国和英国跨国公司并购失败率仅分别为 2% 和 1%，可见中国跨国企业由于起步晚，海外投资经营时间短，经验不足，致使国际化水平低。

6. 中国对外直接投资绩效指数低

2004 年联合国贸易与发展会议（UNCTAD）开发了一项分析对外直接投资的新指标——对外直接投资绩效指数（OND），是用一国对外投资流量占世界对外投资流量的份额与该国国内生产总值占世界生产总值份额的比率来表示，以反映在控制了母国经济规模之后一国对外投资的相对份额，由于剔除了来源国经济规模的影响因素，能反映一国或地区在世界直接投资市场上的真实地位。如果一国或地区的 OND 为 1，表明该国或地区对外直接投资的绩效达到世界平均水平；若一国或地区的 OND 大于或小于 1，则表明该国或地区的绩效高于或低于世界平均水平。其反映了一国对外直接投资的所有权优势和区位优势，一般地，OND 越大，表明一国或地区对所有权和区位优势的利用越充分。而在 2000—2014 年中国对外直接投资绩效指数始终小于 1，低于世界平均水平，最高的是 2014 年的 0.66，在 2012 年仅为 0.53，2013 年略有提高，也仅为 0.64，可见中国对外直接投资没有充分利用中国的所有权优势和区位优势，有待继续开发。

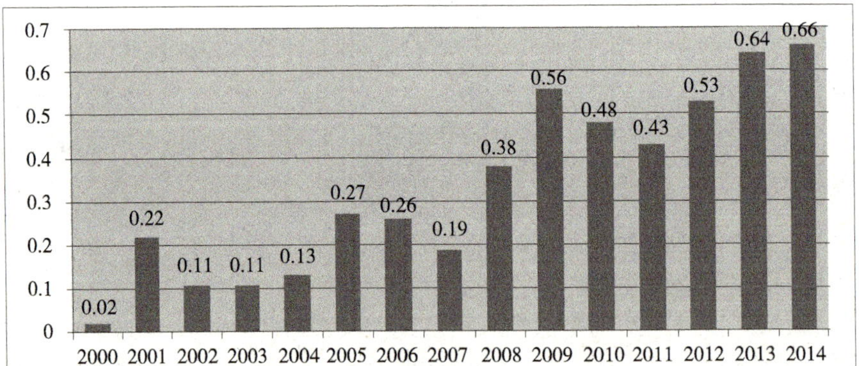

图 1.5　中国对外直接投资绩效指数变化（2000－2014）

数据来源：根据联合国贸发会议（UNCTAD）公布数据整理和计算

1.5.3 中国对外直接投资未来的发展思路

在全球化的条件下，很多发展中国家已通过 TSFDI 获得了技术进步，发达国家也十分重视 TSFDI 对于技术进步的作用。日本和韩国等国家在经济转型过程中都曾通过此路径促进了国内技术进步，企业在国家财税、金融政策和信息服务等方面政策的支持下，通过向技术先进国家和地区投资成为了提高本国技术水平的重要方式。因此对日、韩等国家成功的国际经验的借鉴对于目前同样处于转型期的我国而言具有重要的意义。尽管中国对外直接投资一直保持增长趋势，但总体上仍滞后于中国经济发展，还存在投资行业、主体、区域不合理，跨国企业国际化水平低，增速放缓等问题，需要引起我们的高度关注。未来中国经济面临美国量化宽松退出、新兴市场货币动荡、地方政府债务和房地产泡沫等四大风险，全球经济增长格局出现新的变化，发达国家重新成为全球经济增长的主动力，而新兴市场集体表现疲软，国内外环境发生深刻变化。在此背景下，要想促使中国对外直接投资持续稳定合理的发展，不能仅仅关注量的剧增，要从质的角度考虑，这需要政府和企业共同努力。从政府层面来看，要不断完善中国的市场经济体制和对外直接投资相关法律法规，不仅“走出去”还要“走上去”；完善中国的金融贷款体系，加强对中小企业的扶持力度，充分发挥中国中小企业的积极性和创造性；此外要加快中国经济结构调整，鼓励创新，促进高技术行业的发展。从企业层面来看，广大企业认真把握国际市场变化新趋势，及时有效地调整自身发展战略，注重提高自身核心能力，加大在技术、品牌和市场渠道等方面的投资介入，努力培养参与国际竞争的新优势；创新海外投资方式，除了绿地投资方式外，要更多地尝试海外并购、品牌推广、股权置换等国际通行的国际投资方式，提高国际化经营水平；从投资行业看，企业对外投资应加大在现代服务业、高科技等附加值较高行业的投资，更好地分享经济全球化利益，提高海外投资的质量和效益。

此外，要深化改革，加快培育中国的跨国公司，打造具有国际竞争力的世界级跨国公司，这是一项长期而且艰巨的任务。在国家宏观政策指导和不断完善的配套服务体系的支持下，作为开展跨国经营的企业，首先要有全球配置资源的战略视野和自主创新的意识，提高技术创新能力，增强产品设计研发能力、市场营销能力和跨国管理能力，逐步形成自己的竞争优势。

2. 经济增长与技术进步理论回顾

2.1 经济增长理论中关于技术进步的研究

关于一国国内经济增长或社会财富增加的问题是经济学理论研究领域内的永恒话题。何为经济增长？决定一国经济增长的因素有哪些？一国经济增长遵循什么样的路径？不同国家之间为什么会出现经济增长率方面的差别？学术界对这些问题时至今日仍没有达成共识。自经济学作为一个独立的研究领域诞生以来，历史上众多的经济学家已对一国经济增长的决定因素问题特别是技术进步在经济增长中的作用问题进行了深入的研究与讨论，形成了不同的观点与看法。

古典经济学家在批判的继承重商主义观点的基础上，充分强调生产要素积累、技术进步在一国经济增长方面所扮演的重要作用。经济学鼻祖亚当·斯密（Adam·Smith）认为一个国家社会财富的增加即国内经济增长主要取决于三个重要因素：劳动分工、资本积累、技术进步，这里所提及的技术进步主要指的是工人劳动生产率的提高。经济学家马尔萨斯（Malthus）以国内人口增长为角度分析了人口因素在一国经济增长方面的作用，根据他的观点，国内人口数量的不断增加会使一国陷入“马尔萨斯陷阱”，即人口增长会在长期内阻碍一国经济增长和福利水平的提高，最终使一国经济增长陷入停滞状态。与马尔萨斯（Malthus）相类似，大卫·李嘉图（Ricardo）也在生产要素边际产出递减规律的基础上得出了一国经济增长不能持续的结论。他指出，一国要想实现本国经济的持续增长必须有效整合生产要素边际产出率、资本积累、人口因素以及技术状况等多方面因素，其中生产要素边际产出率和技术状况是两个最重要的影响因素。古典经济学家虽然考虑到了技术进步在一国经济增长中的显著作用，但他们对于技术进步及其在经济增长中的作用机制阐述的过于简单，还没有深刻认识到技术进步的巨大能量，需要后继者的不断完善。

三次产业革命在人类发展史上具有划时代的意义，它把人类社会带入到了一个科技更为发达、技术进步更为迅速的阶段。在这一阶段，技术进步在国内经济增长方面扮演着越来越重要的角色，经济学家们也开始重点深入研究技术进步对一国经济增长的作用机理问题。经济学家熊彼特（Schumpeter）研究了技术创新对于一国经济增长的重要意义，并且提出了著名的“创造性毁灭”理论。他认为，一种新技术的产生必然伴随着另外一种旧技术的“灭亡”，即创造性毁灭，而这种新旧技术的更替会大幅度地促进国内经济增长。此后，哈罗德（Harrod）、多马（Domar）提出了经济学领域的第一个经济增长模型，即哈罗德－多马模型。在该模型中，经济增长率被分为实际增长率、有保证的增长率及自然增长率，只有当三者相等时才会实现宏观经济的稳定均衡增长，由于这种增长在现实生活中很难实现，因此被称为“刀锋上的增长”。但是该模型突出强调储蓄在一国经济增长中的重要作用而忽视了技术进步的存在性，因此其不能很好地解释现实经济增长问题。

第三次产业革命的到来和知识经济的兴起使技术进步在经济增长中的作用日益显著，经济学家们也开始反思以往经济增长模型的种种弊端并将技术因素引入到模型之中。经济学家索罗（Solow）、斯旺（Swan）在修正哈罗德－多马模型的基础上提出了著名的索罗模型或新古典经济增长模型，这一模型在经济增长模型演变历程中具有重要意义，它不仅确立了当代经济增长模型的研究范式，也成为了现代经济增长理论的基准形式，为日后的经济增长理论方面的进一步研究奠定了坚实的基础。根据新古典经济增长模型的观点，一国的经济增长取决于劳动与资本生产要素的投入及技术进步，而生产要素边际产出递减规律的存在会使经济增长率趋于停滞，现实经济之所以存在不断的增长是由于模型假定的外生技术进步，这与哈罗德－多马模型相比是理论上的一个很大进步。尽管新古典经济增长模型拥有种种优点并且也很有说服力的解释了一些现实情况，但其关于外生技术进步的假定在一定范围内还不够合理，没有充分阐述技术进步的来源问题，成为这个经典经济增长模型的一个重要不足。为了更好地弥补新古典经济增长模型关于外生技术进步假定的不足，以罗默（Romer）、卢卡斯（Lucas）为代表的经济学家们在此基础上提出了内生经济增长模型即新经济增长模型以更好地解释技术进步的来源及其在经济增长中所扮演的重要角色。卡斯（Cass）、库普曼（Koopman）在修正新古典经济增长模型的基础上提出了将外生变量储蓄率内生化于经济模型的新想法，并得出了储蓄率的内生变动（资本积累变动）将会影响一国经济增长的重要结论，在一定程度上弥补了新古典经济增长模型的缺陷，但其未能从本质上有效解决新古典经济增长模型关于技术进步外生假定所涉及的种种问题，还需要进一步的修正和完善，这就为日后经济学家们关于内生经济增长理论的研究提供了良好的时机和新颖的研究视角。罗默（Romer）、卢卡斯（Lucas）等经济学者在充分吸收卡斯（Cass）、库普曼（Koopman）经济增长思想的基础上将技术进步内生化于经济增长模型之中，指出国内人力资本的积累、R&D 投资的实现都会引致生产中的递增的规模报酬，并且存在效果显著的正外部性效应，这一效应的存在会对国内的技术水平产生巨大的促进作用，进而能够实现一国经济的持续快速增长。内生经济增长理论还没有形成像新古典经济增长理论那样的统一的认识体系，大多数经济学家都是各抒己见，从不同的角度阐述经济增长的内驱动力，但他们关于内生技术进步促进长期经济持续增长的观点已基本达成共识。本部分将以经济增长理论的历史演变为主线着重介绍不同时期的经济增长理论关于技术进步方面的研究成果，以期更为全面的阐述理论研究结论及前沿动态。

2.1.1 古典经济学理论关于技术进步的研究

古典经济学作为当代经济学的理论渊源及基础在经济学理论的发展演变中扮演着重要的角色。一大批古典经济学家在修正重商主义思想的基础上纷纷提出了各自的经济增长思想，从不同的视角解释了国家经济增长或社会财富增加的决定因素，其中技术进步因素被公认为是影响一国经济增长的重要因素，这为后继者的进一步深入研究奠定了坚实的思想和理论基础。本节将重点阐述亚当·斯密（Adam·Smith）、李嘉图（Ricardo）、马克思（Karl·Marx）的有关技术进步的经济增长思想，而对于马尔萨斯（Malthus）经济增长思想本节将做简要的说明。

1. 亚当·斯密经济增长思想

经济学家亚当·斯密（Adam·Smith）在其代表著作《国民财富的性质和原因的研究》（《国富论》）一书中对其经济增长思想进行了系统的总结和阐述，有力地抨击了当时重农学派和重商主义关于如何促进一国经济增长的理论观点，成为经济学历史上系统研究经济增长问题的第一人。在《国富论》中亚当·斯密（Adam·Smith）主要是从如下三个方面来系统阐述他的经济增长思想的。首先，关于社会总财富的衡量问题。传统的重农学派和重商主义者以农产品和贵金属作为一国社会财富的代表来讨论国内财富增长问题也即现代意义上的经济增长问题，这一传统思想在亚当·斯密（Adam·Smith）之前的时期具有一定程度的合理性，但随着经济与社会的进步尤其是社会化分工的发展，这种思想暴露出严重的局限性，无法对当时的现状进行有效的解释。在批判的吸收重农学派和重商主义者思想的基础上，亚当·斯密（Adam·Smith）认为，社会财富不是用农产品或贵金属的价值来衡量的，而是以一国在一年的时间里利用土地和劳动两种生产要素所生产出来的具有交换价值的产品的价值来衡量的，这与现代宏观经济学中 GDP 的概念比较相似，因此我们说亚当·斯密（Adam·Smith）的经济学思想为接下来的经济增长理论的研究奠定了科学的思想基础。其次，关于社会财富的影响因素的阐述。在吸收和继承经济学家配第（Petty）的“劳动是财富之父，土地是财富之母”的经济思想的基础上，亚当·斯密（Adam·Smith）发展了他的劳动价值论体系。根据他的观点，劳动是一国社会财富的源泉，即“一国国民每年的劳动，本来就是供给他们每年消费的一切生活必需品和便利品的源泉”，这里所说的劳动并不是像农业劳动、工业劳动等等具有具体形式的劳动，而是抽象的一般化的劳动。在此基础上，亚当·斯密（Adam·Smith）又将劳动进一步划分为生产性的劳动和非生产性的劳动，其中生产性的劳动行为是一国社会财富增长的动力和源泉，决定着一国社会财富的多寡，而非生产性劳动则是对社会财富的一种浪费，尽管这种观点在现在看来不尽合理，但在亚当·斯密（Adam·Smith）所处时代下已具有一定程度的说服力。第三，关于社会财富增长途径的阐述。亚当·斯密（Adam·Smith）之前的多数经济学家将社会财富的增长仅仅归因于投入要素数量的绝对增加，未能合理解释劳动生产率提高或技术进步对于一国社会财富增长的积极作用，亚当·斯密（Adam·Smith）以此为理论突破口着重研究了劳动生产率提高或技术进步的经济增长效应，将古典经济增长思想带入到了一个新的高度。他认为，一国可以通过两条途径来增加社会财富，即劳动生产率的提高和生产性劳动者数量的增加。

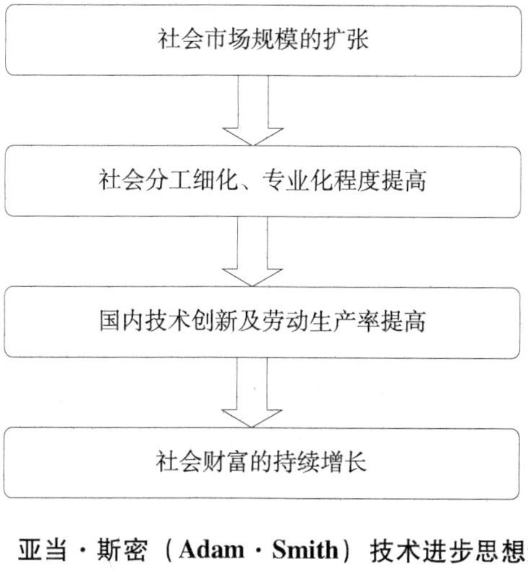

图 2.1　亚当·斯密（Adam·Smith）技术进步思想逻辑图

如图 2.1 所示，在劳动生产率方面，亚当·斯密（Adam·Smith）指出，随着一国经济和社会的发展，国内的生产市场规模将不断扩大，这种市场规模的不断扩张会引致更为细化的社会劳动分工和更高的专业化程度。在此背景下每个生产性劳动者将专注于一项简单的操作规程，日积月累就会提高劳动者操作的熟练程度，加深他们对于机器操作原理的认识，促进国内的技术创新和劳动生产率或技术水平的提升，进而带动一国社会财富的持续增长。从生产性劳动者数量的方面来看，亚当·斯密（Adam·Smith）认为提高一国生产性与非生产性劳动者的人口比例会提高国内的资本积累水平和劳动生产率或技术水平，从而实现社会财富的持续增加。由此我们可以看出，亚当·斯密（Adam·Smith）在《国富论》中所提及的劳动生产率提高即现代意义上的技术进步，其内生化于社会分工的逐渐扩大和专业化程度的提高，即它是一种内生技术进步。这一独特的经济增长思想为后继的经济增长理论特别是内生经济增长理论提供了强有力的思想基础。

李嘉图（Ricardo）主要是从国内各经济主体收入变动的角度来阐述他的经济增长思想的。与亚当·斯密（Adam·Smith）的经济观点相类似，李嘉图（Ricardo）也强调一国的社会财富是由该社会利用劳动、资本、土地等生产要素所生产出来的全部社会产品的数量来衡量的，这是对亚当·斯密（Adam·Smith）社会财富思想的充分继承。此外，李嘉图（Ricardo）还着重指出了价值与财富的区别。他认为财富与价值在本质上是明显不同的，财富多指一国所生产的社会总产品的数量，其数量的多寡显示了国内的社会财富水平。与此不同，价值被理解为由生产社会产品所耗费的社会劳动决定，是一个相对的理论概念。因此国内的社会财富水平取决于产品数量的多寡而非产品价值的大小。关于如何增加一国社会财富的问题李嘉图（Ricardo）是这样进行阐述的，他指出存在两种增加社会财富的途径，一种是粗放型的财富增长路径，即仅仅依靠增加社会中劳动者的数量来实现一国社会财富的快速增长。另一种途径被理解为集约型的财富增长路径，这种路径不涉及大量增加生产要素（劳动）的投入量，而是通过提高劳动生产率来达到优化资源使用效率、实现社会财富持续增长的最终目标。第二种提高社会财富的途径被李嘉图（Ricardo）大为推崇，他认为提高劳动生产率或技术进步是一国实现经济可持续增长的重要途径，是人类社会所追求的共同目标。除此之外，李嘉图（Ricardo）在他的《政治经济学及赋税原理》一书中系统地阐述了经济增长的资本积累学说。根据他的观点，一国要想实现国内经济的持续增长就必须具备充足的资本积累，而资本积累程度又受到企业利润和国内收入分配变动的影响。稀缺背景下工资、地租等要素价格的上涨会使企业利润受损从而减缓国内资本积累的速度，并最终对一国经济持续增长产生不良影响。总的来说，李嘉图（Ricardo）是以国内收入分配为研究视角来提出他的经济增长思想的，强调了技术进步、资本积累对于一国经济持续增长的显著作用，拓展了经济增长理论的研究视野，在经济增长学说史上画上了浓墨重彩的一笔，为以后的经济增长理论研究提供了新颖的视角和科学的思想。

2. 马克思的外生技术进步促进经济增长思想

经过20余年的理论探索与创新，马克思（Marx）在其学术巨著《资本论》

中全面而系统地介绍了他的社会资本再生产和流通理论即后来被经济增长理论学术界所称道的马克思（Marx）经济增长理论。具体而言，马克思（Marx）经济增长理论是建立在劳动价值理论和其创立的剩余价值理论基础之上的，在劳动价值理论方面，马克思（Marx）继承并发展了古典政治经济学家关于这一问题的成果遗产，提出了劳动二重性学说并具体区分了不变资本与可变资本的理论范畴，为研究资本主义经济增长问题提供了理论依据；在剩余价值学说方面，马克思（Marx）首次提出了剩余价值这一重要概念并指出剩余价值生产是资本主义社会一切矛盾的根源，决定着资本主义生产方式的兴衰。在此基础上，马克思（Marx）从资本有机构成波动的角度进一步探索了外生技术进步问题，他认为，来自外部的资本有机构成的改善，即我们通常所讲的技术进步在维持资本主义社会经济持续均衡增长方面扮演着重要角色，但受限于资本主义社会制度体系的弊端，这种外生技术进步的经济增长引致效应没有得到充分的释放。

根据上述理论论断，马克思（Marx）指出了实现社会资本再生产和流通的两个基本前提条件，即一方面是社会总产品在价值形式上由不变资本（C）、可变资本（V）和剩余价值（M）三部分构成；另一方面是指在实物形式上，社会总产品由生产资料的第一部类和生产消费资料的第二部类构成，完善了社会资本再生产和流通理论体系。此外，马克思（Marx）经过长期理论探索还成功的抓住了研究社会资本再生产和流通问题的核心，即社会总产品在物质形式上和价值形式上如何得到补偿和实现，这就在一定程度上解决了长期困扰英法古典政治经济学家的理论难题，进而为其经济增长理论的最终确立奠定了坚实的理论基础。马克思（Marx）经济增长理论有异于后继的西方各流派的经济增长理论，他是从社会资本再生产和流通这个视角来具体论述他的经济增长思想的。从理论构成上看，马克思（Marx）的经济增长理论或社会资本再生产和流通理论包含如下几个方面的内容：个别资本再生产与社会资本再生产的联系；社会资本再生产和流通的核心及两个前提条件；社会资本简单再生产的实现条件；社会资本扩大再生产的前提条件和实现条件；资本有机构成即外生技术水平变化条件下社会资本再生产由均衡状态向失衡状态的转变。下面本文将对如上内容分别加以介绍。

（1）单个资本再生产与社会资本再生产的联系

依据马克思（Marx）的理论观点，在资本主义社会中，任何企业的单个资本都在不断的进行资本周转和循环以期在这一过程中实现资本价值的保值增值，这种单个资本的循环保值增值过程就被称作单个资本的再生产，但是这种单个资本的再生产过程并不是孤立的进行的，而是在与其他单个资本相互联系和相互作用中完成的，单个资本再生产之间的这种相互联系和相互促进的总和构成了社会资本的再生产过程并不断进行价值的保值增值，例如。生产企业与销售企业之间的这种交易过程就是一种典型的社会资本再生产过程。由此我们可以看出，马克思（Marx）没有割裂微观领域与宏观领域之间的联系，而是从单个资本这个微观视角和社会资本这个宏观视角一同来对社会经济增长问题进行考察，这与先前的古典经济增长思想相比是一种理论创新。

（2）社会资本再生产和流通的核心及两个前提条件

如前所述，马克思（Marx）对这一问题的研究超越了古典政治经济学家们的理论成果，将其社会资本再生产和流通理论上升到了一个新的更高的理论层次。他指出社会资本再生产和流通理论的两个前提条件分别是：在价值形式上，社会总产品由不变资本（C）、可变资本（V）和剩余价值（M）三部分组成；在实物形式上，社会总产品由制造生产资料的第一部类和制造消费资料的第二部类两部分组成。基于此，马克思（Marx）进一步论断社会资本再生产和流通得以顺利进行的核心就是社会总产品的实现问题，这不仅涉及价值形式上的实现还包含实物形式上的补偿。

（3）社会资本简单再生产的实现条件

社会资本简单再生产是指资本主义企业家不进行资本的进一步积累，社会资本再生产在原生产规模基础上进行的一种经济过程。马克思（Marx）本人经过深入的研究和分析最终得出了社会资本简单再生产的平衡条件或实现条件。依据他的观点，设两部类社会总产品的价值总量分别为：

$$\text{Ⅰ}: \quad C_1 + V_1 + M_1 = W_1 \tag{1}$$

$$\text{Ⅱ}: \quad C_2 + V_2 + M_2 = W_2 \tag{2}$$

$C_i、V_i、M_i, i = 1,2$，分别表示第一和第二部类的不变资本、可变资本和剩余价值。由于两部类的社会总产品都必须在价值形式上和实物形式上得到实现，进而得出社会资本简单再生产的实现条件为：

$$V_1 + M_1 = C_2 \tag{3}$$

$$C_1 + V_1 + M_1 = C_1 + C_2 \tag{4}$$

$$C_2 + V_2 + M_2 = (V_1 + M_1) + (V_2 + M_2) \tag{5}$$

以上三个实现条件是保证社会资本简单再生产顺利进行的基础，条件（3）表明第二部类对于生产资料的需求须与第一部类对第二部类生产资料的供给相一致，这样才能保证生产的有效运行；条件（4）、（5）分别从第一部类与第二部类总产品价值总量的角度说明了实现条件。条件（4）表明第一部类关于生产资料的总供给须与两部类对生产资料的需求一致；条件（5）表明第二部类对于消费资料的总供给须与两部类对消费资料的需求相一致。只有在上述三个条件得到实现的情况下，社会资本简单再生产才会顺利进行，否则将会导致再生产过程的中断。

（4）社会资本扩大再生产的前提条件和实现条件

与社会资本简单再生产不同，社会资本扩大再生产是指资本主义企业家进行资本的进一步积累，社会资本再生产在生产规模扩大的基础上进行的一种经济过程。马克思（Marx）在《资本论》中阐述了社会资本扩大再生产的前提条件和实现条件，他指出在社会资本扩大再生产的情况下，资本家将所获得的剩余价值一部分用于日常的生活消费，另一部分用作再生产的资本积累即作为追加的不变资本和可变资本投入到再生产过程中去，这样整个再生产过程是在生产规模不断扩张的基础上进行的，这就是马克思（Marx）所称的外延型扩大再生产。为了保证社会资本扩大再生产的顺利进行，制造生产资料的第一部类除了要满足两部类对生产资料的日常需求外还必须为追加的生产资料留有余地，因此有 $C_1 + V_1 + M_1 > C_1 + C_2$；此外，生产消费资料的第二部类不仅要满足两部类资本家和工人对消费资料的日常需求而且还要满足对追加消费资料的需求，也即 $C_2 + V_2 + M_2 > \left(V_1 + \frac{M_1}{X}\right) + \left(V_2 + \frac{M_2}{X}\right)$，其中 $\frac{M_1}{X}$、$\frac{M_2}{X}$ 分别表示两部类资本家用于个人消费部分的剩余价值。根据以上逻辑推断，马克思（Marx）得出了如下的社会资本扩大再生产的前提条件：

$$V_1 + M_1 > C_2 \tag{6}$$

$$C_2 + M_2 - \frac{M_2}{X} > V_1 + \frac{M_1}{X} \tag{7}$$

上述公式（6）、（7）表征了社会资本扩大再生产的前提条件，即第一部类可变资本与剩余价值之和要大于第二部类的不变资本；第二部类的不变资本与资本家用于资本积累那部分的剩余价值之和大于第一部类可变资本与资本家用于个人消费那部分的剩余价值之和。据此，马克思（Marx）又进一步推断出了实现社会资本扩大再生产的理论条件：

$$V_1 + \Delta V_1 + \frac{M_1}{X} = C_2 + \Delta C_2 \tag{8}$$

$$C_1 + V_1 + M_1 = (C_1 + \Delta C_1) + (C_2 + \Delta C_2) \tag{9}$$

$$C_2 + V_2 + M_2 = \left(V_1 + \Delta V_1 + \frac{M_1}{X}\right) + \left(V_2 + \Delta V_2 + \frac{M_2}{X}\right) \tag{10}$$

公式（8）、（9）、（10）即为社会资本扩大再生产的实现条件，其中，ΔC_i、$\Delta V_i, i = 1,2$ 分别表示第一部类和第二部类追加的不变资本和可变资本。以上三式表明了社会资本扩大再生产的实现条件，即第一部类内部原有可变资本、追加的可变资本与资本家用于个人消费的那部分剩余价值之和要与第二部类不变资本及追加的不变资本之和相等；制造生产资料的第一部类要在价值和物质形式上满足两部类对不变资本和追加不变资本的需求；制造消费资料的第二部类要在价值和物质形式上满足两部类资本家和工人对消费资料和追加的消费资料的需求。

（5）资本有机构成即外生技术水平波动条件下社会资本再生产由均衡状态向失衡状态的转变

马克思（Marx）在发现社会资本再生产实现条件的同时也指出资本主义社会生产方式的自发性不能保证上述均衡条件得到顺利实现。为了介绍马克思（Marx）有关外生技术进步影响资本主义社会经济均衡增长的理论思想，本节引入了两个新概念，即资本有机构成（w_i）作为外生技术水平的衡量指标和剩余价值率（K_i），同时沿着马克思的逻辑思路分别探究资本主义社会资本再生产或经济增长的均衡和失衡状态。在进行数理推导前，设定如下三个假设：再生产周期由两期构成，即 T 期和 $T+1$ 期、资本有机构成（w_i）和剩余价值率（K_i）不变、资本家将固定比例 δ_i 的剩余价值用于积累和投资。用公式表示上述三个假设条件为：

$$(C_i^t + \Delta C_i^{t+1}) + (V_i^t + \Delta V_i^{t+1}) + (M_i^t + \Delta M_i^{t+1}) = W_i^t + \Delta W_i^{t+1} \tag{11}$$

$$w_i = \frac{C_i^t}{V_i^t} = \frac{\Delta C_i^{t+1}}{\Delta V_i^{t+1}} \tag{12}$$

$$(M_i^t - \frac{M_i^t}{X}) = \delta_i M_i^t \tag{13}$$

其中，$(M_i - \frac{M_i}{X})$、w_i、δ_i，$i = 1,2$，分别表示两部类资本家的投资、资本有机构成和固定的投资比例。由经济增长的一般化公式可得：

$$G_i = \frac{\Delta W_i^{t+1}}{W_i^t} = \frac{\Delta C_i^{t+1} + \Delta V_i^{t+1} + \Delta M_i^{t+1}}{C_i^t + V_i^t + M_i^t} = \frac{\Delta V_i^{t+1}(1 + w_i + K_i)}{V_i^t(1 + w_i + K_i)} = \frac{\Delta V_i^{t+1}}{V_i^t} \tag{14}$$

由公式（14）我们能够得知资本主义社会经济增长率是与可变资本或劳动力增长率密切相关的，这与马克思有关劳动是财富的唯一源泉的论断是契合的。

但在资本主义社会，生产是在不断扩大的规模上循环进行的，为保持社会生产或经济增长的持续性，资本家会将剩余价值的一部分作为预付资本投入到下一期的生产中，因而有：

$$(M_i^t - \frac{M_i^t}{X}) = \Delta C_i^{t+1} + \Delta V_i^{t+1} \tag{15}$$

将公式（12）、（13）代入至公式（15）可得：

$$\Delta V_i^{t+1} = \frac{M_i^t \delta_i}{1 + w_i} = \frac{K_i \delta_i}{1 + w_i} V_i^t \tag{16}$$

进一步地将公式（16）代至公式（14）可得：

$$G_i = \frac{\Delta V_i^{t+1}}{V_i^t} = \frac{K_i \delta_i}{1 + w_i} \tag{17}$$

公式（17）表明资本主义社会经济增长率与资本有机构成呈反比，与剩余价值率和剩余价值积累率呈同方向变动。在一定外生技术条件下，两部类剩余价值率和利润规模的提升空间比较小，在假设两部类剩余价值率相同的情况下，社会经济持续增长就取决于资本有机构成和剩余价值积累率，在两部门内部如果剩余价值积累率增长所带来的正效应不能弥补资本有机构成提高所引致的负效应，那么两部类乃至整个社会的经济增长将陷于停滞状态。一般情况下，当社会出现外生技术进步时会引致资本有机构成的提高和利润率的逐步提升，并且利润规模的上升步伐要超过技术进步率，这样会在一定程度上提高整个社会的经济增长率。

保持两部类一致的经济增长率是实现资本主义社会经济均衡增长的先决条件，由此有：

$$G_1 = \frac{K_1 \delta_1}{1 + w_1} = \frac{K_2 \delta_2}{1 + w_2} = G_2 \tag{18}$$

在本节前文的假设条件下，两部类经济增长率保持一致，即：

$$G_1 = \frac{K\delta}{1 + w} = G_2 \tag{19}$$

因此资本主义社会经济增长保持均衡状态。但这仅仅是在诸多假设条件下简化的资本主义社会经济增长状态，在现实情况中，鉴于资本主义社会生产的自发性，整个行业或部门未曾形成一致的剩余价值率和积累率，社会也缺乏一种必要的机制来保证上述趋同现象得以实现，此外生产条件的差异也使得资本有机构成出现部门或行业间的不同，由此我们得知公式（19）所显示的情况是资本主义社会经济增长的一种理想状态，即当两部类间剩余价值率、积累率和资本有机构成达到一致时，整个经济系统保持均衡状态。

为了使分析更具实际性，我们继续探讨当两部类生产条件出现差异时，整个社会经济运行如何偏离均衡状态。我们假设经济最初处于均衡状态，两部类经济增长率保持一致，剩余价值率、积累率和资本有机构成已实现部门间的趋同。然而这种均衡状态不会一直维持下去，随着资本主义生产的逐步深化，市场竞争将日趋激烈，资本家迫于对剩余价值榨取和增强竞争实力的需要会不断采用更为先进的生产技术设备，运用前沿的生产技术工艺，导致每个工人所支配的生产资料数量不断上升，不变资本相对可变资本具备较高的增长率，由此引致资本有机构成不断提升，与此同时随着外生生产技术水平的提高，每个工人的劳动效率将上升，生产成本趋于下降，两部类的利润规模和社会经济总量进一步扩大，因此技术进步引致资本有机构成提高和经济规模扩张是资本主义生产的一般趋势。在两部类生产中第一部类资本有机构成将相对高于第二部类的资本有机构成，即 $w_1 > w_2$，在剩余价值率和积累率相同的假设下，伴随社会生产技术革新，两部类经济增长的均衡态势被打破，经济增长偏离均衡状态。因此我们可以推知：

$$G_1 = \frac{K_1\delta_1}{1 + w_1} < \frac{K_2\delta_2}{1 + w_2} = G_2 \tag{20}$$

此时资本主义社会第一部类经济增长率小于第二部类经济增长率，表现为生产资料的增长率低于消费资料增长率，社会总产品的供给将不能满足资本家和工人消费，出现产品的需求过旺。由于资本主义生产的自发性和扩张性，生产规模不断扩大，过剩产品日益增多，整个社会生产处于一种无效率的状态，经济增长的后劲不足，经过长时期的积累和恶性循环，导致社会出现生产过剩的危机，经济增长率下滑，进而进一步引发经济萧条和危机，社会经济由均衡状态过渡到了失衡状态。由此我们可以得知，资本主义社会并不能保证国内经济的均衡增长，它是一种动态的波动过程。

综上所述，马克思（Marx）的社会资本再生产和流通理论是经典的外生技术进步经济增长理论，他另辟蹊径地探索了资本主义社会外生技术进步对国内经济持续增长的重要影响和关键作用。开创了研究经济增长问题的新范式，其关于社会资本简单再生产和扩大再生产过程中外生技术提升能否保持经济均衡增长的理论思考可以被看做是对于宏观经济增长问题的探索性和创新性的阐释，这种研究范式在一定程度上为后继的经济增长理论提供了科学的研究视角，在经济增长思想史上具有里程碑式的意义。

除了亚当·斯密（Adam · Smith）、李嘉图（Ricardo）之外，其他有影响力的古典经济学家如马尔萨斯（Malthus）、马克思（Karl · Marx）也纷纷提出了自己的经济增长思想。马尔萨斯（Malthus）以人口增长为逻辑主线系统的阐述了他的经济增长思想，即他认为随着一国人口的不断增长，国内生产、生活资源会变得十分稀缺，甚至枯竭，最终使该国陷入“人口增长陷阱”，导致国内经济增长出现停滞，因此控制人口数量的增长对于一国经济增长来说显得十分重要。同时，马尔萨斯（Malthus）也承认技术进步在一国经济增长中的显著位置，但他本人并没有对技术进步及其经济增长效应进行深入的研究与解释，所以其经济增长思想还存在一定的历史局限性。与马尔萨斯（Malthus）不同，另一位古典经济学家马克思（Karl·Marx）是从政治经济学的视角来解释经济增长现象的。他指出，社会财富的增加或国内经济增长是与剩余价值的积累和转化密切相关的，即随着剩余价值的不断产生，资本家拥有日益充盈的利润进行再投资，这样就会使社会资本总循环的速度加快，从而创造出更多的社会产出，实现一国经济的增长。但这种增长会导致生产上的相对过剩，引起生产力和生产关系矛盾的日益激化，最终使经济增长归于停滞。因此需要对现有的社会制度进行变革，缓解生产力与生产关系的基本矛盾，实现一国经济的再次腾飞。对于技术进步，马克思（Karl·Marx）将其归属于生产力的范畴，肯定其在经济增长中的重要作用，并把技术进步作为推动一国经济增长的重要引擎来看待。由此可见马克思(Karl·Marx）已认识到技术因素的重要影响，但其同样没有对技术因素进行系统的解释，在一定程度上还不够完善。

总之，古典经济学家从不同的角度分析阐述了经济增长的实现机理。尽管这些思想存在一定程度的局限性，但他们关于技术进步及其经济增长效应的认识已经凸显出技术因素的重要作用，这为以后经济增长理论的产生、成长、成熟、创新积淀了科学的思想基础。

2.1.2 熊彼特经济发展理论

美籍奥地利经济学家熊彼特（Schumpeter）是一位集多种社会角色于一身的极富天赋的经济学家，也是一位高产学者，其一生共出版了 15 本专著，其中 5 本即《理论经济学的本质和内容》《经济发展理论》《资本主义过程的理论的、历史的、统计的分析》《资本主义、社会主义和民主》《经济分析史》在经济学研究领域产生了巨大影响。熊彼特（Schumpeter）的经济发展理论和研究方法在西方经济学说史上独树一帜、自成体系，从创新的角度研究分析了资本主义经济发展和经济周期的实现机理，这对以后的经济增长理论研究产生了深远的影响，提供了崭新的思维视角。新经济增长理论关于技术进步内生化的观点就来源于熊彼特（Schumpeter）的经济发展思想。本节将重点介绍熊彼特（Schumpeter）的经济发展理论，并按照创新的内涵、创新与经济发展、创新理论的不足的逻辑顺序展开具体阐述，以更全面地展现熊彼特（Schumpeter）经济发展理论的创新思想。

熊彼特（Schumpeter）是西方最早提出创新理论的经济学家，被学术界推崇为“创新理论的鼻祖”，其创新理论的思想和研究方法对后继学者的经济增长理论研究产生了革命性的影响。在《经济发展理论》一书中熊彼特（Schumpeter）系统的阐述了创新的内涵及其实现条件，并围绕创新这个核心概念论述了他的经济发展思想。根据他的理论观点，创新的内涵被具体定义为“一种新的生产函数”或“一种生产函数的移动”，这种移动会引致资本主义社会的经济发展。这里所涉及的发展一词并不是指资本主义社会总产出在生产规模和产出数量上的绝对扩张，而是特指经济生活内部所蕴含的质的自发性突破所带来的经济生产效率方面的提升，这种自发性的突破就是我们通常所讲的“创新”。关于创新的实现条件熊彼特（Schumpeter）是这样解释的：他认为，创新就是一个经济社会不断实现和执行的“新组合”，这种“新组合”是通过与“旧组合”相竞争并将其消灭这个过程来实现的，因此是一种创造性毁灭的发展过程。此外，熊彼特（Schumpeter）还划分了五种不同类型的创新，即开发一种新产品或一种产品的新特性；开发出一种新的生产方法；开辟出新的外部市场；开拓新的原材料或半制成品的供应来源地；形成新的组织形式。以上五种创新类型会对一国的经济发展产生重大影响。

为了更好的理解创新的内涵，熊彼特（Schumpeter）还着重对创新与发明、试验进行了区分。他指出，发明、试验与创新是两个不同的概念范畴，前者涉及新知识、新方法的生产过程，是一种科技型的生产活动。而创新则不然，它与社会生产力相联系并能够及时转化为更为先进的社会生产力，因而是一种社会经济活动。这种社会经济活动是对现有生产要素、生产组织关系等的重新组合，是在创新主体企业家的推动之下进行的，并通过旧组合的毁灭来实现。

关于创新与经济发展的关系，熊彼特（Schumpeter）在《资本主义、社会主义和民主主义》一书中是这样解释的：资本主义，在本质上是经济变动的一种形式或方法，不会静止不变，而开动资本主义发动机并使其继续动作的基本推动力，来自新产品、新的生产或运输方式、新市场、资本主义企业所创造的企业组织的新形式[①]，即一国经济发展的源动力在于国内创新。通过这种创新活动实现了国内旧技术的创造性毁灭，进而引致经济结构出现不可逆转的改变，使经济社会从一种旧的均衡状态过渡到一种新的均衡状态，从而最终使国内经济实现跨越式的发展。在这一过程中，富有冒险精神的企业家作为创新主体也发挥了重要的引导作用。在循环流转的静态均衡状态下企业家缺乏必要的创新精神，导致社会创新资源的枯竭，国内经济发展受到阻碍，社会总产出在同一水平上不断循环反复。为了考察创新在国内经济发展方面所扮演的重要作用，熊彼特（Schumpeter）假定企业家具有创新精神，并将分析方法由静态均衡分析转变为动态均衡分析，以便更接近于现实情况。通过对这一问题的细致研究，熊彼特（Schumpeter）得出了如下重要结论，首先，富有创新精神的企业家对额外利润的追求会引

① 约瑟夫·熊彼特．资本主义！社会主义和民主主义［M］．第1版．北京：商务印书馆，1979. 204

致社会创新活动的兴起，并通过创造性毁灭过程达到新的动态均衡，进而实现国内经济发展，由此可见创新在一国经济发展中扮演着非常重要的角色。其次，熊彼特（Schumpeter）发现创新促进国内经济发展的过程可以具体划分为三个阶段，即创新阶段、模仿跟随阶段和适应阶段，每个阶段都有自己独有的特征。在创新阶段，具有创新精神的企业家为了获得额外利润纷纷投身于创新活动，在社会上掀起了一波又一波的创新浪潮，新的生产技术相继出现。为了分享创新活动所带来的额外利润，其他企业家开始积极对创新成果进行模仿和跟随，进而使全社会进入创新活动的模仿、跟随阶段。在这一阶段，跟随企业为了继续生存和发展必须对自己原有的旧的生产技术进行革新以适应新的发展阶段。随着时间的推移，模仿跟随阶段自动过渡到了适应阶段，在这一阶段那些适应能力差的企业将通过竞争被社会所淘汰，与此同时新的适应能力强的企业将建立并逐步发展壮大，从而带动国内经济的进一步发展，这就是熊彼特（Schumpeter）所指出的著名的创造性的毁灭过程，即新组合，新企业等的诞生是建立在旧组合、旧企业等毁灭的基础之上的，因此资本主义经济发展过程就是一个创造性的毁灭过程，其根本动力在于创新。

与其他任何经济增长理论一样，熊彼特（Schumpeter）的经济发展理论或创新理论也有其不完善之处，具体体现在以下几个方面：首先，熊彼特（Schumpeter）将研究重点放在企业创新方面，过度强调创新对国内经济发展所起的重要作用，忽视了资本积累的重要性。一个企业如果不具备充足的资本积累是不可能成功完成创新活动的。因此资本积累也是国内经济发展的重要决定因素。其次，按照熊彼特（Schumpeter）的观点，企业家是创新活动的灵魂和主体并且在经济发展过程中扮演着重要的角色。但实际看来，创新主体还应该包括处于生产第一线的熟练工人、非熟练工人和经营管理者，他们平时接触生产流程的机会远远大于企业家，对生产流程的熟悉度也高于企业家，因此他们也应该被当作创新主体来看待，这样才能使理论更加符合现实情况。尽管熊彼特（Schumpeter）经济发展理论存在一些不足，但这些瑕疵丝毫不影响其关于创新重要性的科学论断，这一论断为后继的经济增长理论特别是内生经济增长理论提供了合理的经济增长思想。

2.1.3 新古典经济增长理论

1. 哈罗德－多马经济增长模型

以上关于经济增长问题的研究都侧重于借助数据、案例等相关信息就经济增长问题进行理论阐述，很少涉及经济增长模型的构建及推导。哈罗德（Harrod）、多马（Domar）两位经济学家关于增长问题的研究范式成功地突破了这一局限性，将模型引入到了经济增长问题的研究之中，提出了哈罗德 - 多马经济增长模型，使经济增长理论研究范式向模型实证阶段过渡，开辟了当代经济增长理论研究的新范式，对后继的新古典经济增长理论、新经济增长理论等产生了重要影响，在经济增长理论研究史上具有划时代的意义。

20 世纪 40 年代中叶，英国经济学家哈罗德（Harrod）和美国经济学家多马（Domar）先后提出了框架结构、研究结论相似，但研究基准点各异的经济增长模型，该模型以当时风靡于世界的凯恩斯的国民收入决定理论为研究基础并将这一理论长期化、动态化，以弥补凯恩斯（Keynes）理论。由于这两个经济增长模型具有一定程度的相似性，因此学术界一般将其合称为哈罗德（Harrod） - 多马（Domar）经济增长模型。本部分将主要介绍哈罗德（Harrod） - 多马（Domar）经济增长模型的内容及研究结论并对其存在的不足进行简要的说明。

1948 年英国经济学家哈罗德（Harrod）在他的《走向动态经济学》一书中系统的阐述了经济增长思想并提出了宏观经济学研究史上的第一个经济增长模型——哈罗德（Harrod）模型。根据哈罗德（Harrod）本人的观点，其在模型中设定了如下假设：（1）国民总储蓄 S 与国民总收入 Y 呈现出一种简单的比例函数形式，即 $S = SY$，国民总储蓄 S 是国民总收入 Y 的线性函数，其中 Y 表示国民总收入，等式左方的 S 代表国民总储蓄，右方的 S 指的是平均或边际储蓄倾向，在数值上其等于 1 减平均或边际消费倾向。（2）社会劳动力以外生给定的不变的速率 n 增长，即 $n = \frac{\Delta L}{L}$。（3）不存在技术进步，这一假设使哈罗德（Harrod）模型脱离了经济社会的现实状况，造成了该模型的内部不稳定性，最终成为了哈罗德（Harrod） - 多马（Domar）经济增长模型的一大缺陷。（4）假设不进行资本折旧，这样每期的投资总额就与当期的资本存量的增加额相等，即 $I = \Delta K$，其中 I 代表投资总额，ΔK 表示当期的资本存量增加额。（5）社会生产函数具有固定系数的性质，即 $Y = \min\left[\frac{K}{v}, \frac{L}{u}\right]$，其中 v、u 分别表示资本产出比和劳动产出比，$v = \frac{K}{Y}$、$u = \frac{L}{Y}$，并且二者固定不变。在上述假设的前提下，哈罗德（Harrod）以凯恩斯（Keynes）国民收入决定理论为基础提出了自己的宏观经济增长模型。他指出由凯恩斯（Keynes）国民收入决定理论可知，宏观经济在均衡状态下会使投资等于储蓄，即 I = S，根据假设（4）可以将此式转化为 $S = \Delta K$，在等式两边同时除以 ΔY 得到如下等式：$\frac{S}{\Delta Y} = \frac{sY}{\Delta Y} = \frac{\Delta K}{\Delta Y}$，又由生产函数的固定系数性质可知，$V = \frac{K}{Y} = \frac{\Delta K}{\Delta Y}$，即边际的资本产出比等于平均的资本产出比。将此式与上式相结合并令 $G = \frac{\Delta Y}{Y}$，最后经过推导得出：$G = \frac{s}{v}$，此式即为哈罗德（Harrod）经济增长模型的基本结论，它表明一个国家的产出增长率或经济增长率外生的取决于两个因素，即储蓄率 s 和资本产出比 v，并且与储蓄率 s 成正比。

与哈罗德（Harrod）大约同时，多马（Domar）在其发表的《扩张和就业》一文中提出了与哈罗德（Harrod）研究视角相异的经济增长模型，即多马（Domar）模型。该模型的假设条件与哈罗德（Harrod）模型基本相似，在此不再赘述。本部分将重点介绍多马（Domar）模型的具体内容及研究结论以更直观的展现多马（Domar）的经济增长思想。与哈罗德（Harrod）不同，多马（Domar）是以总供给为出发点来研究经济增长问题的。根据他的观点，一国潜在总产出的增长取决于两个因素：即投资 I 与社会平均投资生产力 ω，后者在表示方式上可以写成资本产出比的倒数，即 $\omega = \frac{1}{v}$，从而我们可以进一步得出潜在总产出的决定公式，$\frac{dY}{dt} = I\omega$，其中 $\frac{dY}{dt}$ 表示经济社会潜在总产出的增长率，I、ω 分别表示当期的投资总量和社会平均投资生产力，将资本产出比公式带入其中得 $\frac{dY}{dt} = \frac{I}{v}$，此式与哈罗德（Harrod）经济增长模型中的 $G = \frac{s}{v}$ 在内涵上具有一致性。此外，根据凯恩斯（Keynes）的国民收入决定理论，从总需求的角度看：$Y^d = C + I$，对等式两边求时间的全微分得到：$\frac{dY^d}{dt} = \frac{dC}{dt} + \frac{dI}{dt} = \frac{dcY^d}{dt} + \frac{dI}{dt} = \frac{(1-s)dY^d}{dt} + \frac{dI}{dt}$，对该式进行进一步的整理得出总需求的决定公式，即 $\frac{dY^d}{dt} = \frac{dI}{sdt}$。当一国经济达到均衡状态时，总需求与总供给是相等的，总需求的增长率与总供给的增长率也需保持一致。当国内投资量增加 ΔI 时，根据乘数理论国民收入将增加 $\Delta I * \frac{1}{s}$ 倍，为了使均衡状态得以保持，经济社会的潜在总产出也需按这一比例进行增长，由此我们可以得到一个恒等式，即 $\frac{I}{v} = \frac{\Delta I}{s}$，对该式进行整理得到：$\frac{\Delta I}{I} = \frac{s}{v}$，这一表达式表明了为了使经济保持在均衡状态投资所需要达到的增长率，同时国内潜在总产出也需满足这一增长率以使均衡状态得以维持，即 $\frac{dY}{dt} = \frac{s}{v}$，这样美国经济学家多马（Domar）就得出了与哈罗德（Harrod）观点相一致的研究结论。由于两个经济增长模型在本质上具有一致性，因此学术界一般将它们合称为哈罗德（Harrod）－多马（Domar）经济增长模型。

哈罗德（Harrod）－多马（Domar）经济增长模型是建立在凯恩斯（Keynes）国民收入决定理论基础之上的，吸纳了两个经济增长模型各自的优势并提出了如下 6 个假设：（1）全社会只生产一种产品。（2）社会储蓄率外生给定且不变。（3）社会劳动力增长率外生给定且恒定。（4）生产规模收益不变。（5）社会生产函数具有固定系数的性质，这一假定意味着劳动与资本两种生产要素之间不具有替代性，明显的偏离了现实情况。（6）不存在技术进步且不进行资本折旧。关于模型基本方程式的推导过程已在哈罗德（Harrod）经济增长模型部分进行过详细的阐述，在此不再赘述。接下来将介绍哈罗德（Harrod）－多马（Domar）经济增长模型关于三个增长率的研究结论。依照哈罗德（Harrod）的观点，经济社会存在三种增长率，即实际增长率、有保障的增长率和自然增长率。实际增长率是指经济社会实际产生的增长率，它等于实际的储蓄率除以实际的资本产出比，即 $G^0 = \frac{s^0}{v^0}$，其中 s^0、v^0 分别表示实际的储蓄率和实际的资本产出比。有保障的增长率是当实际储蓄率等于人们满意的储蓄率，实际资本产出比等于人们所需要的资本产出比时出现的那个增长率，它等于合意的储蓄率除以期望的资本产出比，即 $G^w = \frac{s^d}{v^r}$，其中 s^d、v^r 分别表示合意的储蓄率和期望的资本产出比。自然增长率是指在人口增长和技术进步的条件下所能达到的长期最大增长率，是一种“社会最适宜的增长率”，用公式可以表示为 $G^n = \frac{s^n}{v^n} = \frac{\Delta L}{L} + g$，其中 s^n、v^n、g、$\frac{\Delta L}{L}$ 分别表示自然状态下的储蓄率、资本产出比以及技术进步率和劳动人口增长率。哈罗德（Harrod）认为一国只有实现了三种增长率的相等，即 $G^0 = G^w = G^n$，才能使经济达到长期稳定均衡增长。由于这种情况在现实生活中不可能实现，因此学术界将这种增长称之为“刀刃上的增长”。

与其他经典的经济增长理论一样，哈罗德（Harrod）－多马（Domar）经济增长模型也有其自身的局限性，大体上可以归纳为以下三点：首先，哈罗德（Harrod）－多马（Domar）经济增长模型过分强调资本积累在一国经济增长中所起到的重要作用，忽视了技术进步对国内经济增长的巨大推动力，其关于不存在技术进步的假设明显的与现实状况不符，成为该模型的一大缺陷。其次，社会生产函数的固定系数假设不尽合理。生产函数的固定系数性质意味着劳动产出比、资本产出比不变也即资本与劳动两种生产要素之间不具有替代性，这一假设在生产技术高速发展的当代社会是不符合客观事实的，随着生产技术的不断提高，劳动与资本要素之间的替代性日趋增强，成功地提高了社会劳动生产率。最后，哈罗德（Harrod）－多马（Domar）经济增长模型是在凯恩斯（Keynes）的储蓄投资恒等式即 $I = S$ 的基础上发展演变而来的，他们认为储蓄完全转化为投资是实现一国经济长期稳定均衡增长的前提条件，但在现实生活中此假设往往不能得到实现，因为储蓄能否全部转化为投资一般会受到市场利率是否具有充分弹性、消费者与投资者的心理预期、收入分配制度安排是否合理等一系列因素的影响，是一个复杂的理论性问题。因此在模型中假设储蓄完全转化为投资会在一定程度上影响该模型的现实解释力，成为制约哈罗德（Harrod）－多马（Domar）经济增长模型的又一个缺陷。尽管哈罗德（Harrod）－多马（Domar）经济增长模型存在种种缺陷，但其关于经济增长问题的研究范式和研究思路为后来的经济增长理论提供了崭新的研究方法和学术思想。

2. 索洛－斯旺经济增长模型

从理论内容上看，新古典经济增长理论基本包含三大模型：索洛（Solow）—斯旺（Swan）经济增长模型、戴蒙德（Diamond）世代交叠模型及拉姆齐（Ramsey）—卡斯（Cass）—库普曼斯（Koopmans）模型，后两个经济增长模型是对前者索洛（Solow）—斯旺（Swan）模型的进一步修正和完善，从而使新古典经济增长理论在研究方法方面更为科学合理。索洛（Solow）—斯旺（Swan）模型作为戴蒙德（Diamond）模型、拉姆齐（Ramsey）—卡斯（Cass）—库普曼斯（Koopmans）模型及内生经济增长模型的理论研究基准点为他们进行经济增长问题探究提供了科学的理论指导和模型构建思想，在现代经济增长理论史中占有重要的地位。本部分将着重介绍索洛（Solow）—斯旺（Swan）经济增长模型的提出背景、假设条件、理论内容及相关研究结论以求更具体地阐释新古典经济增长思想。

20 世纪 50 年代中后期，西方经济学界关于经济增长问题的理论研究尚处于起步阶段，还没有形成独立的经济增长理论体系，经济增长模型的设定也缺乏合理的理论依据，哈罗德（Harrod）－多马（Domar）经济增长模型在当时作为这一研究领域的开山之作开始显露与社会经济增长事实不符的理论问题。在此研究背景下，1956 年美国经济学家索洛（Solow）在其《关于经济增长理论的一篇论文》一文中指出了哈罗德（Harrod）－多马（Domar）经济增长模型存在的种种缺陷并具体阐述了具有新古典性质的经济增长思想，提出了著名的索洛（Solow）经济增长模型，与此同时，另一位著名经济学家斯旺（Swan）也得出了与索洛（Solow）相类似的研究结果，他们的经济增长模型后来被学术界合称为“索洛（Solow）－斯旺（Swan）经济增长模型”。在对哈罗德（Harrod）－多马（Domar）经济增长模型假设条件进行修正和完善的基础上，索洛（Solow）提出了如下新古典经济增长模型的假设：（1）资本主义社会中只存在一个生产部门和一种产品，并且该产品既可以用于生产，也可以用于国内消费；（2）假设整个经济是封闭的，即不存在对外贸易和政府；（3）存在两种生产要素，即资本和劳动；（4）两种生产要素具有边际产出递减规律的特性；（5）储蓄率 s 和人口增长率 n 外生给定；（6）总量生产函数采取新古典生产函数的形式，即资本与劳动生产要素可以相互替代，资本劳动比率和资本产出比率可以进行相应的调整，这一假设在很大程度上修正了哈罗德（Harrod）－多马（Domar）经济增长模型关于总量生产函数具有固定比例性质的条件，避免了经济长期均衡增长的“刀刃”现象，为研究长期经济均衡增长路径提供了合理的模型假设；（7）存在规模报酬不变，即生产函数具有一次齐次的性质；（8）市场具有完全竞争的性质，由此资本和劳动生产要素的报酬与它们各自的边际生产力相等；（9）技术进步是哈罗德（Harrod）中性的且是外生给定的。上述即为索洛（Solow）－斯旺（Swan）经济增长模型的理论假设，从中我们可以看出新古典经济增长模型比先前的马克思（Marx）经济增长模型和哈罗德（Harrod）－多马（Domar）经济增长模型在模型假设方面又前进了一大步，与社会经济增长状况的联系也越来越紧密，这就为成功揭示经济长期增长的决定因素铺平了研究道路。

基于以上理论假设，索洛（Solow）经过逻辑推导进一步得出了新古典的经济增长核算方程，即 $\frac{\Delta Y}{Y}=\alpha\frac{\Delta K}{K}+\beta\frac{\Delta L}{L}+\frac{\Delta A}{A}$，其中 $\frac{\Delta Y}{Y}$、$\frac{\Delta K}{K}$、$\frac{\Delta L}{L}$ 分别表示经济增长率、资本生产要素增长率、劳动生产要素增长率；α、β 分别指代资本和劳动生产要素的产出份额，即经济增长中有多大比例能够归因于两种生产要素投入量的增加；$\frac{\Delta A}{A}$ 在这里是一个重要的指代因子，它被定义为除生产要素投入量增加以外其他的能够引起经济增长的因素，即全要素生产率增长率。在一般情况下，它用于衡量技术进步对于经济增长的贡献度，也是衡量技术进步率的客观量化指标。1957 年索洛（Solow）在《技术变化和总量生产函数》一文中指出了关于全要素生产率的分析方法，并运用新古典经济增长模型对经验数据进行了实证分析，最后得出生产要素投入对经济增长的贡献度大约为 12.5%，而技术进步的贡献度则高达 87.5%，实证证明了技术进步对于一国经济增长的重要性，为纪念索洛（Solow）对于全要素生产率的开拓性研究，学术界将 $\frac{\Delta A}{A}$ 命名为索洛（Solow）余值。除了关于经济增长源泉核算的研究，索洛（Solow）、斯旺（Swan）两位经济学家还在新古典的框架下进一步研究了经济的长期均衡增长问题，并从储蓄率、人口增长率和技术进步率三个角度进行了比较静态研究，得出了重要的研究成果，下面将索洛（Solow）–斯旺（Swan）经济增长模型的主要内容介绍如下：

设人口增长率外生且为 n 、储蓄率为外生固定比例 s 、总量生产函数采取新古典的形式并具有一次齐次的特征，由此我们得到：

$$Y = F(K,L) \tag{1}$$

根据总量生产函数的一次齐次特性，在（1）式两边同时除 L 得人均生产函数为：

$$y = \frac{Y}{L} = F(\frac{K}{L},\frac{L}{L}) = f(k) \tag{2}$$

即人均产出或人均收入是人均资本存量的函数。

依照凯恩斯（Keynes）国民收入决定理论公式我们有：

$$Y = C + I \tag{3}$$

对公式（3）进行人均化处理得：

$$y = \frac{Y}{L} = \frac{C}{L} + \frac{I}{L} = c + i \tag{4}$$

对公式（4）进行移项变换得：

$$sy = y - c = i \tag{5}$$

其中，sy 表示人均储蓄，i 指代人均投资，在经济处于均衡状态时二者是相等的，因此我们说索洛（Solow）、斯旺（Swan）所研究的是经济的长期均衡增长。依照公式（2），在均衡状态下，人均资本存量的变动会引起人均产出的相应变化，据此，索洛（Solow）、斯旺（Swan）从人均资本存量变动的视角来研究经济的长期均衡增长问题。由人均资本存量的决定公式我们可以得出：

$$\Delta k = i - (\delta + n)k = sy - (\delta + n)k \tag{6}$$

公式（6）表明人均资本存量的变动取决于当期投资或储蓄与收支相抵投资的差额，其中，Δk 是人均资本存量的变化，即资本深化；δ 指折旧率；$(\delta + n)k$ 表示为保持人均资本存量不变而进行资本折旧和为每个新工人配备物质资本所需要的投资，即资本广化，它与当期投资的差额决定了人均资本存量的变动。当人均储蓄大于资本广化时人均资本存量趋于增长，反之则亦然。此公式是索洛（Solow）–斯旺（Swan）经济增长模型的核心公式，许多重要结论都是据此推出的。

下图为不存在技术进步的情况下索洛（Solow）–斯旺（Swan）经济增长模型的核心图示，$k_3y_2k_1$ 其中，$f(k)$ 代表人均产出曲线，表征着一国人均产出水平；$sf(k)$、$s_1f(k)$ 分别表示储蓄率增加前后的人均储蓄曲线；$(\delta+n)k$ 、$(\delta+n_1)k$ 表示人口增长率提高前后的资本广化曲线；点 E_1、E_2、E_3 分别指代三个稳态均衡点；点 y_1、y_2、y_3 是与三个稳态均衡点相对应的均衡人均产出点。由公式（6）我们可

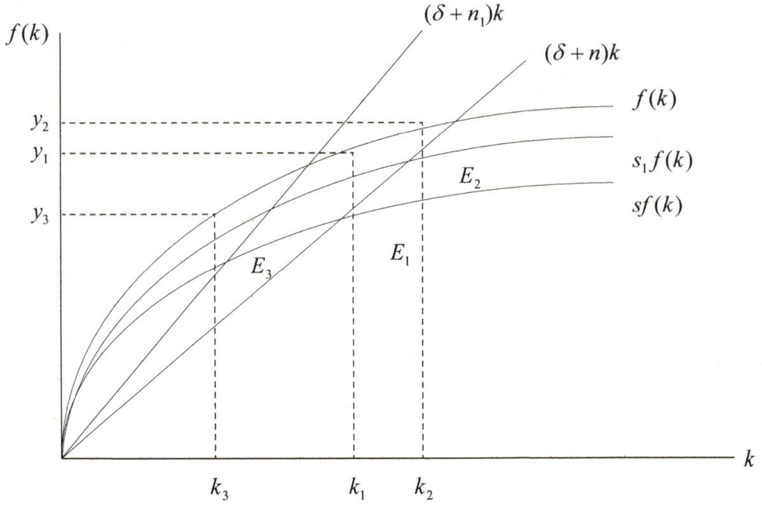

图 2.2　新古典经济增长模型图示（不存在技术进步）

以得知人均资本存量 k 在稳态均衡状态下保持不变即 $\Delta k=0$，反应到图1 中就是资本广化曲线 $(\delta+n)k$ 与人均储蓄曲线 $sf(k)$ 相交于 E_1 点，此时人均资本存量和人均产出水平分别是 k_1、y_1，整个经济实现了稳态均衡，总需求与总供给达到了一致；当经济中出现储蓄率提高时，人均储蓄曲线会上移至 $s_1f(k)$ 的位置并与资本广化曲线相交于 E_2 点，人均资本存量和人均产出分别增加到 k_2 和 y_2，此时整个经济系统实现了稳态均衡，反之则会导致人均资本存量和人均产出的下降；除此之外，人口增长率的变动也会引起人均资本存量和人均收入的变动。当人口增长率由 n 上升到 n_1 时，资本广化曲线也由 $(\delta+n)k$ 上移至 $(\delta+n_1)k$，并且与人均储蓄曲线分别相交于稳态均衡点 E_1 和 E_3，经济系统实现了稳态均衡。在此情况下，人均资本存量由 k_1 减少至 k_3，人均产出水平也相应的由 y_1 下降至 y_3，反之则会出现人均资本存量和人均产出增加的情形。根据上述图形推理可以总结出如下索洛（Solow）-斯旺（Swan）经济增长模型研究结论：（1）储蓄率或投资率的上升会增加一国在长期中的人均产出，反之则亦然；（2）人口增长率的上升会在长期中减少一国的人均产出，反之则亦然；（3）由于生产要素边际产出递减规律的作用，当经济系统达到长期稳态均衡时，人均产出水平将保持不变，增长率下降为零，总产出 Y 将按人口增长率 n 实现长期均衡增长，由此我们可以得出储蓄率的增加只有暂时的产出扩张效应而没有长期持续增长效应；（4）绝对的趋同，即具有相同储蓄率和人口增长率的两个国家最终将达到相同的人均产出水平。由此引申出，具有低储蓄率和高人口增长率的穷国通过国内相关 $(\delta+n)kf(k_E)(\delta+n+g_1)k_E$ 经济政策的调整最终会实现对高储蓄率和低人口增长率的富国的赶超。

为了更全面的探究影响经济长期增长的各种因素，索洛（Solow）将外生技术进步引入到了模型之中，并做出了如下两个假设：（1）技术进步是劳动加强型的，具有哈罗德（Harrod）中性的特征；（2）技术进步为外生给定且增长率为 g 。由此我们可以对生产函数进行进一步修正。假设总量生产函数采取哈罗德（Harrod）中性技术进步形式，因而有：

$$Y = F(K,E \times L) \tag{7}$$

$$g = \frac{\Delta E}{E} \tag{8}$$

其中，E 代表劳动效率；g 指代劳动效率增长率即技术进步率；$E \times L$ 是有效劳动量，由此我们可以得出增加劳动力数量和提高劳动效率都可以达到增加有效劳动量的目的。在式（7）两边分别除以 $E \times L$ 就得到了人均形式的生产函数，因此有：

$$y = \frac{Y}{E \times L} = F(\frac{K}{E \times L},\frac{E \times L}{E \times L}) = f(k_E) \tag{9}$$

公式（9）与公式（2）虽然具有相同的函数形式，但它们的公式内涵却是相异的。公式（2）中的 k 代表着人均资本存量，它是总资本存量与劳动者人数的商，但公式（9）中的 k_E 则指代有效劳动人均资本存量，它是由总资本存量与有效劳动量作商求得的。除此之外，有关生产函数曲线、人均储蓄曲线及资本广化曲线的描述与上述内容类似，在此不再赘述。据此我们可以画出如下包含技术进步的新古典经济增长模型图示。

下图为包含技术进步情况下的新古典经济增长模型图示，其中 $y = f(k_E)$、$S = sf(k_E)$ 分别指代有效劳动人均生产函数曲线和人均储蓄函数曲线，$(\delta + n + g)k_E$ 代表包含为新增有效劳动提供资本设备的资本广化曲线。E_1、E_2 表示变动前后的长期稳态均衡点。在初始状态，经济系统位于稳态均衡点 E_1 ，此时人均储蓄曲线 $S = sf(k)$ 与资本广化曲线 $(\delta + n)k$ 相交，人均资本存量和人均产出水平分别达到 k^1 和 y^1 。假设此刻经济系统出现一个增速为 g 的技术进步冲击，在此情况下，劳动效率 E 将按此比率进行增长，从而带动人均产出和人均资本存量出现增长率为 g 的长期持续均衡增长，进而实现总产出和总资本存量的 $n + g$ 的经济长期持续均衡增长率。反映到图 2 中，技术进步使人均产出曲线、人均储蓄曲线和资本广化曲线分别上移至 $y = f(k_E)$ 、$S = sf(k_E)$ 和 $(\delta + n + g)k_E$ 的位置，人均资本存量将由 k^1 下降至 k_E^2 水平，与此同时，技术进步所引致的资本广化投资将会为新增的有效劳动提供资本设备从而使人均资本存量回移至 k^1

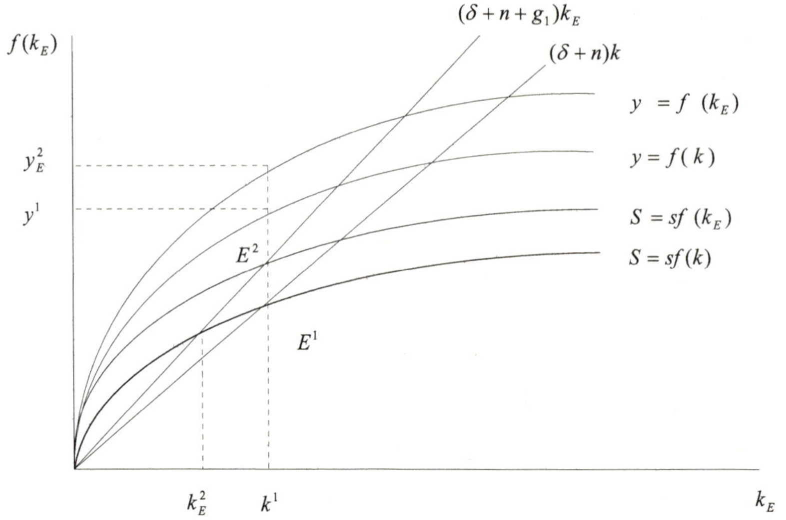

图 2.3　新古典经济增长模型图示（包含技术进步）

水平并保持不变，经济系统在点 E_2 处实现长期稳态均衡，人均产出水平达到 y_E^2。根据上述图形推理可以总结出如下结论：（1）外生技术进步会提高劳动者的生产效率，进而进一步提升稳态时的人均产出水平；（2）技术进步会引致人均资本存量、人均产出出现增长率为 g 的长期持续均衡增长，总产出和总资本存量因此也会出现增长率为 $n+g$ 的长期持续均衡增长，由此可以进一步得出：技术进步是决定一国在长期中实现经济持续增长的关键因素。

尽管索洛（Solow）的新古典经济增长模型在一定程度上很好地解释了现实中的各国经济增长问题，但该模型关于外生技术进步和生产要素边际产出递减等的假设引起了其他学者的广泛争论，正如其他学者所说的那样，新古典经济增长模型可以解释一切问题，但惟独不能解释长期增长。新古典经济增长理论的种种缺陷和不足为接下来的内生经济增长理论提供了宝贵的研究契机，激励着内生经济增长理论学家进行进一步的探究以完善经济增长理论体系并为现实问题提供科学合理的理论解释。

2.1.4　*AK* 模型

兴起于 20 世纪 50 年代的新古典经济增长理论充分认识到了技术进步对于一个国家经济长期增长的重要性，得出了一些具有实际意义的研究结论，但新古典经济增长模型关于外生技术进步的假设未免有些牵强，不能如实地反映经济社会的现实情况，同时也引发了经济学学术界关于这一假设问题的修正和深入探讨。围绕这一研究主题经过近 30 年的理论开拓，20 世纪 80 年代到 90 年代以经济学家罗默（Romer）、卢卡斯（Lucas）等为主要代表的一批学者摒弃了新古典经济增长模型中关于技术外生进步的假定，相继提出了具有技术进步内生化特征的经济增长模型，这就是被学术界所称道的内生经济增长模型或新经济增长模型，与新古典经济增长模型相比，内生经济增长模型还没有形成一个被学术界各位学者所公认的具有基准性质的统一的理论模型，各位学者更多是阐释自己的具有个人特色的内生经济增长思想，从这一方面看，内生经济增长理论尚处于发展阶段，理论研究及模型构建方面还存在一些与经济现实不相符的情况，需要经济学家们对这一新兴增长理论进行更深一步的研究以期实现对内生经济增长理论体系的修正和完善并更好地发挥其对社会经济增长问题的指导作用。本节和后续部分将从 *AK* 模型、罗默（Romer）知识溢出模型、卢卡斯（Lucas）人力资本模型和罗默（Romer）R&D 模型四个方面介绍内生经济增长理论，这些模型都是内生经济增长理论中的经典模型，可以更全面地反映出各位经济学家的独具特色的技术内生化经济增长思想。

AK 模型是内生经济增长理论中的经典线性模型，它充分体现了经济内生增长的理论思想，通过这一增长模型我们能够对内生增长理论有一个总体的认识。如上述模型推导设经济中的总量生产函数采取如下形式：

$$Y = AK \tag{1}$$

其中，Y 为经济社会总产出，K 为经济社会中的总资本存量，常数 A 在这里是一个关键变量，它指代一单位资本要素所带来的总产出的增加，即资本要素的边际产出。这里与新 $KY_0K_0Y = AK$ 古典经济增长模型不同的是变量 A 此时是一个常数，无论总资本存量是多少，额外一单位资本都会生产出 A 单位的边际产出，因而 AK 模型中所假设的是资本的边际产出不变，而不是新古典经济增长模型中的资本边际产出下降，这在理论假设和模型构建方面是一个进步。

根据新古典经济增长模型中的资本存量动态公式我们可以进一步得出：

$$\Delta K = sY - \delta K \tag{2}$$

公式（2）与上述新古典经济增长模型中的公式（6）如出一辙，只不过在这里人均资本存量 k 换成了总资本存量 K 。公式（6）表明总资本存量的变动等于总储蓄或总投资减去资本折旧。进一步地将公式（1）带入至公式（2）可得：

$$\frac{\Delta Y}{Y} = \frac{\Delta K}{K} = sA - \delta \tag{3}$$

公式（3）是 *AK* 经济增长模型的核心公式，其中，$\frac{\Delta Y}{Y}$、$\frac{\Delta K}{K}$ 分别表示整个经济总产出和总资本存量的增长率。该公式表征了如下内生经济增长思想：即使整个经济系统不存在外生的技术进步因素，单凭依靠经济系统的内部驱动因素如研发投资等也会实现一国经济的长期持续增长，这一核心公式充分体现了崭新的内生经济增长思想，开辟了经济增长理论研究的新视角。

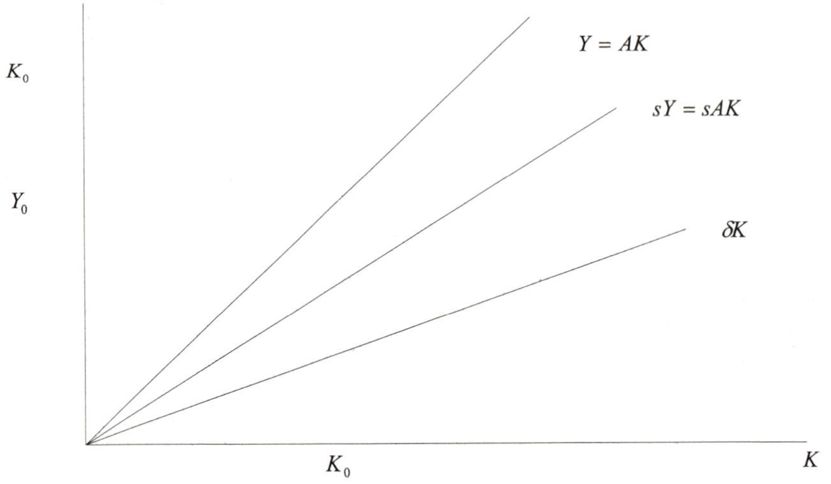

图 2.4　AK 经济增长模型图示

图 2.4 为 AK 经济增长模型的核心图示，其中，$Y = AK$ 、$sY = sAK$ 、δK 分别代表总产出线、总储蓄线和资本折旧线，从总产出图示中我们可以看得，该直线具有典型的资本边际产出不变的性质，基于以上特征我们可以得出以下结论：即只要 $sAK > \delta K$ ，那么总资本存量就一直在增加，由此引致总产出出现长期均衡持续增长。

2.1.5 阿罗（Arrow）－罗默（Romer）知识溢出模型

1962 年经济学家阿罗（Arrow）和谢辛斯基（Sheshinski）在对新古典经济增长模型进行充分修正的基础上提出了具有技术进步内生化性质的经济增长模型，突破了新古典经济增长模型关于技术进步外生性的理论缺陷。在该模型中阿罗（Arrow）和谢辛斯基（Sheshinski）从知识正外部性的理论角度阐述了技术进步内生化的实现机理。他们指出，国内技术进步是资本不断积累的结果，即存在着一种“干中学效应”，这种效应会使知识或技术水平随着资本积累水平的增长而不断地提高，同时知识也是一种具有正外部性特征的公共产品，它的外溢性不仅会提高单个厂商的技术水平而且还会促进整个经济知识或技术水平的进步，也即存在一种规模报酬递增效应。基于上述理论推理，阿罗（Arrow）和谢辛斯基（Sheshinski）得出了如下重要结论：知识进步内生化于资本积累并且凭借其外部性特征带动了整个经济的持续增长，经济的持续增长反过来又会进一步引致投资或资本积累，由此实现知识的新一轮内生化增长。这种循环往复的过程会实现经济的长期持续增长。

在充分吸收阿罗（Arrow）和谢辛斯基（Sheshinski）的内生经济增长思想的基础上，1986 年罗默（Romer）在其《收益递增与长期增长》一文中提出了著名的知识溢出模型，该模型后来被称为内生经济增长理论的基础模型。在该模型中罗默（Romer）设定了如下假设：（1）知识是一种具有非竞争性的公共产品，其他厂商对新知识的复制成本为零；（2）知识具有正外部性的特征，即外溢性，因此知识产品具有递增的边际产出；（3）生产函数关于资本与劳动生产要素是一次齐次的，即存在规模报酬不变的特征；（4）知识产品的产生是资本不断积累的结果并具有规模报酬递减效应。由此我们可以进一步得出生产函数的形式为：

$$Y = F(K, K_a, L) \tag{4}$$

其中，K、L 分别表示厂商的资本和劳动生产要素投入，K_a 指代其余厂商的平均资本要素投入。进一步地对公式（4）两边同时除以劳动数量 L 就得到了人均形式的生产函数：

$$y = \frac{Y}{L} = F\left(\frac{K}{L}, K_a, 1\right) = f(k, K_a) \tag{5}$$

为了更合理地对内生经济增长问题进行求解，罗默（Romer）还将人均生产函数的形式具体化并引入了消费者的效用函数：

$$y = k^{\alpha} K^{\beta} \tag{6}$$

$$U(c) = \ln c \tag{7}$$

公式（6）、（7）分别代表厂商的生产函数和消费者的效用函数。在此基础上罗默（Romer）得出了如下的研究结论：（1）当 $\alpha + \beta < 1$ 时，可积累生产要素知识存在规模报酬递减特征，由此可以得出经济增长率在长期将最终收敛于零，即出现经济增长的停滞。此结论与新古典经济增长模型相类似；（2）当 $\alpha + \beta = 1$ 时，可积累生产要素知识将表现为规模报酬不变，此时长期经济增长率为常数；（3）当 $\alpha + \beta > 1$ 时，可积累生产要素知识将出现规模报酬递增效应，此时经济增长率为常数并趋向于无穷，整个社会经济实现长期持续增长。

2.1.6 卢卡斯（Lucas）-乌沙华（Uzawa）人力资本模型

卢卡斯（Lucas）的人力资本模型是建立在经济学家乌沙华（Uzawa）等人的研究成果之上的。1965 年经济学家乌沙华（Uzawa）提出了以人力资本投资为理论特征的内生经济增长模型，在模型中他阐释道：人力资本生产部门中的生产要素具有递增的边际报酬，这种效应的存在会弥补物质产品生产部门的递减的要素边际报酬，从而保证经济实现长期持续增长。除此之外，经济学家谢尔（shell）还从人力资本投资动机角度阐述了自己的内生技术进步思想。在继承乌沙华（Uzawa）人力资本理念的基础上卢卡斯（Lucas）提出了自己的人力资本模型。在该模型中，卢卡斯（Lucas）扩展了资本的理论概念并将人力资本引入其中，此外他还专门设定了人力资本的生产函数，关于总量生产函数的假设与上述知识溢出模型相同，在此不再赘述。由此我们可以将总量生产函数和人力资本生产函数写成如下形式：

$$Y(t) = [(1-a_k)K(t)]^{\alpha}[(1-a_h)H(t)]^{1-\alpha}, \quad 0 < a_k、a_h、\alpha < 1 \tag{8}$$

$$\frac{dH}{dt} = B[a_kK(t)]^{\beta}[a_hH(t)]^{\theta}, B > 0, \beta \geqslant 0 \tag{9}$$

其中，$H(t)$ 表示人力资本，它是指人们经过后天的教育投资或技能培训等活动获得的能力或技能的提升；B 为转移参数；$1-a_k$、$1-a_h$ 分别指代总量生产函数中用于总产出的资本和人力资本要素比例；参数 θ 反映了现有人力资本存量对人力资本投资成败的影响，这种影响可能为正也可能为负。公式（9）是人力资本生产函数，它采取导数的形式，表明随时间推移人力资本总量的变化。在以上理论模型的基础上，卢卡斯（Lucas）对人力资本模型进行了更深一步的探究并得出了如下重要的理论成果：（1）当 $\beta+\theta<1$ 时，人力资本生产函数具有规模报酬递减的特征，此时整个经济的长期增长率将最终收敛于零，也即经济在长期中将出现停滞状态；（2）当 $\beta+\theta=1$ 时，人力资本生产函数将表现为规模报酬不变，在这种状态下经济在长期中将会存在一个均衡的增长路径，长期经济增长率为常数并决定于人力资本等经济变量；（3）当 $\beta+\theta>1$ 时，人力资本生产函数将具有规模报酬递增的效应，由此会引致总产出、人力资本及物质资本的长期持续增长，整个经济系统在长期中存在着一个发散的经济增长路径，经济增长率在长期中不断增加。

2.1.7 罗默（Romer）R&D 模型

在对知识溢出模型和经济增长现实情况进行深入考察和探究的基础上，1990 年经济学家罗默（Romer）在其《内生的技术变化》一文中提出了他的第二个内生经济增长理论模型，即 R&D 经济增长模型。在该模型中，罗默（Romer）设定了如下假设：（1）经济中除了最终产品和中间产品的生产部门外，还存在一个专门生产公共产品知识的部门，即研发部门，并且该部门具有规模报酬递减的特征；（2）知识生产要素是一种公共产品，具有递增的规模报酬，即存在正外部性特征；（3）其他厂商可以毫无成本地对新知识进行复制；（4）存在三种生产要素：即资本、非技术劳动和知识技术；（5）总量生产函数关于资本和劳动生产要素是规模报酬不变的，即具有一次齐次的函数特征，但关于知识产品的效应是不确定的。（6）储蓄率与劳动力增长率外生给定，且劳动增长率为非负；

(7) 折旧率为零。基于上述假设罗默 (Romer) 提出了如下形式的总量生产函数和知识生产函数:

$$Y(t) = [(1 - a_K)K(t)]^{\alpha}[A(t)(1 - a_L)L(t)]^{1-\alpha}, \ 0< \alpha <1 \qquad (10)$$

$$\dot{A} = B[a_K K(t)]^{\beta}[a_L L(t)]^{\gamma}[A(t)]^{\theta}, B >0, \beta、\gamma \geqslant 0 \qquad (11)$$

其中, $K(t)$、$L(t)$、$A(t)$ 分别表示 t 时期的资本存量水平、劳动力人数及知识技术水平; $1 - a_K$、$1 - a_L$ 分别指代总量生产函数中用于总产出的资本和劳动生产要素比例; a_K、a_L 代表用于新知识生产的资本和劳动生产要素比例, 它们为外生给定并保持不变; B 为转移参数; 参数 θ 反映了现有知识存量对研发成败的影响, 这种影响可能为正也可能为负。除此之外, 罗默 (Romer) 还对资本存量与劳动力的增长作出了如下假定:

$$\dot{K}(t) = sY(t) \qquad (12)$$

$$\dot{L}(t) = nL(t), n \geqslant 0 \qquad (13)$$

其中, $\dot{K}(t)$、$\dot{L}(t)$ 分别代表资本存量和劳动力随时间的变化率。罗默 (Romer) 在上述理论框架基础上获得了如下研究结论: (1) 经济增长率受到资本增长率、劳动力增长率、知识技术增长率及知识生产函数中各种参数的影响, 当参数取不同值时, 长期经济将会有不同的增长路径; (2) 人均产出增长率取决于知识技术增长率、劳动力增长率及知识生产函数中的参数 β 和 θ, 当参数 $\beta + \theta < 1$ 时, 知识生产函数表现为规模报酬递减, 在长期中经济将收敛于一个固定的点, 长期经济增长率为零; 当参数 $\beta + \theta = 1$ 时, 知识生产函数表现为规模报酬不变, 整个经济将在长期中具有唯一的平衡增长路径, 此时经济增长率为常数且固定不变; 当参数 $\beta + \theta > 1$ 时, 知识生产函数具有规模报酬递增的效应, 此时经济将出现长期持续增长, 整个经济系统进入了一个不断增长的长期增长路径。由此我们可以看出, 内生化于经济系统内部的知识技术进步是经济长期持续增长的源动力。

综上所述, 内生经济增长理论为研究经济长期增长问题提供了新的研究视角, 成功地解释了关于技术进步内生化的理论观点, 拉近了与现实经济增长状况的距离, 为更好地解开长期经济增长决定因素这个 “黑匣子” 奠定了坚实的理论基础。尽管如此, 内生经济增长理论还是存在一些较为明显的缺陷: 首先, 内生经济增长理论不像先前的经济增长理论那样存在一个被诸学者广泛认同的理论基础和模型框架, 各位学者就自己的观点分别提出了特征各异的经济增长模型, 对现实问题的解释也是千差万别, 从而不利于经济增长理论的进一步演进。其次, 内生经济增长理论中的知识存量、人力资本存量等学术概念在现实中无法找到与之对应的物类，这就在一定程度上削弱了内生经济增长理论的解释力度，无法客观解释现实经济增长情况。第三，在政策建议方面，内生经济增长理论也没有提出具体细化的增长措施，仅仅是在宏观层面上加以引导，这样就使得内生经济增长理论的现实可行性大打折扣。基于上述理论不足，学术界的各位学者还需更深入地对社会经济增长问题进行考察，不断深化对内生经济增长思想的认识，及时对这一理论进行修正和完善以期更好地解释现实经济增长状况。

2.2 国内外关于 OFDI 与母国经济增长的研究

随着各国对外直接投资活动的日益兴起，国内外学者开始转变自己的研究视角，从关注“引进来”的经济增长效应进一步扩展至“走出去”，深入探究对外直接投资与母国经济增长之间的相互作用，并取得了丰富的研究成果。

2.2.1 国外关于 OFDI 与母国经济增长的研究

美国学者麦克杜格尔（G. D. A. Macdongall，1969）以凯恩斯投资函数为理论基础提出了国际资本流动利益分配模型，在模型中他指出国际间的资本流动将趋于平均化资本的边际生产力，从而实现全球资源的合理配置，提高世界总体的福利水平，进一步促进各国经济的增长和国民收入的增加；肯普（M. C. Kemp）在对该模型进行修正的基础上进一步研究了国际资本流动与国民收入增长之间的关系并将其发展为国际资本流动促进国民收入理论；Musgrave（1975）实证研究了美国的对外直接投资活动，结果显示美国的对外直接投资通过国内劳动生产率提高和产业结构调整两个途径促进了本国国民收入的长期增长；1981 年经济学家邓宁（Dunning）提出了著名的 IDP（Investment Development Path）理论，率先研究了对外直接投资与经济发展之间的关系。他指出一国对外直接投资或外商直接投资是与该国经济发展程度密切相关的，即经济发展程度越高，对外直接投资或外商直接投资规模越大，反之则比较小；Pichl（1989）选取 18 个发达国家的研究数据实证分析了对外直接投资与经济发展之间的关系，结果显示一国的对外直接投资规模与该国的经济发展水平和国家规模密切相关；Stevens & Lipse（1992）认为对外直接投资将在一定程度上对国内投资产生挤出效应，从而不利于本国经济的长期持续增长；Bellak（2000）实证研究了澳大利亚的对外直接投资行为，他认为 IDP 理论的现实解释性受到投资产业和东道国类型的影响；Desai（2005）指出母国通过开展对外直接投资将进一步带动本国相关中间产品的出口从而促进本国经济的长期增长；AnilDivarci、Mehtap Hisarciklilar & Kayalica（2007）选取中东和北非 20 个国家 1980 – 2003 年间的对外直接投资数据实证论证了 IDP 理论的合理性，认为对外直接投资规模与本国的经济发展程度之间存在着一定的联系；KoiNyenwong（2010）采用格兰杰因果关系检验的研究方法分析了马来西亚对外直接投资的母国经济增长效应，结果表明对外直接投资与本国经济增长存在单向关联，即经济增长带动并促进了本国的对外直接投资。

2.2.2 国内关于 OFDI 与母国经济增长的研究

与国外学者的研究相比，我国学者在对外直接投资经济增长效应方面的研究起步比较晚，研究方法还比较单一，但研究的领域和程度日臻深入，取得了一系列富有价值的研究成果，表 2.1 显示了我国学者所使用的研究数据，研究方法以及获得的研究结论。

表 2.1　国内学者研究成果表

学者	时间	研究结论
冯跃	2003	OFDI 与母国经济增长之间存在着显著的正相关性，对外直接投资对母国经济增长有巨大的推动作用
魏巧琴、杨大楷	2003	我国对外直接投资与经济增长之间不存在显著的因果关系，同时指出随着我国对外直接投资规模的进一步增加，两者之间的因果关系将日益明显
王滨	2006	对外直接投资并没有形成对国内投资的挤出，从而间接地推动了国内就业和经济的增长
王咏梅、王兆帅	2007	对外直接投资、出口与经济增长之间存在长期均衡关系，出口对我国经济增长的带动效应要显著于对外直接投资
曹秋菊	2007	我国对外直接投资的经济增长效应并不明显，主要受限于投资起步晚及数据缺失等原因
蒋志强	2009	对外直接投资对经济增长的冲击在长期中会稳步上升并具有显著的正效应
陈漓高、黄武俊	2009	我国对外直接投资行为形成了对于国内经济增长的有效拉动
刘韵研、刘渝琳	2010	我国经济增长与对外直接投资扩张之间存在着长期稳定的相互促进关系
葛和平	2011	长期中经济增长与对外直接投资之间存在双向因果关系，相互促进，但在短期内两者的因果关系并不显著
冯彩、蔡则祥	2012	东部地区对外直接投资对经济增长的推动效应要显著于中、西部地区

从以上表格中我们能够清楚地看出，我国学者通过选取和确定不同的研究数据和变量，构建了多样化的计量模型，深入探究了对外直接投资与母国经济增长之间存在的相互关系，从研究结论方面看大部分支持对外直接投资有利于一国经济增长的论点，印证和解释了现实情况中的一些基本问题。但是随着我国对外开放程度的进一步提升和国际经贸环境的逐步复杂化，原有的一些研究结论已不适应我国阶段性的国情，这就要求我国学者在本领域内进行更深入、更加广泛的研究，及时跟踪国内外的经贸热点问题，拓宽研究视角，创新研究思路、丰富研究

方法，提升对外直接投资经济增长效应的理论研究水平，进而为积极贯彻落实“走出去”国家战略和鼓励我国企业开展海外投资提供理论上的支撑和可行性的政策建议。

2.3 国内外关于 OFDI 对母国技术进步的研究

长期以来，对外直接投资作为一种提升母国技术水平的重要途径在国际市场上发挥着举足轻重的作用，国内外相关学者纷纷将这一主题列入自己的研究领域之内，力求发现两者之间存在的具体联系以及影响程度的高低。经过长时期的科学探究，国内外学者得出了与结论相异的研究成果，大部分学者对这一主题持肯定的态度，即认为一国通过开展对外直接投资能够达到提升本国技术水平的宏观目标，但也有一些学者得出了与之不同的研究结论，他们认为对外直接投资对本国技术水平的影响并不显著甚至有时候会出现阻碍技术水平提高的现象。为了更好更全面地反映有关对外直接投资逆向技术溢出的学术研究进展，本部分将从正反两个方面介绍国内外学术界关于对外直接投资影响母国技术水平的研究成果，以期为后继内容做好充分的理论铺垫。

2.3.1 国外关于 OFDI 对母国技术进步的研究

国外有关 OFDI 与母国技术进步相互关系的研究由来已久，学者们就 OFDI 动因、OFDI 在母国技术进步中扮演的角色等议题展开了系统而深入的理论研究，在研究体系、研究方法等方面发展的比较成熟，拓宽了理论研究的视角，呈现出了百家争鸣的局面，在学术界产生了观点各异的对外直接投资理论。表 2.2 和表 2.3 分别以发达国家和发展中国家为研究主线并从创立者、理论名称、研究视角和研究结论等四个方面对这些经典理论进行了梳理，以求更全面地展现国外学者有关 OFDI 促进母国技术进步的理论研究成果。

表 2.2　国外学者理论研究成果纵览表

创立者	理论名称	研究视角	研究结论
海默	垄断优势理论	市场不完全竞争，跨国企业所拥有的诸如先进技术等垄断优势	发达国家进行对外直接投资的动因起源于其具有的无法比拟的垄断优势，这些优势主要涉及先进的生产技术、规模经济、组织管理经验等多个方面，这些因素综合决定了一国对外直接投资的方式和成效
维农	产品周期理论	新产品生命周期的不同阶段，国家间的比较优势会发生巨大变化	产品生命周期的不同阶段发达国家具有相异的比较优势，这种国与国之间比较优势的差异决定了对外直接投资的走向和规模，其中技术要素禀赋优势在对外直接投资活动中扮演了重要的角色

续表

创立者	理论名称	研究视角	研究结论
邓宁	国际生产折衷理论	跨国企业具有的所有权优势、内部化优势和区位优势	发达国家对外直接投资行为的选择取决于其所拥有的所有权优势、内部化优势和区位优势，其中所有权优势所包含的技术优势在决定一国对外直接投资产业选择、东道国定位等方面扮演着重要的角色
小岛清	边际产业扩张论	比较劣势产业的跨国转移和新兴产业的扶持和培育	发达国家开展对外直接投资活动时需将产业选择重点放在本国的比较劣势产业方面，将这一落后产业转移出本国市场，从而达到优化国内产业结构和提升本国技术水平的宏观经济目标

表 2.3　国外学者理论研究成果纵览表

学者	理论名称	研究视角	研究结论
拉奥	技术地方化理论	以发展中国家为研究对象，外来先进技术的本地化过程	发展中国家通过对外直接投资途径获得了国外先进的生产技术、管理组织经验等一系列无形资本，并通过对先进技术的模仿、复制、再创新、再升级等一系列过程最终实现了先进技术的地方化，从而进一步促进了国内创新和研发活动的发展，提升了本国的技术水平
刘易斯	小规模技术理论	发展中国家利用国外先进技术形成新的竞争优势	诸如发展中国家这样的第三世界国家通过开展面向发达国家的海外投资，获得了较先进的生产技术，并对其进行消化、吸收、再创新，形成了新的竞争优势，同时也间接地促进了本国技术水平和创新能力的提高
国际经济学家	投资诱发要素组合理论	对外直接投资决定于技术、资源禀赋等直接诱发要素和以政府政策为代表的间接诱发要素	发达国家的高新技术和优惠的投资政策诱发了发展中国家对其开展直接投资并通过在当地建立科研机构及子公司等途径获得发达国家先进的生产技术，将其进一步回流至本国市场，进而提升了本国的技术创新能力和科学技术水平
坎特维尔、托兰惕诺	技术创新产业升级理论	国外先进生产技术的积累和本国产业结构的升级换代	发展中国家通过对外直接投资获得了高于本国技术水准的国外先进生产技术，并且随着本国对外直接投资存量的日益增加，这种技术层面的积累将逐渐丰富，间接地激发了国内技术创新和研发活动，促进了本国技术创新能力的提升和产业结构的优化升级

从表 2.2 和表 2.3 中我们得知，无论是以发达国家还是以发展中国家为研究对象的对外直接投资理论，均比较系统地探究了对外直接投资对于母国技术水平的影响，并且研究结论比较一致，即认为开展对外直接投资活动将有助于提高本国的技术水平和自主创新能力。但同时我们也应该看到，当今国际市场和投资环

境已发生了巨大的变化，一些投资理论的现实解释力正在下降或出现了无法解释现实问题的情况，这亟待相关学者们将本领域的理论研究推向新的阶段，继续拓宽研究思路和视角，追寻理论研究的前沿，有效解释现实中的种种问题。

实证研究方面，20 世纪 90 年代之前西方学者大多将研究重点放在了对外直接投资对东道国的技术溢出效应方面，很少涉及对外直接投资的母国技术溢出效应，也即逆向技术溢出效应。伴随着发展中国家对发达国家对外直接投资的蓬勃发展和由此产生的发展中国家技术水平的显著提升，业内学者纷纷将这一现象列入自己的研究领域之内并取得了一系列富有价值的研究成果。表 2.4、表 2.5 对这些研究成果进行了梳理和总结，以期更全面地展现 OFDI 逆向技术溢出效应的研究脉络和研究进展。

表 2.4　国外学者 OFDI 逆向技术溢出研究成果梳理表

学者	时间	研究结论
Kogut、Chang	1991	日本的对外直接投资行业选择主要集中在美国研发密度高的行业并大多采取合资的经营方式，显著证明了对外直接投资技术动机的现实存在性
Blomstrom	1992	两国之间的技术差距越大，技术的逆向溢出效果越明显，由此发展中国家通过逆向技术溢出机制实现了国内技术水平的提高和自主创新能力的增强
Teece	1992	在硅谷的大量外国资本源起于当地高端的生产技术和高强度的研发密度，投资国采取合作、合资等经营模式接近了高新技术的源发地并通过技术的逆向溢出机制提高了本国的自主创新能力和技术水平
Nevcn、Siotis	1993	技术获取型对外直接投资是存在的，并且通过技术的逆向外溢途径提升了投资国的技术水平
Yamawaki	1993	日本跨国公司的对外直接投资活动具有明显的技术获取动机，同时日本国内的研发能力和技术水平也得到了一定程度的提升
Jaffe	1993	技术获取型对外直接投资在现实生活中确实存在并很好地促进了投资国的技术进步
Bernstein、Mohnen	1994	美国的技术外溢对日本技术提升贡献了 60%，而日本的技术溢出对美国技术进步仅贡献了 20%
Chang	1995	技术获取动机是日本制造业开展投资活动的主要原因，并且通过先进技术的逆向溢出途径实现了日本生产率的提高
Braunerhjelm、svensson	1996	技术获取动机主导着跨国公司的产业选择及进入模式，青睐于在东道国的“卓越中心”建立分支机构，并且最终均实现了本国生产率的递增
Patel	1998	利用英国跨国公司海外子公司专利数量年际变动数据证明了逆向技术溢出效应的存在性

续表

学者	时间	研究结论
Fosfuri、Motta	1999	技术处于劣势地位的企业能够通过开展对外直接投资来接近先进技术的发源地进而产生显著的逆向技术溢出效应，带动本企业乃至母国技术的全面升级
Head	1999	日本跨国企业的投资集中于美国的技术密集型产业和技术创新活动十分活跃的地区，并在相当大的程度上提升了日本的国内生产率水平

表 2.5　国外学者 OFDI 逆向技术溢出研究成果梳理表

学者	时间	研究结论
Wesson	1999	技术落后企业可以通过对外直接投资的逆向技术溢出机制来达到提高本国技术水平的目标
Branstetter	2000	日本通过开展对美直接投资确实提升了本国的技术水平，证明了技术获取型对外直接投资的可行性和现实性
Chung	2001	跨国公司是现实国际技术转移的有效纽带，通过这一纽带技术落后的国家可以获得本国所不具备的先进的科学技术，间接地带动本国技术创新和研发能力的提升
Braconier	2001	本国获得的技术外溢程度与投资规模呈正相关
Lichtenberg、Potterie	2001	对外直接投资也是实现国际技术外溢的一种有效途径，技术落后国家可以通过开展海外投资促进本国的技术进步
Driffiield、Love	2003	在研发密集型制造部门，外资企业的技术进步率与英国资本存量、投资行业及区域呈显著正相关
Cantwell	2004	部门之间的逆向技术溢出程度存在着显著的差异，诸如化学制药等部门的技术水平得到了提升并最终实现了对英国同行业技术水平的超越，但在橡胶、纺织等部门则没有出现显著的技术进步，并且与英国企业的技术差距被进一步拉大
Nolan	2005	跨国公司通过收购东道国当地企业能够获得先进而前沿的生产技术，并将其运用到日常的生产经营活动中去，刺激国内同行业企业的技术创新活动进而带动本国技术水平的提高
Branstetter	2006	对外直接投资行为在一定程度上存在着双向的技术外溢效应
Vahter、Masso	2007	爱沙尼亚通过开展对外直接投资获得了国外先进的生产技术，间接地带动了国内技术水平的提升
J. P. Pradhan、N. Singh	2008	印度跨国企业的海外投资提高了 R&D 强度并对国内技术进步产生了积极的促进作用
Behera、Goldar	2012	对外直接投资与逆向技术溢出效应存在着长期的稳定关系

除此之外也有一些国外学者得出了相反的研究结论。Henrik，Karolina & Karen（2001）利用瑞典企业和行业层面数据分析比较了 OFDI 和 IFDI 两种技术外溢途径，他们认为 IFDI 途径的技术外溢效应是不存在的，而出于 OFDI 途径的逆向技术溢出效应很难加以解释，由此他们对技术溢出效应持怀疑态度；Gwanghoon Lee（2005）选取 OECD16 国的面板数据比较研究了 OFDI 和 IFDI 两种途径的技术外溢效应，结论显示 IFDI 途径的技术外溢效果比较明显，而经由 OFDI 途径的逆向技术溢出效应不显著。

2.3.2 国内关于 OFDI 对母国技术进步的研究

随着我国对外直接投资的迅猛发展，国内一些学者开始转变研究视角并将研究重点放在对外直接投资领域，从“引进来”转向“走出去”，但与国外学者的研究成果相比我国学术界在这一领域内的成果还不是很系统，方法也比较单一，但已经取得了一些富有成效的研究成果。冼国明、杨锐（1998）研究了发展中国家对外直接投资、技术积累和竞争策略等三者之间的相互关系。他们指出发展中国家投向发达国家的直接投资成功地获得了先进的技术并加速了国内的技术积累速度，尽管从短期看可能会引致亏损但在长期中会产生显著的收益；鲁桐（1999）通过调查问卷分析了我国跨国企业的主要投资动机，结果显示获取国外先进的技术和管理组织经验等无形资产是我国企业开展对外直接投资的首要动机，赵伟、李烁（2005）也得出了类似结论；江小涓（2000）指出国内具有一定实力的企业应积极执行“走出去”的国家战略，并在技术资源密集的国家或地区建立自己的科研机构或子公司，充分利用技术产品的外溢性特征，同时着力开发具有知识产权的新技术和新产品，提高自身的国际市场竞争力进而带动本国技术创新能力的提升和技术的跨越式进步；马亚明和张岩贵（2003）在对 Motta（1996）模型进行修正的基础上采用单向扩散模型和双向扩散模型分析了对外直接投资企业的逆向技术溢出效应，研究结果显示投资国与东道国之间存在着双向的技术外溢效应，并且随着地理空间的趋近这种溢出效应更为显著，在一定程度上加速了投资国的技术进步；尹冰（2003）实证分析了我国跨国企业对外直接投资与国内技术进步之间的相互关系，结论表明我国企业对外直接投资与国内技术进步呈现出一种互动式的相互促进关系；李蒸（2003）、景劲松、吴沧澜、陈劲（2003）通过实证分析也得出了相似的结论；杜群阳（2004）在借鉴邓宁 OIL 理论的基础上进一步提出了“MAL 三优势论”以解释发展中国家的技术获取型对外直接投资，他认为当发展中国家具备国内市场和技术吸收优势时可以开展对发达国家的对外直接投资以达到获取核心先进技术进而提升国内技术水平的最终目标；茹玉媳（2004）认为技术获取型对外直接投资能够通过逆向技术溢出途径显著提升母国的自主创新能力和技术水平，缩小与发达国家和地区的技术差距，建立新的极具竞争力的国内产业，打破原有的产业发展路径依赖；孙建中（2004）也得出了与之相似的结论；朱慧苑、闻国健（2004）以技术创新产业升级理论为基础构建了技术获取型对外直接投资模型，他们发现发展中国家对发达国家的对外直接投资具有可行性并且有助于发展中国家的技术进步；周伟、王强（2005）指出开展技术获取型对外直接投资在入世后的过渡期内是十分有必要的，通过这一途径我国企业能够获得先进的生产技术，充分发挥已有的后发优势进而进一步提高国内的科学技术水平；姜萌萌与庞宁（2006）认为发展中国家应综合利用OFDI和IFDI两种途径来缩小与发达国家和地区的技术差距，而不是偏重于其中的某一种途径；赵伟、古广东和何元庆（2006）在修正Lichtenberg和Pottefie模型的基础上选取我国1985-2004年间对十大国家的对外直接投资存量数据实证论证了对外直接投资与全要素生产率即技术进步的正相关性，同时提出了对外直接投资逆向技术溢出的四个作用机制，即“研发费用分摊机制”、“研发成果反馈机制”、“外围研发剥离机制”以及“逆向技术转移机制”；林青和陈堪匀（2008）也得出了相似的结论；杜群阳（2006）得出的研究结果支持了上述结论；曾剑云（2007）对国内外有关无技术优势的对外直接投资理论进行了总结和梳理，并将技术溢出和企业吸收能力纳入模型之中以求推动无技术优势的对外直接投资理论发展；吴先明（2007）从战略性资产寻求的角度解释了我国对发达国家的对外直接投资行为，他指出我国企业通过逆向技术溢出机制能够有效地促进自身技术进步；尹华和朱绿乐（2008）认为跨国企业主要通过四种效应获得逆向技术溢出，即模仿效应、人员流动效应、联系效应及平台效应；邹明（2008）也得出了与之相同的研究结论；林青和陈湛匀（2008）选取十个主要国家对美国的直接投资数据为横截单元，并以上述十国1990-1999年的专利引用频率为技术进步衡量指标，通过建立面板数据模型实证分析了对外直接投资的逆向技术溢出效应，结论显示上述十国对美国的直接投资存在着显著正向的逆向技术溢出效应；王海云（2008）指出了14个影响逆向技术溢出效应的因子，并把它们归属于企业行为因素、企业自身特点和东道国环境因素等三类，同时通过逐步回归分析法找出了其中的关键影响因子；周春应（2009）选取我国1991-2007年间对外直接投资相关数据实证证明了逆向技术溢出效应的现实存在性；刘明霞（2009）选取我国31省区市2003-2007年的对外直接投资和生产率指数数据并采用OLS方法实证分析了对外直接投资对TFP的影响，结果显示我国OFDI对TFP的促进效应显著为正；龚艳萍、郭凤华（2009）在修正C-H模型的基础上研究了我国OFDI与TFP之间存在的具体关系，结论显示我国OFDI对TFP增长具有显著的促进作用，并且要优于国内研发支出的TFP增长效应；陈菲琼和傅秀美（2010）

认为对外直接投资将带动相关区域的自主创新活动，由此实现国家整体技术水平的提升；刘伟全（2010）以我国 1987－2008 年间的对外直接投资数据为分析样本实证研究了对外直接投资对国内技术创新活动的影响，结论表明我国对外直接投资有利于国内的技术创新活动，两者呈现出正向关系；赵伟等人（2010）通过建立 1991－2007 年我国对 8 个发达国家的 OFDI 面板数据模型实证证明了 OFDI 对我国 TFP 增长具有显著的促进作用；汪斌、李伟庆和周明海等（2010）在对 C－H 模型修正的基础上以我国 1991－2006 年间的对外直接投资数据为样本实证论证了我国 OFDI 对国内自主创新能力的促进作用，同时指出我国 OFDI 的逆向技术溢出效应存在着地域差别；阚大学（2010）分析了 2003－2008 年我国中东西部地区吸收能力对 OFDI 逆向技术溢出效应的影响，结果发现上述三个区域的 OFDI 逆向技术溢出效应均比较微小；赵天培（2010）经过系统的理论探究认为我国 OFDI 对国内 TFP 增长的影响较小；张洪燕（2011）结合 C－H 和 L－P 模型方法比较研究了人力资本和 OFDI 的技术溢出效应，结果显示两种途径均能够显著提高一国的 TFP。鉴于我国在人力资本吸收能力和研发投入方面的不足，这一技术进步效应被弱化了；茹运青、孙本芝（2012）比较分析了绿地投资与跨国并购两种 OFDI 进入模式对国内技术创新能力的影响，结果表明跨国并购模式能够对国内自主创新能力产生正的显著性的长期和短期影响，而绿地投资模式对国内自主创新能力的影响显著为负；姜巍、吴燕君（2012）以政府政策为视角着重研究了知识产权保护下的逆向技术溢出效应，他们指出政府政策是影响技术外溢效果的重要因素，国内研发与知识产权保护的相互作用能够显著提升我国的科学技术水平。此外他们还认为技术外溢效应受空间约束影响比较明显；郭飞、黄雅金（2012）提出了逆向技术溢出效应的三个作用机制，即技术互动、技术传递和技术吸收，同时指出经由上述三个机制的逆向技术溢出效应将有助于提升跨国企业和本国的技术水平，并且利用华为公司的 OFDI 案例证实了上述论断；李梅、柳士昌（2012）发现当 OFDI 逆向技术溢出效应的影响因素超过其“门槛”水平时，OFDI 才能够对国内技术进步产生推动效应；欧阳艳艳（2012）实证研究了我国对不同经济体 OFDI 的逆向技术溢出效应，结果表明我国对新兴经济体的 OFDI 逆向技术溢出效应要优于发达国家和发展中国家，并且通过这一作用机制促进了我国技术水平的提高。

除此之外，国内一些著名学者得出了不同的研究结论。邹玉娟和陈湾高（2008）通过建立 VAR 模型考察了我国对外直接投资与 TFP 之间存在的具体关系，结果表明我国对外直接投资与 TFP 之间存在着同步关系，但对外直接投资的技术进步效应并不显著；白洁（2009）以我国对 14 个主要国家和地区的对外直接投资数据为样本，通过构建 LP 模型实证分析了对外直接投资对 TFP 的影响，结论支持对外直接投资有助于 TFP 增长的理论观点，但实证结果在统计上并不显著；尹小剑（2011）选取我国 2003-2008 年间的对外直接投资产业数据并通过构建 DEA 模型分析了我国 OFDI 对国内技术进步的影响，结果表明除 2003 年以外我国 OFDI 并未产生技术进步效应；李梅、柳士昌（2011）指出由于我国较低的人力资本积累水平，导致我国 OFDI 的逆向技术溢出效应并不显著，由此我国应加大对人力资本的培养力度；刘林青、刘明霞（2011）均得出了相类似的研究结论；刘宏、张蕾（2012）通过构建回归模型并以我国 1987-2009 年间的对外直接投资存量数据为样本分析了我国 OFDI 存量的 TFP 增长效应，结果表明我国 OFDI 存量未能显著促进国内 TFP 的增长；朱彤、崔昊（2012）利用我国 1985-2008 年间的对外直接投资数据并通过构建国际技术溢出回归模型分析了我国 OFDI 的逆向技术溢出效应，结果显示逆向技术溢出效应未能显著提升我国的科学技术水平和自主创新能力。

3. 中外研究现状述评及尚存不足与缺陷

3.1 对外直接投资理论

外商直接投资理论（FDI）是西方经济学中派生出来的一个重要分支，其主要以海外跨国公司的对外直接投资行为为研究对象。自从20世纪60年代，随着发达经济体本土企业海外直接投资的快速发展，为了阐明这些企业对外直接投资的决定因素、动机以及行为方式等，西方学者对发达经济体海外跨国公司对外直接投资行为进行了不同角度、不同层次的理论分析和实证研究，并逐渐形成了一系列对外直接投资理论。在20世纪80年代之前，这些传统的对外直接投资理论能够很好地解释跨国公司的对外直接投资行为，并强调海外跨国公司必须拥有垄断优势才能进行对外直接投资。而在20世纪80年代之后，不断发展的发展中国家对外直接投资冲击着这些传统对外直接投资理论，发展中国家的海外跨国公司并没有像发达国家跨国公司那样拥有所谓的垄断优势，但他们依然能够进行对外直接投资活动，并且对外直接投资不仅分布在发展中国家，而且还分布在发达国家。总的来说，对发展中国家跨国公司海外直接投资行为的研究成果进一步发展和完善了传统的对外直接投资理论。下面我们就将这些主要理论一一进行简单的概况介绍。

3.1.1 发达国家对外直接投资主要理论

3.1.1.1 垄断优势理论

垄断优势理论是由海默（Hymer，1960）首先提出，开启了对外直接投资理论研究的先河，其也称为市场不完全理论，主要采用了西方微观经济学中有关厂商垄断竞争的原理，指出跨国企业凭借其特有的垄断优势进行对外直接投资行为，阐明了发达国家跨国公司海外直接投资的动因。后来美国学者金德尔伯格（Kindleberger，1969）进一步对这一理论做了发展和完善，因而目前称之为“海默—金德尔伯格传统”。

海默认为，传统的国际资本流动理论说明的只是证券资本的国际流动，而不能对战后发达国家跨国企业海外直接投资行为以及企业之间技术以及管理知识的转移进行很好的解释。海默认为海外跨国公司对外直接投资的目的主要表现在两方面：第一，最小化海外直接投资风险并获得最大化海外直接投资收益；第二，发挥其相对于竞争企业来说所具有的垄断优势。这种所具有的垄断优势可能来源于市场份额、技术优势、规模经济、营销能力以及获得资本的能力等。因而，海默本人也认为，一个企业或公司海外直接投资的主要原因就是其拥有相对于当地竞争企业或公司有利的垄断优势，进而能从投资中赚取更多的收益。海默的研究也促使对企业国际化进程的分析研究重点从国际贸易理论向公司的产业组织特征转移。

后来，金德尔伯格（Kindle - berger，1969）和凯夫斯（Caves，1971）对这一理论做了进一步发展和完善。金德尔伯格发现，海外跨国企业为了更好地同国内企业竞争，必须对其所拥有的优势进行资本化，这些优势主要来源于要素市场的不完全（管理、技术、融资能力）、产品市场的不完全（产品和营销技巧的差异）、外部和内部规模经济以及政府对产出水平和市场进入的限制。凯夫斯研究分析后发现，为了增强与国内企业竞争的能力，海外企业必须利用垂直化将其企业拥有的特定优势进行内部化，进而能够在成本一定的前提下最大化所具有的特定能力。金德尔伯格和凯夫斯认为要素市场的不完全和消费品市场的不完全以及海外跨国企业运用这些市场不完全的能力是国际化的关键要素。

3.1.1.2 边际产业理论

1978 年，日本著名的国际经济学家小岛清教授提出边际产业理论，该理论是以日本 1950- 1970 年海外直接投资分析对象，利用国际贸易理论中的赫克歇尔 - 俄林的资源禀赋差异导致比较成本差异的原理，得出日本海外直接投资比较优势模式，进而总结出投资国或地区对外直接投资应该从已经或将丧失比较优势即比较劣势的产业开始，并依次进行，其中比较劣势产业也即边际产业。

此外，小岛清认为国际贸易与海外直接投资不是替代关系，而是互补关系。其认为的边际产业具有双重意义，一方面对于投资国来说，它处于比较劣势，即相对于投资国其他企业来说处于比较优势顺序的低端，而另一方面对于东道国来说，却处于比较优势顺序的顶端。国际贸易比较优势理论认为，一国或地区具有比较优势的商品应该出口，而具有比较劣势的商品应该进口。小岛清的边际产业理论则是按一国已丧失比较优势的产业进行海外直接投资，利用海外直接投资渠道把投资国内的比较劣势产业转移到东道国并转换成为东道国的比较优势，进而东道国利用这些转化的比较优势产业增加生产，促进出口。按边际产业顺序所进行的海外直接投资不仅可以保留投资国比较优势产业扩大出口，而且可以通过产业国际性转移的实现，促进贸易发展，因而也称为“顺贸易导向的投资”。

3.1.1.3 内部化理论

英国巴克利和卡森（Buckley & Casson, 1976）提出内部化理论，试图在垄断优势理论的基础上对海外跨国公司的对外直接投资动因做进一步阐明。该理论以市场不完全作为分析研究的基本前提，但内部化理论中的市场不完全不再以规模经济、产品特性、市场障碍等为重点，而强调由于市场不完全或垄断因素存在而导致的公司参与市场交易的成本增加，进而促使企业进行内部化，构建内部市场来代替外部市场。该理论重点从市场及企业内部交易机制的关系说明了二战后海外直接投资和海外跨国企业发展的动因。

内部化理论认为，海外直接投资的实质是基于跨国企业所有权之上的企业管理与控制权的扩张，而不是单纯的资本转移，其导致企业的各项活动和资源配置由企业的管理机制来协调和配置，而不是市场机制。可见内部化需要付出代价，但只要海外直接投资的内部化收益超过国际外部市场的交易以及对海外直接投资的内部化成本，企业就具有了可从事海外直接投资或海外经营内部化优势，从而能够获得内部化收益。因而其主要观点为：（1）外部市场机制失败导致横向和纵向都愿意进行海外直接投资。（2）把市场建立在公司内部，即市场内部化的实现，内部价格转移可以对交易起到积极的促进作用。（3）市场内部化的实现促进资源的合理配置，进而达到经济效率提高的目的。海外直接投资对高技术企业的青睐以及对管理能力的重视，就体现了对上述各方面要求。

3.1.1.4 产品生命周期理论

产品生命周期理论（Vernon，1966）是首次解释国际贸易与直接投资在企业国际化中日益相互交织的理论，并且相对于传统的方法对贸易和投资的解释偏离较大，其重点不是在成本要素投入品的差异，而主要是产品，同时该理论强调对要素禀赋生产特性差异及市场信息的了解。Vernon 在要素成本中加入了技术密集度这一前提因素，通过解释能够改善产品带来新的和赢利能力的技术创新，说明企业需要投入大量资本及熟练劳动力。

Vernon 认为产品创新及其制造经历了以下三个不同的阶段：在第一阶段也即创新阶段，产品需要知识密集型投入如研究、开发和设计等，并且产品是非标准化的。尽管生产者由于拥有的垄断优势和低价格弹性能弥补一些生产高成本，但在这个阶段生产还是很昂贵的。在第二阶段也即产品成熟阶段，产品在这个阶段日益标准化。由于设计适应性和生产增加的需要，导致高度熟练劳动需求减少。此外，竞争的不断增加以及向下的价格压力迫使企业只有两种生存方式，一是向海外企业出让市场份额，一是利用海外直接投资渠道运用其他地区的廉价投入品保持市场份额。在第三阶段也即最后阶段，产品边际利润变薄、竞争加剧，变得完全标准化，在该阶段企业把生产转移到廉价并且非熟练劳动力的国家，同时将产品出口到创新国家。

后来，弗农（Vernon，1971，1979）对其模型做了进一步发展和完善，其认为海外跨国企业的发展过程包括三个时期：在国内市场发展时期是创新期的寡头垄断；对市场上主要的竞争企业做出相应的战略时期是成熟期的寡头垄断；将生产区位的选择建立在投入品的地域差异上的时期是衰亡期的寡头垄断。随着国际经济环境中先进工业化国家之间的产业内贸易日益复杂，产品生命周期理论变得并不重要，但是该理论突破了传统贸易理论的限制，其应用主要体现在非大都市的工业化产业区位变迁、产业调整以及就业变动研究中。

3.1.1.5 折衷理论

邓宁（Dunning，1977，1980）的折衷理论认为当一个海外跨国公司拥有所有权优势、区位优势以及市场内部化优势这三种优势时进行对外直接投资，该理论是基于企业水平的对海外直接投资和国际贸易的内容最为广泛的解释。其中所有权优势，是指公司的内部化的资产。这些内部化资产可以是公司的自身创造，如知识产权、规模和范围经济或者是公司基于技术和知识的特性，也可以是从外部机构购买而获得的使用权。

后来邓宁（Dunning，1996）又将所有权特定优势做了分类，划分为两类资源和能力：一是包括有特权的有形以及无形资产，如市场专业技能、技术能力和产品知识；二是包括通过利用范围经济、规模经济、效率和协同等优势的组织能力。其中，必须是公司自身通过生产经营的内部化而具有的优势才称为特定所有权优势，而不是许可、出售或租赁给其他公司（外部化）。邓宁认为，公司内部化可以使其获得效率和生产上的规模经济，其主要动机就是最小化市场风险和不确定性，消除采用正常协议产生的交易成本。但公司内部化对于不同直接投资动机的企业又有着不同的机遇，如市场寻求型海外跨国公司内部化可以促使企业在国外环境保护知识产权的前提下，减少信息和交易成本；战略资产寻求型的海外跨国公司内部化有助于减少正常交易的内在风险；效率寻求型的海外跨国公司的内部化可以在共同的治理和垂直一体化及横向多样化中产生更多的经济效应。

另外，区位优势，即海外区位必须具有特定区位优势，在该市场可以获得比国内市场和其他海外市场更丰厚的利润，并且这些区位特定要素是不可移动的，向所有海外跨国公司开放，不论公司国籍还是规模大小。邓宁（Dunning，1993）认为，区位特定优势包括自然资源、政府政策、市场规模和特性、生产专业化和集中度、税收激励、物质和劳动成本等，并且他发现与区位相关的国家资产决定经济活动的区位，尤其是决定着具有垄断优势的企业采用哪种方式来利用其优势，通过对外贸易还是通过海外直接投资的方式进行生产。

3.1.1.6 投资发展周期理论

邓宁（Dunning，1980）在其折衷理论的基础上，进一步认为一国或地区的海外直接投资规模的大小与本国的经济发展水平密切相关，一个国家或地区的净对外投资额与本国经济发展水平在一定时期内成正相关，经济发展水平不断提高，其净对外投资额也会逐渐扩大，他利用人均国民收入指标来衡量一个国家或地区的经济发展水平。因此，通过研究分析，邓宁把一国或地区的对外直接投资与发展情况划分成五个阶段：第一阶段的国家还位于工业起飞前的阶段，由于缺乏足够的区位优势来吸引外资，该阶段没有或只有少量的海外直接投资流入，而且由于该阶段国家的企业尚未具备足够的所有权优势，并没有海外直接投资，其对外直接投资净额为零或负数；第二阶段的国家由于当地市场得到拓展以及各种服务成本的降低使得该国的区位优势逐渐增加，外商直接投资流入开始增加，但海外直接投资规模仍然微不足道，从而导致净对外直接投资额成为更大的负数。第三阶段的国家由于对外直接投资增加的速度快于直接投资流入，使得净对外直接投资额尽管仍是负数，但数值开始变小。第四阶段国家的净对外直接投资额出现正数并且逐渐增大，这或者是因为对外直接投资规模超过外商投资流入规模或者是对外直接投资的增长速度超过外商投资流入的增长速度。第五阶段主要是描述经济发展程度或水平位于较高阶段的国家或地区不断增长的交叉投资问题。由于主要发达经济体间产业内分工和贸易以及企业内分工和贸易的不断深化，各国间的相互直接投资急剧增多，促使各国的净对外直接投资又恢复到最初第一阶段的近似于零的状态。

3.1.2 发展中国家对外直接投资主要理论

自从 20 世纪 70 年代，有关对外直接投资的理论出现了以发展中国家对外直接投资研究为对象的具有针对性的研究，其中较有影响的主要有小规模技术理论、技术地方化理论、技术创新产业升级理论等。

3.1.2.1 小规模技术理论

1977 年，美国经济学家刘易斯·威尔士（Louis J. Wells）在其《发展中国家企业的国际化》一文中首次提出“小规模技术理论”，1983 年其在专著《第三世界跨国公司》对小规模技术理论进行了更详细的阐明和论述，该理论被称为研究发展中国家跨国公司海外直接投资的开创性成果。

从威尔士的研究分析来看，发展中国家的海外跨国公司具有的国际竞争优势主要体现在以下几个方面：

（1）具有为小市场需求提供服务的生产技术。这些生产技术灵活性较高、适合小批量生产，具有劳动密集型的特征。低收入或落后国家的商品市场具有需求量小的特点，大规模的生产技术并不能从这种小市场需求中获得具有规模的经济效益，而其他一些欠发达经济体正是由于具有满足小市场需求的生产技术获得海外直接投资的竞争优势。

（2）以民族为纽带，为服务于海外同一种族团体的需求而进行对外直接投资，在国外生产民族产品。

（3）生产成本低、物美价廉使得发展中国家跨国公司相对于发达经济体形成竞争优势，产品低价营销战略也成为其抢占市场份额的重要武器。

（4）保护出口市场和分散资产是欠发达经济体向海外直接投资的主要动机。也就是说欠发达经济体海外直接投资是防御性的，同时也希望通过海外直接投资获得先进技术和经营管理理念。

3.1.2.2 技术当地化理论

英国学者拉奥（Lall，1983）以印度海外跨国公司的竞争优势和对外直接投资动机为研究对象，在其《新跨国公司：第三世界企业的发展》一书中提出“技术地方化理论”这一概念，并用该理论来解释欠发达经济体海外直接投资行为。拉奥认为欠发达经济体的海外跨国公司技术虽然表现为使用标准化、规模小和劳动密集型的特征，但是其在对外直接投资的过程中以及自身研究发展过程中却包含着企业自身的内在的创新活动，即具有自己的“特定优势”。技术地方化理论强调欠发达经济体对发达经济体的技术引进不单单是被动的模仿和复制，而是对引进的国外先进技术加以消化、吸收、改进并创新。正是这种欠发达经济体内在的创新活动使得引进国外技术拥有了新的活力，也为引进该技术的当地企业带来新的竞争优势，进而使得欠发达经济体企业在本国市场和邻国市场具有一定的竞争优势。

拉奥研究分析发现，导致欠发达经济体能够形成和发展为自己独特竞争优势的因素主要表现在以下四个方面：

（1）欠发达经济体技术知识的当地化是在与该国的要素价格及其质量密切联系的环境中进行的，不同于发达经济体所处的环境。

（2）欠发达经济体通过对引进的国外先进技术和产品进行适当的改造，以期他们生产的产品能更好地满足本国或邻国市场的需求，而这种创新活动必然会形成相对于其他国内企业或其他国家企业的竞争优势。

（3）欠发达经济体企业所具有的竞争优势不单单由于其生产过程和产品与当地市场需求紧密结合，更主要的是由于企业内在的创新活动中所产生的技术相对于小规模生产具有更高更好的经济效益。

（4）从产品特征角度来说，欠发达经济体企业往往能生产出相对于品牌产品不同的消费品，尤其是当东道国市场规模较大，消费者的品位以及购买能力有较大差别时，使得来自欠发达国家生产的产品仍具有一定的竞争优势。

3.1.2.3 技术创新与产业升级理论

20 世纪 80 年代中期以后，新兴工业国家或地区对发达经济体的对外直接投资逐渐增加，针对这种现象，坎特威尔和托兰惕诺（Cantwell&Tolentino，1990；Tolentino，1993）提出了“技术创新产业升级理论”。他们认为欠发达经济体在引进外商直接投资的情况下，通过对引进的先进技术加以模仿、消化、吸收，进而改造创新，为本国当地企业创造新的竞争优势。该理论指出技术水平的提升是一个长期不断慢慢积累的过程，而且与本国海外直接投资的规模增长具有直接的关系，并且进一步指出：欠发达经济体海外直接投资的产业及地理分布会随着时间的推移而逐渐发生变化，凸显出先进技术的吸收引进对本国产业转换和升级所产生的积极的推动意义。

可见，坎特韦尔和托兰惕诺提出的“技术创新产业升级理论”主要有两个基本命题：

（1）欠发达经济体和地区产业结构的逐渐调整升级，说明欠发达经济体企业技术水平的稳步提高和扩大，是这种技术水平的提升不断积累发展的结果。

（2）欠发达经济体和地区企业技术水平的提升是与其海外直接投资的规模增长直接相关的。而影响其国际生产活动的决定因素是现有的技术水平能力，同时技术水平的发展程度也影响着欠发达经济体跨国企业海外直接投资的形式和增长速度。

坎特韦尔等人还研究分析了欠发达经济体跨国企业海外直接投资的产业及地理特征，根据研究结论，其认为欠发达经济体本国的产业结构情况和内生技术创新水平影响其海外跨国企业的对外直接投资。在产业分布方面，首先是以开发自然资源为重点的纵向一体化的生产活动，然后是以进口替代和出口导向为重点的横向一体化的生产活动。在海外扩展经营的地理方面，“心理距离”在很大程度上影响着欠发达经济体海外跨国公司，其海外直接投资一般遵循以下发展顺序：首先是利用种族联系，在邻国或周边国家进行对外直接投资；随着对外直接投资经验的不断增长和积累，种族因素的地位不断下降，对外直接投资逐步从邻国或周边国家向其他欠发达经济体扩展；最后，随着工业化的不断发展，欠发达经济体国内的产业结构发生了明显变化，再加上对外直接投资积累的经验，跨国企业开始在高科技领域进行生产以及开发活动。同时，为获得更先进复杂的制造业技术，逐渐开始在发达经济体进行对外直接投资，并且在一些国家和地区，如对中国台湾、韩国等发达经济体的投资表现出良好的竞争优势。

3.1.3 中国对外直接投资理论

3.1.3.1 发展阶段理论

1998年冼国明等两人基于发展中国家视角将对外直接投资定义为两种类型：欠发达经济体对发达经济体的逆向投资（FDI－Ⅰ），即学习型FDI；欠发达经济体之间开展的投资（FDI－Ⅱ），即竞争策略型FDI。

基于前期开展的学习型FDI，欠发达国家的企业不仅能够提高和加强其在技术积累方面的速度和效果，而且可以增强其在后期获得所有权优势的能力，使得在后期策略型FDI作用下的“OL”结构和市场份额得到巩固和提高。当欠发达经济体基于前期开展的学习型FDI所获得的技术与同一时期发达经济体已具有技术之间的差距小于某一特定值时，投资于发达国家的学习型投资才能向竞争策略型投资转换，也就是说，短期来看，这种投资存在亏损的可能性，而从长期的观点看，这种投资形式促使欠发达国家企业的技术积累进程步伐加快。当然，拥有较高技术积累程度的欠发达经济体可以直接进行竞争策略性投资。那么欠发达经济体对发达经济体的逆向投资的目的是为了获取能够加速技术积累的某种领先技术或管理技能。

3.1.3.2 大国综合优势理论

国内多位学者都对大国综合优势理论做过论述，主要有欧阳峣、孙建中等。该理论认为中国是一个发展中的大国。中国具备了疆域辽阔、人口众多、地大物博等大国的基本特征，而发展不平衡则是欠发达国家普遍具有的特点。该理论是基于中国的特殊国情而提出的，主要体现为“大国”与“转型”的优势。一方面，中国这个“大国”的经济技术发展不平衡，某些地区或部门是兼具人力资源禀赋优势与适用技术优势，而某些地区或部门是兼具资本禀赋优势与高新技术优势；另一方面，中国是一个处在经济转型过程的大国，不同地区和部门转型的进展也不平衡，一些地区或部门具有的是欠发达经济体的优势，一些地区或部门具有的是发达经济体的优势。对不同优势进行科学合理的组合优化，就能够得到一个增强国家经济竞争力的积极变量的“综合体”，即“大国综合优势”。最简单的公式：高新技术＋质高价廉的劳动力＋广阔国内市场，这种优势是小国所不具备的。

研究基于中国的欠发达经济体的综合优势，应该关注如下两个问题：一是，基本特征与阶段特征的研究。基本特征是指在整个经济发展进程中自始至终存在的特征，如上所述的大国经济技术发展不平衡问题；阶段特征是不同发展时期所显现出的特征，比如初级阶段与高级阶段肯定会有不同的特征。二是，长期优势与短期优势的研究。例如，在短期和长期中，我国劳动力资源禀赋优势具有不同特点，短期内，劳动力禀赋表现出低成本、低素质的特征；长期来看，其具有较低成本、较高素质的特点。

因此，这决定了中国海外直接投资动因表现为多极化和综合型；较之资金流入的东道国，兼具多层次、综合性的差别优势，而且各阶段同时存在的对外直接投资、层次分明的技术结构，多元化的投资主体以及全方位的投资空间，这三个变量之间相互影响、相互作用，共同构成了海外直接投资的综合优势，实现综合效益的获取。简要的表述为多元化的竞争优势、多元化的投资动机、多元化的投资主体、多元化的产业机构和多元化的区域分布。

3.1.3.3 对外直接投资的比较优势理论

对外直接投资的比较优势理论由程慧芳于1998年提出，该比较优势描述的是微观经济主体在跨国投资活动中，从外部宏观经济环境提供支持的外因性优势，生产资源配置的能力、产品的生产效率与销售效益的内因性优势、产业选择及其结构转换的结果性优势等方面进行国际间的综合比较所得出的相对优势。要想从这种优势中获得比较利益就必须使其在竞争过程中转化为国际竞争力或竞争优势。

基于比较优势论研究中国对外直接投资的方法是由聂名华提出来的。这里讲的对外直接投资比较优势是一种相对优势，是指资本输出国与资本输入国在经济发展水平、生产技术状况、国际市场资金募集能力、生产要素配置结构、投资的外部宏观政策支持等几大方面进行综合比较得出的比较优势。该比较优势具有层次性、相对性、动态性、潜在性等特点。层次性是指对外直接投资的优势可以从国家、产业和微观几个层次进行考察。相对性是指随着时间的变化一国的比较优势会发生变化，另外和不同的国家相比较，比较优势所在的领域会不同。动态性是指随着时间、条件的变化比较优势会发生变化，可以通过战略设计将稀缺资源合理配置并谋求比较优势和竞争优势，而且对外直接投资本身就能强化这两项优势。具有比较优势未必就能获得竞争优势，因此要加强高科技对生产要素的改造。

3.1.3.4 对外直接投资与宏观经济的内外均衡理论

基于宏观经济均衡分析视角下的对外直接投资理论研究，程惠芳认为目前国际上对于该理论的微观分析占据了研究的重心，忽略了宏观经济运行在其发展中的作用，进而无法了解一国总量经济活动的均衡发展与对外直接投资比较优势之间如何相互影响和作用的机制。随着国际间经济往来愈发密切，对外直接投资规模的不断扩大，其在国民经济中的作用也日趋增强。因此，其应该加强对此二者关系的研究。

3.1.3.5 对外直接投资和国际收支关系理论

基于外汇储备的角度，毛中根等人提出了对外直接投资与国际收支关系的理论，他们认为一国发展成熟的国际收支，表现出的特点应该是以顺差为主的经常项目，以资本输出为主的资本账目。对外直接投资对一国经常项目和资本项目有着积极的调节作用，对于经常项目的作用体现在：投资于贸易互补型的产业会带来本国出口商品规模的扩大，有利于增加经常项目的顺差或减少其逆差；如果对外直接投资的产业有着较高的回报率，对于平衡经常项目是十分有利的；对外直接投资通过子公司与母公司内部间的费用支付以及对于母公司中间产品和零部件的购买等增加了国内的收入，对于平衡经常项目有着积极的影响。对于资本项目的作用体现在：在资本输入国或国际资本市场上融资进行的海外公司的直接投资属于本国的长期资本输入，对国际收支平衡有利；直接投资规模的扩大对国际资本结构的改善保证了资本项目收支的相对稳定。鉴于中国现阶段外贸顺差与外资流入规模过大双重因素带来的人民币升值压力，可以通过发展对外直接投资的方式加以缓解，加大“走出去”的步伐和力度，以发展对外直接投资的方式换取中国经济的外部平衡。此理论也是从宏观上探讨了对外直接投资发展同一国经济均衡增长的关系。

3.1.3.6 跨国直接投资门槛论

楚建波等人提出了一个可用于欠发达经济体发展对外直接投资的跨国投资门槛论。与海默的垄断优势论的不同之处在于，该理论认为垄断优势只是一国发展对外直接投资的较高要求，并非是决定是否进行投资的必要条件，若不具有垄断优势，但能满足某一较低要求，也可以进行对外直接投资。欠发达经济体的对外直接投资行为决定于企业的投资能力和对外投资门槛。而企业在资本输出国所吸收积累的资金、技术、人才和国际经验决定了跨越门槛的能力。当这个能力超过对外直接投资的最低要求时，就可以进行对外直接投资。

3.1.3.7 FDI 四维分析模型理论

基于 FDI 四维分析模型，毛蕴诗从产业、技术、区位、时机和方式等五个层面阐述了对外直接投资决策的基本内容，模型中四个不同方向上的力量共同作用于该决策，即对外直接投资主体目标、投资主体内部要素与能力、东道国环境因素、母国环境因素，而每个方向或者因素又包含了多个子因素。他还基于对外投资行为的主动性程度将其划分为三种类型，并在该划分类型的基础上，利用矩阵方式组合出 51 种不同类型的投资行为组合，对更加复杂的投资行为加以解释。

3.1.3.8 二阶段理论

基于对对外直接投资理论的深入研究，吴彬等两人提出二阶段理论，该理论认为，各个行业中的企业如何进行 FDI 取决于一般情况下其资源经营水平在国际资源状况上所占据的位置。若资本输出国企业一般情况下的资源经营水平高于资本输入国企业，即占据优势地位，那么其投资行为更侧重于谋取利润。相反，若资本输出国的大部分企业居于劣势地位，他们所采取的投资行为更侧重于从资本输入国获取经验。对欠发达经济体来说，其投资行为首先要经历从属于发达经济体的资本输入国获取经验的这一阶段，当经验积累达到一定程度之后，其投资行为才能转向谋取利润的阶段。

3.2 技术获取型对外直接投资理论

3.2.1 存在性研究

Kogut&Chang（1991）第一次以实证研究分析的方式证明了技术寻求型对外直接投资的存在。其利用日本进入 297 个美国产业的计数变量与代表技术能力的两个产业变量进行了特定的负二项式回归，结果证明获取东道国美国的先进技术可能是日本投资者的动机，并且合资经营被证明是日本用来获取和分享美国技术能力的重要方式。Yamawaki（1993）利用 1980 年后日本在美国建立的 371 个子公司和在欧洲建立的 198 子公司的数据变量，构建 Logit 回归计量模型，研究结论表明日本采取跨国并购方式对美国和欧洲制造业进行直接投资主要是为了获取当地先进技术和其他竞争优势。Teece（1992）以 20 世纪 80 年代流入美国硅谷的对外直接投资数据为研究对象，结论显示外商在高技术领域的投资一直占据重要的地位。此外还有 Braunerhjelm&Svenson（1996）证明了瑞典高科技产业的跨国公司倾向于在国外的“卓越中心”设立生产工厂。

3.2.1.1 具有显著效应的研究

Srapio 和 Oahon（1999）通过对流入美国国内的对外直接投资数据进行研究分析，得出海外母公司以在美国建立或收购美国当地研发机构的方式来获取先进技术，尤其在医药、电子等行业，为实现促进技术发展和创新的全球能力的目标。

Brastetter（2000）以美国和日本之间的直接投资数据为研究对象，建立计量分析模型证明了双向逆向技术外溢效应的存在，即投资国日本对东道国美国的当地企业存在技术外溢，同时东道国美国当地企业对投资国日本的企业也存在技术外溢现象。进一步，Brastetter 把分支机构特征考虑到研究分析框架中，研究发现分支机构的类型是影响对外直接投资逆向技术外溢效应大小的因素，如日本对美国在研究、开发类方面的直接投资时可以从美国获得更多的逆向技术外溢。

B. van Pottelsberghe de la Pottere&F. Lichtenberg（2001）以美、日、德等 13

个国家为研究对象，利用1971-1990年国家对外贸易、引进外资、对外直接投资这三种渠道的数据，建立计量分析模型，对国家层面的国际研发R&D溢出程度大小进行了检验，计量结果显示对外直接投资对TFP的影响弹性为0.072，此外，证明了投资国获得逆向技术溢出的重要来源是东道国的研发密集程度大小，即投资国的生产率会随着它投资于东道国国家R&D密集度的提高而提高，进而说明了对外直接投资逆向技术溢出效应的真实存在。

N. Driffeld和James H. Love（2003）以对英国进行直接投资的外商为研究对象，利用英国制造业部门1984-1992年的面板数据，进而采用GMM法对英国全要素生产率TFP与不同类型的外商直接投资的关系进行了实证研究分析，发现具有不同动因的外商直接投资对英国全要素生产率的效应大小不同，其中技术寻求型FDI对英国TFP产生不利影响，特别是表现在R&D相对密集的行业，从而间接证实了逆向技术进步效应是存在的。J. van Reenen&R. Griffith，R. Harrison（2004）以英国在美国设立研发机构为研究对象，利用专利技术这一指标衡量创新活动，研究发现英国公司通过在美国设立研发机构的方式，可以促使投资国英国能够获得美国更多的研发R&D存量溢出，进而产生更大收益。

J. Masso&P. Vahter（2005）采用企业层面的面板数据，对爱沙尼亚对外直接投资与母公司和母国其他企业的全要素生产率TFP的关系进行了研究，研究发现，不论是对外直接投资还是外商直接投资流入都与公司的全要素生产率TFP存在正相关关系。

Philip Bodman（2007）以GDP代替LP模型中的固定资本形成额，并加入了以距离倒数作为获取国外研发存量的权重，研究了研发通过FDI传导促进国内外生产力增长的作用。研究证明，通过FDI的技术转移是双向的。

Pradhan，J. P. 和Singh，N.（2008）选取印度的汽车企业作为研究对象，并用R&D费用支出占销售收入的比例来度量技术扩散的效果，研究得出印度汽车企业的研发强度与其对外直接投资有着显著的正相关关系，对外直接投资促使印度汽车企业加大了研发投入力度。

李平、宋丽丽（2009）在国际R&D研发溢出测算的LP方法中加入了技术差距、人力资本以及国内R&D研发投入与国际R&D研发溢出交互项等因素，对1985-2007年间我国全要素生产率TFP与通过对外直接投资获得的国际R&D存量溢出的关系研究发现，我国技术进步的主要来源仍是国内研发投入，但对外直接投资带来的国际R&D逆向溢出对我国的技术进步存在促进效应。刘宏、张蕾（2012）依据我国1987-2009年对外投资存量等数据，运用VAR模型，对我国OFDI与TFP的关系进行实证检验分析，发现我国OFDI存量每增加1个单位，全要素生产率增长 2.07 个单位。

欧阳艳艳、郑慧（2013）基于中国对外直接投资的不同境内地区分布，采用国际研发溢出模型框架，并利用各省市的面板数据分析了各省市的经济增长与对外直接投资获取的逆向技术溢出之间的关系。研究分析结果表明，三大地区对外直接投资逆向技术溢出对地区的经济增长均有正向显著作用，东部地区的影响要大于中西部地区。

刘宏、秦蕾（2013）利用 1990-2010 年 OFDI 存量数据构建国际 R&D 溢出回归模型对 OFD 与国内技术进步关系进行实证研究发现，在其他数据变量不变的前提下，我国 OFDI 存量每增加 1 个单位，全要素生产率就会增长 0.01 个单位。

3.2.1.2 不具有显著效应的研究

Ekholm&Braconeer（2002）以瑞典为研究对象，从企业和产业两个层面，对瑞典引进外商直接投资和对外直接投资与国际 R&D 溢出的关系进行研究发现，无论是 IFDI 还是 OFDI 都没有与瑞典海外跨国公司的生产效率存在显著的关系，也就是说国外 R&D 研发外溢的渠道并不是对外直接投资和引进外商直接投资。他们这样解释道：瑞典作为世界上研发投入较高的国家，技术较为先进，从而导致其在对外直接投资中不能获得较多的技术溢出。

Jürgen Bitzer（2005）主要从两个方面扩展了 LP 模型：一是在构建国外 R&D 存量时采用对外直接投资的存量，而不是对外直接投资的流量；二是在技术流动方面考虑了第三国效应，即 A 国的技术不单单来自 B 国，而是 C 国的技术通过对外直接投资的方式流入 B 国，再通过 B 国对 A 的对外直接投资而流入 A 国。在此基础上，其以 1973-2000 年间 OECD 17 个国家 10 个制造业行业数据为研究对象，对引进外商直接投资和对外直接投资这两种渠道的国际 R&D 研发溢出大小进行了实证检验，结论显示，对外直接投资存量与母国制造行业的技术进步存在负效应。

邹玉娟等人（2008）利用中国 1986-2006 年间数据，通过运用脉冲响应分析方法对我国 TFP 增长率和 OFDI 增长率进行计量分析发现，中国全要素生产率增长率与对外直接投资增长率存在正相关关系，但效应不显著。

刘明霞、王学军（2009）采用 2003-2007 年的省际面板数据，对中国对外直接投资的逆向技术溢出效应大小进行了实证研究分析，得出国内技术效率的提高与中国对外直接投资的关系不显著，而且吸收能力是影响中国对外直接投资逆向技术溢出大小的一个重要因素，并且效应大小存在着较大的地区差异。

尹小剑（2011）对中国 2003-2008 年间国内技术进步与 OFDI 的关系进行研

究分析，并采用数据包络模型，结果显示，这六年中有五年的中国对外直接投资对国内技术进步没有产生任何效应，并且无效性逐年增强。

李梅、金照林（2011）运用中国的省际面板数据，对我国 OFDI 逆向技术溢出效应进行研究分析发现，我国 2003–2008 年 OFDI 对国内技术进步、技术效率和 TFP 均不存在显著的正效应。吴建军（2013）通过对所选取美国、英国、加拿大等 9 个东道国和地区对外直接投资数据的实证检验分析，发现东道国通过专利溢出的 R&D 研发资本存量并不是影响我国对外直接投资技术进步效应的主要因素。

3.2.2 关于不同测量方法的研究

关于技术进步的衡量一般采取 TFP 代替，但学者会采取不同的测量方法来计算 TFP。

Philip Bodman（2007）以 GDP 代替 LP 模型中的固定资本形成额，并加入了以距离倒数作为获取国外研发存量的权重。

Jürgen Bitzer（2005）从两个方面扩展 LP 模型，一是构建国外 R&D 存量时采用对外直接投资存量，而不是对外直接投资流量；二是在技术的国际流动中考虑了第三国效应。Pradhan，J. P. 和 Singh，N.（2008）用 R&D 研发投入占销售收入的比率来度量技术扩散的效应大小。此外邹玉娟、陈漓高采用传统的 LP 模型，王英、刘思峰（2008）利用了改进的 LP 模型，还有一些研究学者并没有采用传统的 LP 计量模型方法，而是自己通过建立适当的模型来对中国对外直接投资逆向技术溢出效应进行实证检验分析，例如欧阳艳艳（2010）以中国作为研究分析对象，从国际技术传递渠道、东道国创新能力和中国的消化吸收能力三个方面归纳出 10 个影响中国对外直接投资逆向技术溢出大小的因素，并采用偏最小二乘回归模型进行实证检验分析，得出影响中国对外直接投资技术溢出的三大主要影响因素是东道国 R&D、人均国民收入和中国 GDP。

欧阳艳艳、喻美辞（2011）采用 DEA 方法估算出的中国对外直接投资行业的平均生产率、技术进步和技术效率与各行业 OFDI 所产生的国外研发溢出进行灰色关联分析。结果技术含量较高的行业如计算机服务和软件业、信息传输业等不具有较高关联度。

谢申祥、王孝松、张宇（2009）在利用数据包络分析方法估算出对我国全要素生产率的变动情况的基础上，建立动态回归模型。白洁（2009）采用 LP 模型对中国对外直接投资获取的国外 R&D 资本存量进行测算，进而建立国际 R&D 溢出回归模型。

3.2.3 关于影响因素选择及对比的研究

张宏、赵健（2008）分析了宏观经济环境、制度变化因素和科技发展水平因素对我国技术获取型对外直接投资区位选择的影响。其中选取服务业水平、经济规模等要素来衡量宏观经济规模，选取每百万居民中研究人员数、R&D 研发经费以及发明专利授权量等要素来衡量科技水平，制度因素采用政府治理水平、双边文化距离为变量。研究发现，东道国 R&D 研发水平以及政府治理水平与我国对外直接投资逆向技术溢出存在显著的影响关系。

谢申祥、王孝松、张宇（2009）建立动态回归计量模型研究分析了我国对外直接投资和人力资本与我国全要素生产率变动的关系。分析结果显示，随着我国人力资本的增加，我国对外直接投资对全要素生产率的正效应反而呈现出较减小的趋势。周春应（2009）利用中国 1991-2007 年的相关数据，其研究分析显示，对外直接投资对我国技术水平提升存在显著的正效应，其中影响我国对外直接投资逆向技术进步效应实现的重要因素主要有经济开放水平、科技活动人员以及高技术产业发展程度和基础设施，而经济发展水平、金融发展、社会资本、R&D 经费投入、专业技术人员尚未对中国 OFDI 逆向技术进步效应产生促进作用。

王海云（2007）从对外直接投资逆向技术溢出实现途径的角度着手，并采用逐步回归分析法，研究发现母国企业的吸收能力、学习能力以及企业嵌入产业链的程度等是影响对外直接投资逆向技术溢出的重要因素。

张宏、王建（2009）运用分量回归方法，利用 114 个国家和地区的截面数据，研究了东道国制度质量、资源禀赋以及宗教多元化与其逆向技术外溢的关系。李梅（2010）借鉴 C&H 计量模型，研究分析了经济发展程度、人力资本质量以及技术进步等因素与投资国逆向技术溢出效应的关系，得出对外直接投资逆向技术溢出存在门槛效应，即对外直接投资逆向技术溢出对全要素生产率的影响只有在达到一定门槛后才会显现出来。

阚大学（2010）研究发现人力资本是影响我国东部地区对外直接投资逆向技术溢出大小的因素，而经济开放程度和金融发展水平是影响中西部地区逆向技术溢出大小的因素。欧阳艳艳（2010）认为我国对外直接投资逆向技术溢出效应大小与东道国的人均国民收入和研发资本存量存在明显的正相关关系。李猛（2011）证明了我国对外直接投资逆向技术溢出大小与东道国的地理区位有一定的影响关系。蔡冬青、刘厚俊（2012）认为东道国的知识产权保护、公共治理情况以及技术市场发展程度与我国对外直接投资的逆向技术溢出大小存在积极的正相关。

另外，茹玉骢（2004）认为对外直接投资逆向技术溢出从技术传递角度考虑又会受到空间约束。林青、陈湛匀（2008）认为投资国和东道国之间存在的技术水平差距以及高等教育水平差距导致的吸收能力大小与对外直接投资逆向技术溢出效应的大小有较大的关系。还有其他许多研究学者认为，投资国与东道国的合作程度、历史文化差异等因素都不同程度地影响着对外直接投资逆向技术溢出效应。

吴建军（2013）研究影响对外直接投资技术进步效应的相关因子并构建理论模型，研究表明，对我国对外直接投资逆向技术进步效应的产生影响的因素主要有：东道国的技术创新能力、经济发展程度以及经济对外开放水平。

此外，在 OFDI 逆向技术进步效应的理论研究分析方面，如赵伟、古广东、何元庆（2006）首次区别分析了发达经济体和欠发达经济体对外直接投资逆向技术进步机理，其在总结国内外现有研究文献的基础上，认为发达经济体对外直接投资逆向技术效应的机理主要是：分摊研发费用、反馈研发成果、转移逆向技术及剥离外围研发等机制；而欠发达经济体则主要是吸纳研发要素、反馈研发成果、适用技术企业的并购等机制。陈菲琼、虞旭丹（2009）通过深入研究企业对外直接投资与其自主创新能力之间的反馈机制，则认为中国企业对发达经济体直接投资所产生的逆向技术溢出效应的反馈机制主要是：反馈海外研发、反馈收益、反馈子公司本土化以及对外直接投资的公共效应。

3.3 对现有国内外文献的评述

3.3.1 对外直接投资理论的整体评述

3.3.1.1 对外直接投资理论分述

1. 有关发达经济体的对外直接投资理论发展比较完善，也形成了较为系统的概念，如垄断优势理论、内部化理论、边际产业理论、折衷理论、产品生命周期理论、投资发展周期理论等，对各国对外直接投资有一定的指导意义，但是这些理论大多是在研究发达国家对外直接投资的基础上得出来的，对指导发展中国家，尤其是正处于经济快速发展的中国来说，是不合适的。

2. 随着欠发达经济体对外直接投资的活跃和不断发展，尤其是欠发达经济体在发达经济体的对外直接投资增多，促使有关发展中国家的对外直接投资理论得到发展，如技术当地化理论、小规模技术理论以及创新与产业升级理论等。小规模技术理论首先在理论上给后来学者提供了一个充分的研究分析空间，对于研究分析经济落后或发展中国家的企业在国际化竞争初期阶段如何在激烈的国际竞争中获得一定优势是很有启发意义的，但从本质上看，小规模技术理论显然继承了维农的产品生命周期理论，是技术被动论。此外，该理论仅仅把欠发达经济体跨国公司所拥有的竞争优势局限在小规模生产技术的使用方面，很可能会造成这些经济落后国家在国际生产体系中永远位于边缘地带和产品生命周期的最后阶段。同时该理论也很难解释一些欠发达经济体高新技术企业的对外直接投资活动，也无法解释目前欠发达经济体对发达经济体的直接投资日趋增长的现象。拉奥的技术地方化理论，不仅分析了欠发达经济体存在哪些国际竞争优势，而且更重要的是强调了导致竞争优势企业所特有的内在的创新活动。相对于小规模技术理论，技术地方化理论更强调企业技术引进的创新过程，即欠发达经济体对所引进的外国先进技术进行改进、消化和吸收，而不是一种被动的模仿和复制，重点是对技术的消化、引进和创新。该理论也促使对欠发达经济体跨国公司的研究引向微观层次，证明了欠发达国家跨国企业以比较优势参与国际生产和经营活动的可能性。技术创新与产业升级主要是针对 1980 年代以来发展中国家，尤其是新兴工业化国家和地区对外直接投资活跃的现象，解释了由传统产业向高技术产业、由欠发达经济体到发达经济体流动的轨迹，其内在动力为技术积累，基础是地域扩展。随着技术积累带动的固有的能量的不断扩展，对于欠发达经济体通过对外直接投资的方式来加强技术创新与积累，进而调整产业结构和增强国际竞争力具有普遍的指导意义，但没有提到发展中国家通过投资获取发达国家技术这一主动性，所以仍然是被动地接收或积累。

3. 中国经济发展引人注目，中国对外直接投资更是不断增加，尤其是对发达国家投资不断增加渐成趋势，这使得形成符合中国实际的对外直接投资理论更加迫切。中国学者也在不断探索，如发展阶段论、大国综合优势理论、对外直接投资比较优势论、对外直接投资和国际收支关系理论、跨国直接投资门槛论、FDI 四维分析模型理论、二阶段理论等，但还很不完善，并没有形成一套统一的理论体系。发展阶段论认为发展中国家对发达国家投资短期会亏损，这种亏损往往是一个企业初创期不可避免的现象，而非是对外直接投资所独有，不应该成为对外直接投资的一个障碍，当然投资于国内或者其他发展中国家的成本会低一些，但不是没有，不应该将此亏损认为是仅存在投资发达国家所独有的现象，而夸大这一因素的负面作用。另外，技术差距小于某个数值除非在现实中具有可操作性才对决策有作用，否则一个理论上求得的差距意义不大，市场和企业家会更好地找到这个差距。大国综合优势理论基本观点有一定的解释能力，但展开后有些庞杂，叫大国综合优势理论，不如叫对外直接投资的不平衡发展理论，因为发达国家的特征和发展中国家的特征并没有形成合力发挥作用，没形成所谓合力，而是各自发挥作用，更体现在非平衡上，而不是综合上。此外，对外直接投资比较优势理论用于研究分析国际直接投资是很有意义的，但该理论并不是很有新意；对外直接投资和国际收支关系理论仅仅局限于内容的重新归纳、梳理；跨国直接投资门槛论是较有价值的理论，从门槛到所有权优势是可以进行对外直接投资的条件区间；FDI 四维分析模型理论也仅是梳理和重新组合，而二阶段理论同发展阶段理论类似。

3.3.1.2 对外直接投资理论综述

由传统的对外直接投资理论可知，一国或地区的企业对外直接投资必须拥有各种优势。虽然目前我国也有一些进行对外直接投资的企业已拥有各种垄断优势，可以用传统的经典理论解释，但是一些不具有明显优势的企业对外直接投资不好解释，其中的道理说不出，自然人们对此种投资的前途不便预测，那么企业自身的信心不会增强，政府的扶植也不敢到位。但上述理论中有一些确实起到了认识指导的作用，增强了企业和政府的信心。比如发展阶段理论、大国综合优势理论和门槛理论，就起到了鼓励作用和一定程度上的指引作用。

尽管中国研究学者对我国企业对外直接投资活动进行了积极的有意义的探索和研究，也取得了一定的研究成果，但整体来看，至今仍未形成一个较为完整的分析框架，也没有哪个理论超于其他理论地位之上为大家所认同，因为确实没有哪个理论能够很好地全方位而深刻地解释中国对外直接投资的发展，缺陷十分明显。表现在：第一，理论解释的范围狭小。第二，微观与宏观研究分析相脱离。第三，一些理论虽然看上去包括范围较广泛，但是就像一个大杂烩，缺少主线。

3.3.2 对外直接投资逆向技术溢出理论评述

综观目前国内外研究学者有关对外直接投资逆向技术溢出效应的研究文献，我们可以看到研究还不是很完善，也并没有一个较为准确的结论，一直处于这种逆向技术溢出存不存在的争论之中，但他们普遍存在两大共同点：其一，尽管处理数据的方法有所区别，但是研究学者所采用的实证分析计量模型大多是基于L－P模型，并在此基础进行一些修正和完善；其二，研究基本都局限在国际研发R&D 溢出的理论框架之内，即国际 R&D 逆向溢出存量是对外直接投资逆向技术进步效应的前提条件。尽管国内外关于对外直接投资逆向技术的研究到目前为止还没有形成系统的理论，但也取得了许多具有现实意义和实践指导意义的研究成果：对外直接投资逆向技术进步效应的存在性研究为欠发达经济体对发达经济体的直接投资，特别是为技术获取型的直接投资提供了理论依据；学者从国家、产业、企业等不同角度和层次的研究分析，或采取不同的变量、影响因素及处理数据的方法，研究从单单强调吸收能力发展到综合考虑经济发展水平、经济市场开放水平、技术差距大小以及金融发展程度等各种影响因素，可见无论研究的广度还是深度还是研究的方法和手段都有了进一步加强和丰富，为对外直接投资逆向技术进步效应提供了多视角的研究结论。但我们也要看到既有研究中存在的不足与缺陷：

（1）准确性：实证检验往往忽视外国的 R&D 研发存量的估算，既有的关于对外直接投资逆向技术溢出的研究往往直接利用对外直接投资的流量或存量数据，进而分析与全要素生产率 TFP 关系，缺乏对通过对外直接投资渠道获取的国外研发资本存量的估算，忽视了国外研发资本存量及国际 R&D 存量溢出变量，忽略了 C－D 生产函数中知识资本 S 的内在涵义，并且绝大多数文章都是一些经验研究，只是通过建立计量分析模型对既有存在的数据分析验证 OFDI 逆向技术进步效应的存在，即现在的研究主要集中在宏观角度，而微观角度的研究分析仍停留在理论和案例阶段，极少有学者从理论上推导出并证明这种效应的存在。

此外，将不同东道国的研发资本单纯用货币价值进行比较，是不合适的，因为不同国家的研发能力有所不同，这无疑犯了同质化研发资本的错误，忽略了不同东道国资本的异质性，因而在测算研发资本存量时需要首先确定东道国，但在现有的研究分析中我们看到了各不相同的选择，如白洁（2009）根据东道国研发资本存量以及吸收对外直接投资流量大小确定了 14 个国家或地区；陈岩（2011）选取 G7 国家以及新加坡、韩国、日本 10 个国家；吴建军（2013）通过对所选取美国、英国、加拿大等 9 个样本东道国，可以看出这些选择存在明显的主观性，并没有一个公认的选择标准或缺乏依据。

（2）完备性：对 TFP 的回归分析中，除了 OFDI 途径的国外研发资本存量，还有吸收外资（IFDI）、进口贸易、自主研发等影响全要素生产率的各种知识溢出的传导途径，以及知识产权保护水平、人力资本、技术差距等各种影响对外直接投资逆向技术溢出吸收的因素，而大部分学者对 OFDI 逆向技术进步效应进行研究时，忽略了除 R&D 国际溢出以外其他影响因素，也并没有对以上各种传导途径及影响因素进行综合分析。

此外，国内研究更多的是考虑逆向技术溢出的绩效，而不是对这种外部性的研究，如是否对本国技术进步产生影响，是否能提高技术效率，是否能产生知识进步，或是否能促进本国技术创新，如李平、宋丽丽（2009）认为 1985－2007 年间通过对外直接投资渠道溢出到我国的国际 R&D 研发存量对我国技术进步具有明显正效应；刘宏、张蕾（2012）依据我国 1987－2009 年对外投资存量等数据，得出对外直接投资存量每增加 1 个单位，全要素生产率增长 2.07 个单位的结论。可见对这种逆向技术溢出外部性的本身研究很少，因而关于对外直接投资逆向技术溢出的研究还不完善，有继续改进的空间。

（3）国内相关研究基本技术工具包括 TFP 测算技术、面板回归技术、时序分析技术、数据统计分析技术、参数和非参数回归技术、广义矩估计技术等，但多把中国对外直接投资总量数据作为研究对象来考察其是否具有逆向技术进步效应，但总量是否具有该效应并不能说明中国对世界其他任何一个国家进行直接投资都具有显著的逆向技术进步效应，即技术获取型 OFDI 未进行有效区分。由于不能从对外直接投资总量中区分出技术获取型投资，因而导致无法准确衡量其所带来的逆向技术溢出效应，因而现实意义不强。

第二篇　OFDI 逆向技术溢出的理论研究

4. OFDI 逆向技术溢出的理论基础与存在性研究

4.1 OFDI 逆向技术溢出的理论基础

4.1.1 OFDI 逆向技术溢出效应的理论框架

发展中国家作为工业化的后起之秀如何实现国内经济的持续增长和对发达国家的技术追赶是经济学理论研究领域的重要话题。从哈罗德－多马模型成为现代经济增长理论的研究开端以来，经济学家们对该问题进行了持续不懈的研究。1956 年美国经济学家索洛（Solow）在其《关于经济增长理论的一篇论文》一文中指出了哈罗德－多马模型存在的缺陷进而总结出具有新古典性质的索洛增长模型，并提出了全要素生产率（TFP）用来衡量技术进步对于经济增长的贡献度。新古典经济增长理论虽然认识到技术进步对经济增长的重要性，但其关于经济进步外生性的假设则显得过于牵强，鉴于此 20 世纪 80 年代以经济学家罗默（Romer）、卢卡斯（Lucas）等为主要代表的一批学者摒弃了新古典经济增长模型中关于技术进步外生性的假定，相继提出了具有技术进步内生化特征的经济增长模型，即内生经济增长模型或新经济增长模型。20 世纪 90 年代格罗斯曼（Grossman）和赫尔普曼（Helpman）等人基于研发（R&D）的内生增长模型更是把技术进行内生化处理，从而在理论上使得经济长期增长具备了可能性。这些学者的研究结论普遍认为，知识和人力资本的积累是一个国家经济增长的源泉，而技术进步和技术创新则能为国家经济发展提供源动力。

由经济增长理论的演变历程可以看出，内生增长理论十分强调知识、技术的外部性对于技术进步的重要性。在这里我们认为跨国公司通过对外直接投资内部化实现其技术转移，并把这种技术转让行为对东道国带来的外部经济效应称为国际技术外溢。大量学者研究已经证明通过技术贸易、国际货物贸易、吸引外国直接投资等国际经济行为都可以产生技术溢出效应。比如通过技术贸易、货物贸易可以接触并引进外国先进技术，从而提升本国技术水平。通过吸收 FDI 产生的示范效应、竞争效应、人员培训效应以及链接效应等都可以提升本国的技术水平。

20世纪60年代初期，经济学家Mac Dougall最早对FDI技术溢出效应进行了系统阐述。他在分析跨国公司对东道国福利效应影响时发现了技术溢出效应的存在性并进行了具体的度量。随后，Arrow（1962）具体论述了跨国公司带来的技术溢出效应对东道国技术进步的影响，Arrow认为由于技术具有公共物品的特性，因此技术溢出是全社会的共有资源，伴随着技术在母国跨国公司和东道国企业之间的外溢，本土企业可以通过不同的渠道学习新技术并最终提高自身的技术水平。Caves（1974）主要从两个方面分析了跨国公司进入东道国后所带来的影响。首先随着跨国公司的大量进入，会使东道国市场竞争更加激烈，从而给东道国同类型的企业带来巨大的生存压力，为了巩固自己的市场份额和盈利的需求，东道国企业被迫进行对新技术的模仿和改造，从而提高其自身的技术水平和生产效率；另外，跨国公司在进入东道国之后，尽管其会采取各种措施对自己拥有的先进技术进行封锁，但是仍然难以避免和东道国本土企业发生各种生产和业务上的往来，因此会导致跨国公司和东道国本土企业的前向及后向联系，东道国本土企业通过与跨国公司的业务往来，也可以获得技术溢出所带来的好处。内生经济增长理论的代表人物Romer（1986）在借鉴Arrow分析思路的基础上，对外商直接投资技术溢出进行了模型化度量，在其技术溢出模型中，Romer认为企业为了追求最大限度的利润从而被迫对技术进行投资，但是技术却具有公共物品的特性使得技术外溢存在着可能性，从而使得任何企业对技术的创新都有可能无法获得技术创新所带来的全部收益。为人力资本理论研究做出杰出贡献的美国经济学家Lucas（1988）从人力资本流动的角度分析了技术外溢性，认为之所以人力资本的流动会产生技术外溢主要是因为知识可以在人力资本之间相互学习和借鉴，从而可以提高其生产率。Blomstrom（1992）则是通过构建博弈模型的方式通过论述跨国公司和东道国企业之间的相互竞争而求出二者之间的最优策略。Kokko（1994）重点分析了外商直接投资技术溢出效应的两个方面的渠道，第一个传播渠道来源于示范效应、模仿效应和传播效应；第二个传播渠道则来自于跨国公司和东道国本土企业之间的竞争效应。Kokko的分析为后续的FDI技术溢出渠道分析奠定了理论基础。

可以看出，学者们对跨国公司通过对外直接投资给东道国本土企业甚至整个社会能够带来技术溢出的观点是一致的，同时从不同角度实证检验了这种技术溢出的存在性问题，并且中国以及大多数发展中国家的实践经验也确实证明了通过吸收外资能够提高本国的技术水平和生产效率。然而，对发展中国家通过接近技术源头的发达国家投资能否带来对投资母国的技术溢出（或称逆向技术溢出）这一议题的观点却不尽一致，部分学者认为发展中国家对发达国家的投资对母国带来的逆向技术溢出效应是显著的，而另外一部分学者则持相反的观点，认为发展中国家对发达国家的投资对母国带来的逆向技术溢出效应是不显著的甚至为负面效应（相关论述见前文综述）。笔者通过长期对跨国公司与国际直接投资的研究认为，无论是发达国家对发展中国家直接投资所带来的技术溢出，抑或发展中国家对发达国家直接投资所带来的逆向技术溢出，二者的生成逻辑和实现机理应该是一致的。因为发达国家对发展中国家直接投资的技术溢出主要是靠模仿示范机制、竞争机制、人才流动机制以及前后向关联机制实现的，那么发展中国家对发达国家的直接投资同样可以通过这四种机制实现技术从被投资的发达国家公司向投资母国在东道国所设立的子公司或分公司溢出，并且母国跨国公司通过与东道国公司共同建立研发平台、生产基地，可以更加直接地嵌入发达国家产业链中，从而可以为获取其先进技术提供便利。另外，即使母国跨国公司没有同东道国公司建立合作机制，只要接近东道国相关技术拥有者的地域，就可以获得产业集聚所带来的规模经济效应、协同生产效应以及利用集聚地便利的基础设施服务所带来的低成本效应。当母国在东道国设立的子公司或研发机构获取到东道国先进技术后，在当今技术传播和扩散日益迅速并且障碍日益减少的背景下，通过利用不同的传导途径可以快速而便捷地传递到母国，从而使得技术溢出实现逆向传递。

在全球经济一体化日益加深的当今时代，一个国家的技术进步除了可以依靠自主创新之外，还可以通过贸易、FDI 等其他外部方式获取，特别是对严重缺乏核心技术的发展中国家来说，如何引进和吸收发达国家的先进技术就成为了自身技术积累的重要途径。然而，发达国家作为世界先进技术的掌控者和顶尖技术的研发基地，为了保持自身的国际竞争优势，往往对核心技术进行不同程度的垄断，并且当今时代随着贸易保护主义的盛行和外资逐渐由合资转向独资的背景下，发展中国家更应该积极主动地寻求除此之外的技术进步途径，而对外直接投资由于其自身所具备的优势理应成为发展中国家获取技术外溢的重要途径之一。

同国际贸易、吸收 FDI 等国际技术外溢渠道一样，对外直接投资同样具备其独特的技术扩散方式，从理论上来讲，对外直接投资对母国技术进步的影响主要有两种途径：第一，发达国家向发展中国家的对外直接投资。学者们研究认为，发达国家此类对外直接投资的主要动因是为了规避东道国的贸易壁垒和降低生产成本，发达国家通过把本国劳动和资源密集型生产活动向发展中国家转移从而改变本国的产业结构，并提升母国的技术水平。Siotis（1999）对美国的研究以及 Head and Ries（2004）对日本的研究都证实了该观点的正确性。第二，发展中国家向发达国家的对外直接投资。对外直接投资通过该种途径获得的技术溢出即逆向技术外溢，发展中国家向发达国家的投资通过接触当地信息渠道以获得当地先进技术和知识，从而产生逆向外溢。学者们也从不同的角度对该观点进行了研究和求证，Kogut&Chang（1991）认为获取东道国美国的先进技术可能是日本投资者的动机，并且合资经营被证明是日本用来获取和分享美国技术能力的重要方式。Teece（1992）以20世纪80年代流入美国硅谷的对外直接投资数据为研究对象，结论表明在硅谷的大量外国资本源起于当地高端的生产技术和高强度的研发密度，通过与投资国采取合作、合资等经营模式接近了高新技术的源发地并通过技术的逆向溢出机制提高了本国的自主创新能力和技术水平。Wesson（1999）研究表明技术落后企业可以通过对外直接投资的逆向技术溢出机制来达到提高本国技术水平的目标。Chung（2001）认为跨国公司是实现国际技术转移的有效纽带，通过这一纽带技术落后的国家可以获得本国所不具备的先进的科学技术，间接地带动本国技术创新和研发能力的提升。Lichtenberg & Potterie（2001）通过研究认为对外直接投资是实现国际技术外溢的一种有效途径，技术落后国家可以通过开展海外投资促进本国的技术进步。Behera&Goldar（2012）的结论同样显示对外直接投资与逆向技术溢出效应之间存在着长期的稳定关系。上述学者分别从不同角度的研究不仅构建了逆向技术溢出的理论基础，同时也用实证数据验证了逆向技术溢出的客观存在性，这些都为对外直接投资逆向技术溢出的深化研究奠定了基础并提供了理论支撑。

4.1.2 OFDI 逆向技术溢出效应的机制图解

关于对外直接投资逆向技术溢出对母国技术进步和技术提升的作用已经得到了学者们的广泛认可，并且随着对外直接投资的蓬勃发展，越来越多发展中国家的对外直接投资呈现出典型的技术寻求的特征，即发展中国家的跨国公司希望通过对技术先进的发达国家的投资来获取技术的逆向溢出，从而最终达到提升本国整体技术水平的目的。发展中国家企业通过 OFDI 获取逆向技术溢出首先需要通过并购、绿地投资或战略联盟等途径将自己子公司或研发机构嵌套在发达国家高端产业链条中，从而以便于加强母国企业和东道国企业之间的联系和沟通，并通过各种模仿和学习机会获取东道国先进的技术、管理经验以及前沿信息。其次，母国子公司或研发机构对掌握的先进技术和前沿信息可以通过各种途径传导到母国跨国公司总部，然后总部通过对技术的筛选和吸收并将其运用到企业的生产和管理中去，从而提升企业的技术水平并加强企业的市场竞争能力，最后技术通过企业内的横向扩散和企业间的纵向扩散最终实现提升母国整体技术水平的目的。对外直接投资逆向技术溢出效应机制图解如图 4.1 所示。

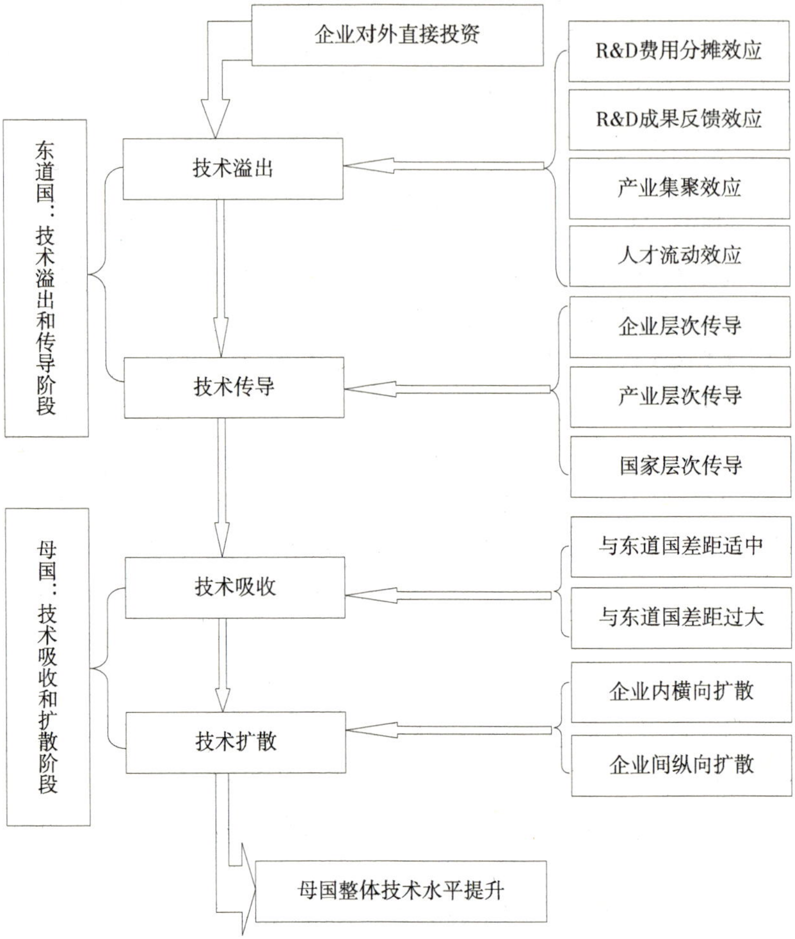

图 4.1　OFDI 逆向技术溢出效应机制图解

1. 技术溢出阶段

母国跨国公司通过对外直接投资获取东道国先进技术的首要阶段即实现技术溢出，技术溢出可以通过以下四种效应实现：R&D 费用分摊效应、R&D 成果反馈效应、产业集聚效应和人才流动效应。

（1） R&D 费用分摊效应

研发费用高低是衡量一个国家科技水平的重要标准，也是决定国家企业技术先进与否的重要因素，过高的研发费用是制约很多企业特别是发展中国家企业发展的瓶颈之一。然而，只有不断增加研发投入才能保持企业自身的技术优势，才能使得企业在激烈的国际市场竞争中生存下来。如何有效解决发展中国家研发费用不足的问题成为破解发展中国家提升技术水平这一难题的突破点之一，而对外直接投资为该问题的解决指明了方向。对外直接投资的 R&D 费用分摊效应主要可以从以下两个方面解释，首先，企业在选择对外直接投资进行市场扩张的时候，可以有效扩大企业在东道国的市场份额，扩大的市场份额可以给企业带来更多的营业收入，增加的营业收入可以弥补企业研发费用的匮乏；另外，母国企业在选择通过对外直接投资进行扩张的时候，东道国政府和企业一般也都持欢迎的态度，并寄希望以通过大量的引进外资缓解本国发展资金的不足并提高本国技术水平的目的，因此愿意通过一定的方式来分摊母国企业的 R&D 费用。对外直接投资的 R&D 费用分摊效应通过以上两种运行机制，可以使得母公司节约大量的研发费用，从而可以将资金和其他资源进行核心技术的研发，并最终促进母公司整体技术水平的有效提高。

（2）R&D 成果反馈效应

母国跨国公司选择对外直接投资方式进行扩张时，一般会通过收购东道国企业或新设企业的形式进行。这些新设立的子公司或分支机构通过嵌入发达国家的高端产业链条中加强和东道国企业之间的联系和沟通，并通过各种模仿和学习机会获取东道国先进的技术、管理经验以及前沿信息，并通过一系列的反馈机制，将所获得的研发成果通过不同途径传递到母国，从而有效提升母公司的技术水平，并且通过技术的传播和扩散最终提升母国整体的技术水平。跨国公司理论研究的先驱约翰·邓宁通过对跨国公司专利申请数据进行研究发现，国外子公司或分支机构和母公司相比较无论是申请专利的数量和整体所占比重都在不断升高，从而对母公司整体技术研发起到了重要的促进作用。市场寻求型对外直接投资通过不断的技术研发，并根据东道国消费者的需求偏好生产出新产品，然后将这些产品中蕴含的新技术反馈给母国，不仅可以丰富母国产品多样性，还可以增加母国技术的多元性。技术寻求型对外直接投资通过接触东道国先进的研发资源，可以加快技术的获取，并将获取的先进技术反馈给母公司，从而提升其技术水平。

（3）产业集聚效应

经济学家马歇尔在 1890 年最早提出了产业集聚的概念，产业集聚是指同一产业在某个特定地理区域内高度集中，产业资本要素在空间范围内不断汇聚的一个过程。马歇尔重点阐述了产业集聚所带来的外部规模经济效应，因为相关产业通过集聚在某个特定地理区域可以降低对原材料和半成品的搜寻成本以及企业其他的交易成本，从而增加企业的成本优势，使得集中生产的企业集群的生产效率高于单个企业。处于产业链上的企业可以使各企业分工更加明确，从而提高劳动生产率；产业集聚可以使企业更容易获取产业相关的信息，并能提高企业的议价能力。正是因为产业集聚能带来知识溢出和外部规模经济，因此国外形成了许多著名的产业集聚地，比如美国的高科技产业集聚地硅谷，娱乐产业集聚地洛杉矶好莱坞，印度软件产业集聚地班加罗尔等。母国跨国公司通过对外直接投资嵌入技术发达的产业集聚地，可以接触并寻求到最核心的技术和稀缺的信息以及其他资源。并通过在产业集聚地积极有效地参与到与当地企业的合作交流中，学习东道国企业的先进的技术和管理经验，并最终将这些技术溢出到母国企业。

（4）人才流动效应

人才流动是母国跨国公司通过对外直接投资间接获取技术溢出的一种重要途径，技术必须依附于具体的人而存在，由人来进行创造、掌握和应用。首先，技术升级的基础和最有效的途径是人才流动，所有技术都是由人来讲授学习的。其次，技术升级的效果也受人才流动影响。技术人才的良性流动和交流，是技术升级的重要渠道。发达国家跨国公司由于技术研发实力较强，其在行业内所掌握的技术水平自然高于发展中国家企业。因此，要想直接模仿跨国公司的先进技术特别是核心技术无异于天方夜谭，但是发达国家跨国公司对本国企业的学习模仿则持有相对宽容的态度，因此，通过在技术先进的发达国家设立研发中心，并组织员工学习跨国公司的先进技术，这无疑将会对东道国技术升级和经济发展起到巨大的推动作用。

2. 技术传导阶段

跨国公司对外直接投资在通过 R&D 费用分摊效应、R&D 成果反馈效应、产业集聚效应和人才流动效应实现技术溢出之后，海外子公司可以通过各种渠道，将其掌握的技术知识、信息资源和研发成果传导回母公司，并由母公司对技术进行消化、改造并最终投入到生产运营中去。这一阶段中技术知识越过国家边界流回到母国企业，是实现逆向技术溢出效应更为重要的阶段。

技术从东道国传递到母国的机制可以通过不同途径进行，具体来讲有以下几种传导机制，首先，可以通过投资母国政府激励机制。投资母国的对外直接投资鼓励政策带来了成本上的节约和收益上的增加，这一部分收益较为确定，可以支持企业的研发行为和技术进步，可视为逆向技术溢出的一个方面；第二，母公司可以将研究人员送到子公司进行培训和交流或者直接将子公司的研究人员转移到母公司，这种直接的和经常性的子公司和母公司之间的人员接触和交流有助于构建共同的语言，这对于转移复杂隐性技术知识至关重要；第三，海外人力资源利用机制。发展中国家面临一些导致贫困的自我强化机制，这样其人力资本和发达国家的差距很难在短期内缩小，有些人力资本在国内是不能够获得的。只有通过对外直接投资才能将发达国家的高素质人才为我所用。例如海尔在美国研发中心的研发、营销和物流领域的专家和研究人员是来自全球各地的，受到欧美客户广泛认同的法式对开门冰箱就是由 150 余名欧美设计师共同设计研发出来的；第四，母国公司可以购买子公司生产的产品进而获得生产或改善产品的相关知识（Cheung & Lin，2004）；最后，除了和子公司建立联系外母公司同样也可以投入资源构建一个技术创新网络来开发来自海外子公司的转移知识，例如招聘具有先进知识和经验的海归人员（Filatotchev et al.，2009），同东道国最好的大学或者企业进行合作构建一流的实验室等。

3. 技术吸收阶段

跨国公司对外直接投资通过设立的子公司或分支机构将获取的先进技术和管理经验通过不同的途径传导到母国之后，母国企业对先进技术的吸收和消化能力对于能否最终提升母公司乃至母国整体的技术水平至关重要。一般来讲，母公司对从子公司传导回来的技术和知识的吸收可以分为以下四个步骤：首先是对从对外直接投资东道国获取的先进技术和知识进行识别，筛选出对母公司发展和提升技术水平有决定性作用的部分，有效识别并筛选出和母公司发展需要相适应的技术是决定技术获取质量的关键因素。其次，在完成技术的有效识别和获取之后，母公司应结合自身的实际情况，将获取的技术和知识进行消化和理解，为熟练运用这些知识进行创新奠定基础。第三，母公司在对从子公司转移而来的知识进行消化和理解之后，还应该结合母国市场实际状况对这些技术知识进行改造和创新，创造出适合于本土的技术知识。最后，母国企业将创造出的适合于母国的新技术和知识进行具体应用，在实际生产过程中对技术进行完善和修正，从而实现提升母公司技术水平的最终目的。

近年来，随着发展中国家对外直接投资的快速发展，技术寻求型 OFDI 是发展中国家对外投资的重要类型之一。从一定意义上来讲，母国企业在进行技术寻求型 OFDI 时，其技术水平和东道国企业相比一般都处于弱势地位，也即两国企业之间存在技术差距。所谓的技术差距是指技术领先国和技术跟随国之间技术水平不一致，我们在考虑母国企业和东道国企业之间的技术差距时，认为当两国之间技术差距水平过大或过小时，都不利于技术的消化和吸收，并最终影响技术逆向溢出效应甚至逆向溢出效应为负。只有当两国技术差距水平适中的时候，母国企业从东道国获取的先进技术和知识的学习效应才是最强的，下文进行具体论述。

第一种状况，当母国企业和东道国企业之间技术水平差距过大的时候，虽然母公司通过设立的子公司和研发机构能够接触并获取到最前沿的技术知识和管理经验，从而扩大了母公司通过 OFDI 技术学习的空间。然而，当母公司和东道国之间技术水平差距过大的时候，母国企业可能根本不具备对先进技术知识和管理经验的吸收能力，从而影响其对先进技术的消化和应用到具体生产中去的效果，导致对外直接投资的逆向技术溢出效应不显著。第二种状况，当母国企业和东道国企业之间技术水平差距过小的时候也会影响对外直接投资的逆向技术溢出效应。因为当两者之间技术水平差距过小时，母国公司通过对外直接投资很难从东道国获取到有价值的知识和技术，即使母国企业具备对先进技术较强的吸收消化能力，但由于此时从东道国传递到母国的技术和经验价值较低，从而也会直接影响其学习效应，并最终导致逆向技术溢出效应的不显著。

基于以上分析，我们可以做出两方面的判断。第一，对于母国的不同企业，对外直接投资导致其逆向技术溢出效应存在显著区别的重要因素之一就是各自的吸收能力不同，对先进技术知识吸收能力较强的母国企业可以获得较为明显的逆向技术溢出，而对技术知识吸收能力较弱的母国企业的逆向技术溢出效应则不明显。第二，母国企业和东道国企业之间技术水平差距过大或过小时都不利于技术的吸收和消化，只有当两国企业技术水平差距适中的时候，对外直接投资的学习效应才达到最强。

4. 技术创新和扩散阶段

母国跨国公司在技术先进的国家和地区进行对外直接投资，通过 R&D 费用分摊效应、R&D 成果反馈效应、产业集聚效应和人才流动效应实现技术溢出之后，经由不同的渠道将技术从东道国传导到母国，母国企业在对传导回来的技术知识进行筛选和识别之后，结合企业的技术水平和拥有的各种资源进行吸收消化，其最终目的就是为了提升自身的技术水平。一般来讲，提升企业技术水平的方式一般有两种，一是企业的自主创新，二是对外来技术吸收消化再创新。自主创新是相对于技术引进、模仿而言的一种创造活动，是指通过拥有自主知识产权的独特的核心技术以及在此基础上实现新产品的价值的过程。自主创新由于依赖于企业自主的知识产权，因此对企业的人力资源、前期的技术积累以及资金的要求较高，而这些对于发展中国家技术积累相对薄弱，技术水平较为落后的企业来讲显然要求过高，并不太适合发展中国家企业进行技术创新的实际情况。而第二种技术创新方式，由于是对外来技术吸收消化再创新，因此对母国企业自身的技术积累和技术水平的要求相对较低，这对于大多数发展中国家来讲，由于各种原因导致其无论经济发展水平抑或是技术发展水平和发达国家相比都有较大差距，从该现状出发，显然第二种技术创新方式更加符合发展中国家企业的实际情况，通过技术寻求型对外直接投资，将溢出的先进技术结合自身的发展状况进行吸收消化再创新，从而提升自己的技术水平。

企业通过技术寻求型对外直接投资对获取的技术进行吸收消化再创新以后，

就进入了技术的扩散环节。所谓的技术扩散是指技术在空间上的一种传播，具体来讲，也即技术一旦被生产出来，就可能被该技术最初生产者之外的其他人（或厂商）以低成本或无成本使用，并且使用该技术的人越多，范围越广泛，技术溢出效应就越大。从人类历史发展来看，技术扩散在技术进步过程中起着至关重要的作用。合理的技术扩散渠道对提升母国企业和母国整体的技术水平起着至关重要的作用，本文中所指的技术扩散渠道主要有两种，一是企业内部技术的横向扩散，二是企业之间技术的纵向扩散。企业内部技术的横向扩散是指母国企业通过将对外直接投资获取并消化的各种技术进行融合，并将融合后的技术在企业内部进行传播，从而使技术保持一个统一的发展方向。企业之间技术的纵向扩散主要是指技术溢出，由于技术和知识具有公共物品的特性，使得技术和知识不仅可以在组织内部扩散，也会向组织外部纵向扩散，而这对提升母国企业整体技术水平则至关重要。

4.2 OFDI 逆向技术溢出的存在性研究

4.2.1 引言

目前，一国通过对外直接投资可以获得技术溢出这一问题已经从理论和实证方面得到了证明。全要素生产率（TFP）被许多研究当做代表一国技术进步的指标，因此，研究对外直接投资对一国技术进步的影响可以通过研究全要素生产率与对外直接投资的关系而得出结论。

国内外许多研究已经证实了逆向技术溢出的确存在，但是由于统计数据不全和研究方法不统一等原因，一些学者得出了相反的结论。本书的第四部分——逆向技术溢出的存在性研究，以中国为研究对象通过实证的方法检验逆向技术溢出是否存在。

4.2.2 模型确定

全要素生产率（TFP）被用来代表技术进步，其计算方法采用柯布道格拉斯生产函数。

$$Y_t = A_t K_t^{\alpha} L_t^{\beta} \tag{1}$$

其中 Y_t 为 t 年实际产出，用国内生产总值（GDP）来衡量；A_t 为技术水平，这里被定义为全要素生产率（TFP）；K_t 为 t 年资本存量；L_t 为 t 年劳动投入量；α 为资本产出弹性；β 为劳动产出弹性。由于 A 代表 TFP，所以全要素生产率的计算公式为：

$$TFP = Y/K^{\alpha}L^{\beta} \tag{2}$$

对等式（1）进行整理可得：

$$LnTFP_t = A_t + \lambda^d LnSD_t + \lambda^{d'} LnSD_{t-1} + \lambda^f LnSFOFDI_t + \lambda^{f'} LnSFOFDI_{t-1} + \varepsilon_t \quad (3)$$

对等式（3）进行 Eviews 回归可得系数 α，再根据 $\alpha + \beta = 1$ 可得 β 的值，代入等式（2）即可得到全要素生产率。

根据 Coe 和 Helpman 的研究，本国国内 R&D 存量和本国通过贸易获得的国外 R&D 存量都会导致 TFP 的变化，这就是 CH 模型。FDI 被 Lichtenberg 和 Potterie（1998）纳入到 CH 模型中建立了 LP 模型，LP 模型认为一国 FDI 流出对该国全要素生产率的增长有促进作用。我们借鉴 CH 模型和 LP 模型的思路，假定国外 R&D 存量可以通过国际直接投资获得从而构建模型：

$$LnTFP_t = A_t + \lambda^d LnSD_t + \lambda^f LnSFOFDI_t + \varepsilon_t \quad (4)$$

TFP_t、SD_t 和 $SFOFDI_t$ 分别代表我国第当期的全要素生产率、国内研发资本存量和通过对外直接投资途径传导的国外知识溢出。

A_t、λ^d、λ^f 和 ε_t 分别代表截距项、国内研发资本存量的 TFP 弹性系数、通过对外直接投资途径传到国外知识溢出的 TFP 弹性系数和误差项。

考虑到技术溢出的“时滞”效应，将模型（4）进行滞后效应处理，新模型为：

$$LnTFP_t = A_t + \lambda^d LnSD_t + \lambda^{d'} LnSD_{t-1} + \lambda^f LnSFOFDI_t + \lambda^{f'} LnSFOFDI_{t-1} + \varepsilon_t \quad (5)$$

其中，SD_{t-1} 为 $t-1$ 期我国 R&D 资本存量；$SFOFDI_{t-1}$ 为 $t-1$ 期我国通过对外直接投资获得的国外 R&D 资本存量；$\lambda^{d'}$，$\lambda^{f'}$ 分别为 $t-1$ 期国内 R&D 资本存量和 $t-1$ 期我国通过 OFDI 获得的国外 R&D 资本存量的弹性。

4.2.3 数据调整与计算

1. 全要素生产率的测算

国内生产总值 Y 和 GDP 指数来自各年《中国统计年鉴》，为了消除价格波动带来的影响用 GDP 指数将历年名义 GDP 折算为以 1990 年为基期的数据，固定资本存量 K 通过以下方法计算：

$$K_t = (1-\delta)K_{t-1} + I_t/P_t \quad (6)$$

K_t 为 t 时期固定资本存量；K_{t-1} 为上一期固定资本存量；δ 为固定资产折旧率取 5%；I_t 为 t 时期固定资本形成总额，P_t 为 t 时期固定资产投资价格指数，I_t 和 P_t 均来自各年《中国统计年鉴》。

基期固定资本存量直接取自刘宏，秦蕾①的已有研究，其余年份的固定资本存量通过永续盘存法计算。各年劳动投入 L_t 来自各年《中国统计年鉴》。等式（3）的回归结果如下：

$$\mathrm{Ln}\ (Yt/Lt) = -0.67 + 0.73\mathrm{Ln}\ (Kt/Lt)$$
$$(-102.99) \qquad (109.26)$$
$$\text{Adjusted } R^2 = 0.99 \quad F = 11937.26 \quad DW = 0.36$$

由 DW 值可知方程存在序列相关，经 LM 检验存在二阶序列相关，采用广义差分模型进行修正，新模型为：

$$\mathrm{Ln}\ (Yt/Lt) = \mathrm{Ln}A + \alpha\mathrm{Ln}\ (Kt/Lt) + AR\ (1) + AR\ (2) + \varepsilon_t$$

结果如下：

$$\mathrm{Ln}\ (Yt/Lt) = -0.67 + 0.72\mathrm{Ln}\ (Kt/Lt) + \varepsilon_t\ [AR\ (1) = 1.192AR\ (2) = -0.43]$$
$$(-33.40) \qquad (40.47)$$
$$\text{Adjusted } R^2 = 0.99 \quad F = 9625.817 \quad DW = 1.779$$

由回归结果可知，修正后的模型消除了序列相关，模型可用。所以 $\alpha = 0.72$，$\beta = 1 - \alpha = 0.28$

将相关数据代入公式（2），可得全要素生产率。

2. 国内 R&D 资本存量的测算

永续盘存法是目前国内外学者对国内研发资本存量的测算普遍采用的方法，公式如下：

$$S_t^d = (1 - \delta) S_{t-1}^d + RD_t$$

其中，S_t^d 为 t 时期国内研发资本存量；δ 为折旧率，取 5% 常用值；S_{t-1}^d 为 $t-1$ 期国内研发资本存量；RD_t 为折算为 1990 年不变价格的中国历年（1990－2012）实际研发支出，其计算方法为：将中国历年名义研发支出用消费价格指数折算为以 1990 年为基期的实际值，原始数据来自《中国统计年鉴》和《中国科技统计年鉴》。本文用以下方法计算基期（1990 年）研发资本存量。

$$S_{1990}^d = RD_{1990} / (g - \delta)$$

其中，S_{1990}^d 为基期国内研发资本存量；RD_{1990} 为 1990 年国内名义研发支出；g 为 1990 年至 2012 年国内 R&D 支出平均增长率；δ 为折旧率取 5% 水平。

3. 中国通过 OFDI 获得的国外 R&D 资本的测算

本文参考 LP（2001）对国外知识溢出的测算方法计算中国通过 OFDI 获得的国外 R&D 资本

① 刘宏 秦蕾《中国 OFDI 逆向技术溢出效应对国内技术进步影响的实证研究》

$$SFOFDI_t = \sum \frac{OFDI_t}{Y_{jt}} S_{jt} \tag{7}$$

$SFOFDI_t$ 表示 t 时期中国通过 $OFDI$ 获得的国外 $R\&D$ 资本；$OFDI_t$ 表示 t 年中国对外直接存量，1990－2001 年的数据来自 UNCTAD 数据库，2001－2012 年数据来自《中国统计年鉴》；Y_{jt} 为除中国外世界其他国家国内生产总值（GDP），数据来自《国际统计年鉴》和 World Bank 数据库；S_{jt} 为 t 年除中国外世界其他国家国内 R&D 资本存量，其计算公式为：

$$S_{jt} = (1 - \delta) S_{jt-1} + RDj_t$$

δ 为资本折旧率取 5%；S_{jt-1} 为 $t-1$ 期除中国外世界其他国家国内 R&D 资本存量；RD_{jt} 为除中国外历年世界实际研发支出，中国研发支出名义值来自《中国统计年鉴》和《中国科技统计年鉴》，再用消费价格指数折算为 1990 年为基期的实际数据；世界实际研发支出总额计算方法为：从 World Bank 数据库中得到 RD/GDP 和 GDP 的值，据此估算世界研发支出总额名义值，再通过 CPI 折算为 1990 年为基期的实际数据，其中 CPI 来自世界银行数据库。基期 S_{jt} 的计算方法为：

$$S_{j1990} = RD_{j1990} / (g - \delta)$$

其中 S_{j1990} 为基期除中国外世界研发支出额；g 为 RD_j 1990 年至 2012 年支出的平均增长率；δ 为资本折旧率取 5%。

表 4.1　部分年份全要素生产率和通过对外直接投资获得的国外研发资本存量

年份	TFP	Std（亿元）	Stofdi（亿美元）
1990	235.9436	1337.585	94.97297075
1991	237.3154	1400.4004	229.1975527
1992	246.956	1468.3754	591.2660697
1993	260.6021	1553.237	1233.546268
1994	264.9792	1672.0011	1843.422377
1995	264.9681	1818.4158	2738.151102
1996	264.4949	1976.6009	4541.615775
1997	264.7064	2133.8518	8213.505945
1998	261.8308	2281.1915	15457.61711
1999	260.2517	2417.6078	26665.32661
2000	262.1304	2548.2052	47579.31081
2001	263.2583	2674.033	115979.5431
2002	265.1116	2791.5435	234116.9365
2003	267.2141	2906.1931	378984.4124

续表

年份	TFP	Std（亿元）	Stofdi（亿美元）
2004	269.0166	3025.025	931707.8117
2005	274.1099	3142.6699	2407715.545
2006	281.7117	3258.4659	6799023.135
2007	293.4199	3381.5728	22938752.01
2008	291.5718	3515.4001	83243283.65
2009	286.9711	3640.4157	318578440.4
2010	286.4685	3769.1065	1062388628
2011	284.6004	3908.1411	3804853137
2012	279.5223	4048.7388	14397171701

4.2.4 实证结果分析

将表格 4.1 中的数据用 Eviews 根据模型（5）进行分析结果如下：

$$LnTFP = 3.77 + 0.49LnSD_t - 0.30LnSD_{t-1} + 0.08LnSFOFDI_t - 0.08LnSFOFDI_{t-1} + \varepsilon_t$$

(4.61)　　　　(−3.70)　　　　　　(2.43)　　　　　　(−2.27)

Adjusted R^2 = 0.89　F = 34.62　DW = 1.10

由回归结果可知，0.89 的 R^2 水平说明模型整体拟合程度较高。四个解释变量的 T 值分别为 4.61、−3.70、2.43 和 −2.27 均通过显著性检验。从经济意义上看，SD_t 和 $SFOFDI_t$ 对全要素生产率的增长有促进作用。根据实证检验的结果可知：SD_t 每增加 1% TFP 增加 0.49%，$SFOFDI_t$ 每增加 1% TFP 增加 0.08%，这表明 SD_t 比 $SOFDI_t$ 对技术进步的影响更显著；另一方面 SD_{t-1} 和 $SOFDI_{t-1}$ 对 TFP 存在负的影响，即国内 *R&D* 资本存量和通过对外直接投资获得的国外 *R&D* 资本存量对技术进步存在负的滞后效应。实证结果表明 SD_{t-1} 每增加 1% TFP 下降 0.3%，$SFOFDI_{t-1}$ 每增加 1% TFP 下降 0.08%。

5. 逆向技术溢出效应的传导机制研究

5.1 企业层次逆向技术溢出机制

这里的溢出是指广义溢出，即通过对外直接投资所获得的直接的或者间接的技术进步效应。对外直接投资的逆向技术溢出机制可以分为逆向技术溢出国外获取阶段和逆向技术溢出的国内传播阶段。每一个阶段都可以从企业、产业和国家层次上来分析。企业层次逆向技术溢出获取机制和对外直接投资企业的建立方式有关，独资新建、合资新建和通过并购方式建立的企业获得技术溢出机制在国外获取阶段有所不同。研发机构和生产企业获取逆向技术溢出的机制也不同。我们可以设想一个跨国公司是通过合资新建和跨国并购建立起来的，并且这个企业自身设有研发机构，还和其他企业、大学和研究机构组成了战略联盟。这个企业既生产中间产品，也生产最终消费品。这样它获得逆向技术溢出机制的构成要素比较全面。其他主体获得逆向技术溢出的机制都是这个机制中的某些部分。

机制1：内部技术转移机制。这是企业层次最主要的机制，这个机制主要和企业的内部治理和管理模式有关。这一机制连接技术获取和技术传播两个阶段。

机制2：投资母国政府激励机制。投资母国的对外直接投资鼓励政策带来了成本上的节约和收益上的增加，这一部分收益较为确定，可以支持企业的研发行为和技术进步，可视为逆向技术溢出的一个方面。亚洲金融危机以后，商务部在主要出口行业选定了33家国有企业，对其对外直接投资行为进行重点支持。海尔正是在这一机制的作用下走上对外直接投资的成功之路的。

机制3：研发费用分摊机制，通过合资或者联盟的方式进行研发，可以利用合作者的研发资源，降低费用投入，可以使母公司将节省下来的费用从事其他的研发项目。Mansfield（1982）对美国30家跨国公司进行调查，结果显示，由于这一机制，海外子公司为母公司节省了15%的研发经费。

机制4：外围研发剥离机制。是指母公司通过对外直接投资，将非核心业务的研发转移到海外，将主要精力、人员和财力集中于核心技术。这样既强调了主营业务和核心技术的开发，又没有将外围技术完全放弃，保留了获得外围技术突破而带来收益的可能。

机制 5：通过并购方式获得被并购企业的研发资源，主要强调并购时一次性获得的资源，可称为并购研发资源获得机制。2010 年吉利收购沃尔沃为这一机制做了注解。吉利收购了沃尔沃 100% 的股权，这样吉利便拥有了沃尔沃轿车的 9 个系列产品、3 个最新平台的知识产权，接近 60 万辆产能自动化程度较高的生产线，以及遍布全球的 2000 多个销售网络和供应商体系及相关的人才。收购整合之后，吉利的产销量和出口量都迅速增长。

机制 6：合资与联盟的物质资源整合机制。有如下六个子机制：一是企业资源盘活机制。二是稀缺资源获取机制。三是拓展企业资源的用途。四是分享企业知识资源。五是提升企业交易资源的价值。六是储备企业的关系资源。

机制 7：企业层次的溢出机制还包括人力资本价值激励增值机制。多数被派往国外子公司的工作人员，会感觉到在国内时感受不到的母公司对自己的信任，感觉到这是对自己人力资本价值的更大肯定，他们受到了额外的激励，在工作中会更加努力。而且这些被派往国外的员工在国外和国外同事合作时，往往尽可能展现出自身能力和素质好的一面，因为他在一定程度上代表了母国的形象，而负面的内容在很大程度上被改掉了，或者暂时收敛。这都是国内投资所不能带来的。

机制 8：海外人力资源利用机制。发展中国家面临一些导致贫困的自我强化机制，这样其人力资本和发达国家的差距很难在短期内缩小，有些人力资本在国内是不能够获得的。只有通过对外直接投资才能将发达国家的高素质人才为我所用。海尔在美国研发中心的研发、营销和物流领域的专家和研究人员是来自全球各地的，受到欧美客户广泛认同的法式对开门冰箱就是由 150 余名欧美设计师共同设计研发出来的。

机制 9：收益反馈机制。在国外市场上获得的利润，汇回母国国内会直接支持母国公司技术进步。如果留在国外子公司，会直接支持子公司的技术进步，间接促进了母公司技术进步。

5.2 产业层次逆向技术溢出机制

产业层次的技术获取是通过如下机制进行的。

机制 1：从竞争者身上获取技术，可以分为模仿追随机制和竞争效应机制。出于战略考虑或者交换信息等想法，领先者在追随者的要求下，有时候会提供部分技术给追随者，追随者有时会有机会进入到技术领先者的工作现场。有些技术易于编码复制，可以通过图文资料进行学习。有些技术则不能，现场情境感很强，只有现场观摩，通过操作者的示范或指导才能够学习到，具有只可意会而不可言传的特点。这些技术通过技术贸易是无法获得的，只有在地理位置上靠近技术的提供者接近才有获取的机会。

相同产品生产商即使不能亲临竞争对手的工作现场，也可以从其他可观察到的竞争者的行为中，通过猜测而获取其技术。比如，被追随者原材料的改变，使用的机器设备的变化，生产流程的变化，厂房的变化，甚至是工作人员的变化，公司的刊物都可能让内行的竞争者嗅出其中的奥妙。

另外，可以第一时间实施逆向工程。逆向工程的目的是将产品进行拆分，弄懂其制造和工作原理后，加以仿制。这种模仿活动比发明创造要少用更多的资源。而且此类产品已存在市场需求，市场风险也相对较小，可以更少的代价促进技术进步。而通过进口实施逆向工程，会延误一段时间，而且对于逆向工程的目标产品的选择余地较小。

还有一个分机制是竞争效应机制。进行技术寻求性投资，一般会面对比国内更为强大的竞争对手，投资企业会有更大的压力，而加强自主研发。

机制 2：从上下游企业获得技术溢出。在东道国进行直接投资几乎不能避免从当地采购原料、燃料和中间产品，也不可避免要将生产的产品卖给下游厂商和最终消费者。一般被分为后向关联和前向关联。

后向关联是指对外直接投资企业会购买东道国的原材料、中间产品和其他服务而形成的配套关系，在这种关系中，内含于提供品中的技术就会外溢给进行技术寻求的外资下游企业。具体的溢出方式有：供应商会帮助这些外国投资者建立生产性设施；为其主动示范技术，为其提供技术帮助或信息服务；帮助其改善供应商品的质量或促进其创新活动；提供组织管理上的培训等。

前向关联是指技术寻求型对外直接投资企业为下游企业提供原材料、中间产品和服务而形成的配套关系，在这种供给中也能获得下游企业的技术溢出。表现在：为满足下游链企业的质量要求，企业会强迫自己改善产品性能，改进生产工序，加强研发。下游企业还可以为企业提供技术和产品性能改进方向上的有益建议，也能够提供技术支持。

机制 3：中间产品和技术购买便利机制。由于地理距离的靠近，商业制度相同，跨国公司能够更方便、更迅速、更节省成本地从东道国上游企业或其他组织机构购买到品种更多的、质量更高的机器设备，也更易于进行许可贸易，还可以将风险控制在尽可能低的水平上。

机制 4：最终消费者作用机制。发达国家的消费市场和消费者更加成熟，消费者权益保护制度也较为完善，因此消费者对于消费品有不同的、更高的要求。例如海尔在开发小冰箱和法式对开门冰箱时就是从消费者的需求出发而获得成功的。这种以需求为研发导向，从客户开始创造价值的价值链是韦伯提出的逆价值链，正和人们所熟知的波特提出的从生产开始的价值链模型相反。本着这一思想，海尔设计生产出了小冰箱和法式对开门冰箱。美国大学生由于宿舍寝室较小，对小型冰箱的需求较大，大型冰箱不适合。海尔本着市场细分的思想，把大学生作为目标市场，设计生产了小体积的冰箱，在冰箱上还设置了活动折叠面台，冰箱同时又是电脑桌，更加节省了空间，因此，海尔在小冰箱市场取得了竞争优势。而在中国国内由于收入水平的限制，大学生群体还不具备对小型冰箱的消费能力，正是因为这种更高的要求，促使海尔去开发新产品，自然在这一过程中，增强了技术优势。对开门的冰箱的成功也是在美国消费者独特的、更高的要求下开发出来的。

5.3 国家层次逆向技术溢出机制

国家层面的技术溢出。主要包括宏观环境作用机制、政府支持政策作用机制、政府直接促成研发合作机制、产业间作用机制、区域网络利用机制、文化碰撞激发机制。

发达国家比发展中国家有更利于技术进步的经济、社会环境，并且一些国家还制定了对于外国直接投资者的优惠政策。这些东道国的优势换转化为外国直接投资者的技术上的增量，也就是获得了技术溢出。

机制1：宏观环境作用机制，以美国为例。

第一，宏观经济环境良好稳定。美国经济高度发达，实力雄厚，政局稳定。美国基础设施完备，国内市场规模巨大，美国的通讯、互联网、银行、水陆空运输网络也是世界上最发达的。

第二，法制健全。企业只要遵守法律照章经营，就可以排除经营中的人为干扰。政府、企业和个人比较注重信用，经济纠纷能通过法律途径公正解决。

第三，美国是世界上科技最发达的国家，技术先进，人才济济，拥有大量的科学家和工程技术人员，产业工人素质也高。

机制2：政府政策作用机制。这一部分虽然也属于宏观环境，但是更强调了对于外资企业的直接作用，而上述宏观环境是对任何企业都发生作用的。全国性政策以美国为例，地方政府政策以澳大利亚和德国为例来进行说明。

全国性的优惠政策。

第一，美国对外国直接投资企业实行国民待遇。对外国来美国投资的项目审批方面没有严格的限制。除了与国防有关的少数部门外，美国对外国来美国进行直接投资的领域不实行限制。

第二，融资环境较为优越。在美国，超过一半的州都会提供辅助性的商业贷款和发行工业开发债券，或者成立专门机构提供融资和授信等方面的服务。一个企业只要有信用，无论内资外资都可向银行申请并获得贷款。

第三，对外资的优惠政策。外资的税后利润汇出美国没有限制。美国联邦政府和州政府对外资提供各种融资、技术、企业策划、劳工培训和研究开发的辅导，还有对外资企业的奖励措施。

地方政府的优惠政策。

澳大利亚新南威尔士州曾经在上海和广州设立了办公室，专门为中国的投资者提供全天候的服务。新州政府为投资者提供咨询服务，还根据投资者对该州就业和经济的促进作用程度给予资金上的支持。

德国北威州投资促进署曾为外国投资者提供过价值 3000 欧元的咨询礼券，用于创建企业过程中所需的咨询开支。还设立了绿色通道，简化了外来投资项目的设立流程，同时，又在政府收费方面给予优惠。

机制 3：东道国政府还可以直接促成外国投资企业和当地产学研的合作，这就是政府带来的直接技术溢出。

机制 4：产业间作用机制。实际上是生产技术的联系，与产业层次中的上下游的技术溢出相似。只是上下游企业不在同一产业中，比如一个工业企业可以从作为其上游企业的农业企业中获得技术溢出，一个工业企业也可以从作为其下游企业的第三产业企业获得技术溢出。

机制 5：区域网络利用机制。此机制仅对投资于产业集群所在区域的对外直接投资企业发生作用。在产业集群内，各企业可以享受到相近的价值观、道德观和商业惯例所带来的好处，也能享受到高度专业化生产和协同创新的好处，也有更加完善的基础设施和更加完备的专业化服务，这些都会带来额外的技术进步。

机制 6：文化碰撞激发机制。技术寻求型对外直接投资还可以使企业从不同的文化碰撞中得到额外的益处，往往可以外化为技术的外溢效应。文化碰撞可以使一个组织中不同国籍的员工对同一问题有不同文化背景下的思考，并且这种不同又会刺激并增强各成员的创造力。

可以建立一个简单模型来说明这一文化碰撞的影响。以下这个简单模型是思路之一。设对某问题的研究者包括三个美国人和一个中国人，他们所受的高等教育和研发培训相同。四个人分成两组从事研究。两个美国人为一组，一个美国人和一个中国人组成另外一组。假设每个人都能提出价值为 1 的方案，第一组的总价值是 2。另一组的总价值也是 2。但由于文化和生理条件的差异，美国人的对这一问题的解决方案相似度可能 0.5，而美国人和中国人的相似度是 0.2。那么每组的价值就会发生变化，相似部分要被减去。那么两个美国人组成的一组的贡献是 2 − 0.5 = 1.5，而一美一中这一组的贡献是 2 − 0.2 = 1.8。①

5.4 实证：一个企业的逆向技术溢出实证

上述各个机制在中兴通讯的对外直接投资中几乎都体现出来了，这是一个今后研究的内容。本文仅以中兴通讯的对外直接投资所获得的整体技术溢出为研究对象。

以专利申请量作为衡量技术进步的指标。由于一些数据难以获得，在少信息、小样本的情况下，只能采用灰色关联度法②来对专利申请量与对外直接投资的关系进行分析。在本文中，采用了邓氏灰色关联度模型进行计算，分辨系数取为 0.5。部分基础数据见表 5.1、表 5.2：

表 5.1　中兴通讯国外非流动资产额部分地区分布

年份	2006	2007	2008	2009	2010	2011	2012
在亚洲（除中国外）的非流动资产总额（千元）	1231856	9653953	513702	633843	939248	1003877	1084075
在欧美和大洋洲的非流动资产总额（千元）	191229	1300408	12701	15726	377909	838736	789003

表 5.2　中兴通讯的国内专利申请量

年份	2006	2007	2008	2009	2010	2011	2012
中兴集团国内专利申请量（件）	2322	4787	3954	5719	5660	4685	3446

以向量 X_0 表示中兴集团的历年国内专利申请量，向量 X_1 表示在亚洲（中国除外）地区的非流动资产总额，向量 X_2 表示在欧美和大洋洲地区的非流动资产总额。

X_0 = （2322，4787，3954，5719，5660，4685，3446）

X_1 = （1231856，9653953，513702，633843，939248，1003877，1084075）

① 这种文化碰撞不仅发生在企业中不同国籍的员工中，中国员工在国外工作之外的生活的每个方面都可以有文化碰撞，这种碰撞会丰富中国员工的思维方式，可能带来额外的技术增量。

② 灰色关联法，是根据因素之间发展趋势的相似或相异程度，亦即“灰色关联度”，作为衡量因素间关联程度的一种方法。灰色关联度法的意义是指在系统发展过程中，如果两个因素变化的态势是一致的，即同步变化程度较高，则可以认为两者关联较大；反之，则两者关联度较小。

X_2 = （191229，1300408，12701，15726，377909，838736，789003）

在涉及重大对外直接投资战略调整的年份会出现较为极端的数据，因此采用均值来对数据进行无量纲化处理。

求出的均值 $X(-)_0 = 4368$，$X(-)_1 = 2151508$，$X(-)_2 = 503673$

处理后的结果为：

X_0' = （0.5315，1.0959，0.9052，1.3093，1.2958，0.9323，0.7889）

X_1' = （0.5726，4.4870，0.2387，0.2946，0.4366，0.4666，0.5039）

X_2' = （0.3797，2.5818，0.0252，0.0312，0.7503，1.6652，1.5665）

计算后，结果为：

表 5.3　距离差序列表

序号	1（2006）	2（2007）	3（2008）	4（2009）	5（2010）	6（2011）	7（2012）
$\Delta1(k)$	0.0411	3.3911	0.6665	1.0147	0.8592	0.4657	0.285
$\Delta2(k)$	0.1518	1.4859	0.88	1.2781	0.5455	0.7329	0.7776

其中，$k = 1, \cdots, 7$。

进一步计算，得出对亚洲的直接投资和国内专利申请量的灰色关联系数 $\xi_1 = 0.7320$，对欧美和大洋洲的直接投资和国内专利申请量的灰色关联系数 $\xi_2 = 0.7169$。

如果将关联系数看作是对国内专利申请量作用程度的衡量指标的话，看上去亚洲比欧美对技术进步的作用更大，但是如果考虑非流动资产总额的话，会发现欧美和大洋洲的非流动资产对技术进步有更高的效率，因为在亚洲的各年非流动资产均值是在欧美和在大洋洲的各年非流动资产均值的 4.27（2151508/503673 = 4.27）倍，而同国内专利申请量的灰色关联系数相差无几。因此，对于欧美和大洋洲的直接投资明显获得了逆向技术溢出。

中兴集团近几年更加重视对国际专利的申请，这使其在国内的申请量受到了影响，也许国际专利申请量能够更贴近现实地反映中兴集团的技术进步状况，也能更加准确地反映其在欧美和大洋洲获得的逆向技术溢出的程度。但是单纯的国际专利申请量数据更少，不适于进行实证分析，如果能将其和在国内的申请量相结合，会更加全面地反映中兴集团的技术进步状况，这将是今后研究的一个方向，如果这个目的达到了，那么更加如实反映投资对技术进步影响的结果可能是 $\xi_2 > \xi_1$。另外，中兴在欧美的技术寻求型投资的数量在其非流动资产总量中所占比中还比较低，因此，可以继续增加对欧美的对外直接投资的数量，以获得逆向技术溢出，这样也能增加 $\xi_2 > \xi_1$ 的可能。

6. 逆向技术溢出效应的影响因素研究

6.1 研究综述

在过去十几年中不同学者对于我国对外直接投资的逆向技术溢出效益选取不同方法进行了验证，结果影响程度大小不同，很多学者对影响逆向技术溢出效益的因素进行了理论上的分析和实证，但由于不同学者对于影响因素的选取有着不同的理解，并且即使对于同一影响因素不同学者的量化方法以及最后的实证方法也大不相同。因此，对于这一问题学术界还没有一个统一的认识，大致看来按照影响因素的来源可以分为：东道国因素，母国因素，交互因素三类。按照以上分类，作者梳理了近年来不同学者的研究成果。结果如表 6.1、表 6.2、表 6.3 所示：

表 6.1　东道国因素

影响因素选取	影响因素量化	实证方法	结论	研究学者，时间
人力资本	大学生入学率	面板数据，随机效应模型	显著正向影响	蔡冬青，周经 2012
经济发展水平	人均国民收入	偏最小二乘法主成分提取	显著正相关	欧阳艳艳 2010
研发投入	R&D 资本存量	面板数据，随机效应模型	显著正向影响	蔡冬青，周经 2012
		偏最小二乘法主成分提取	首要因素	欧阳艳艳 2010
政府效率	WB 全球治理指标中的政府效率指标	面板数据固定效应模型	正相关	蔡冬青，刘厚俊 2012
创新能力	专利申请数量	偏最小二乘法主成分提取	正相关	欧阳艳艳 2010
知识产权保护强度	Park（2005）研究成果	面板数据固定效应模型	正相关	蔡冬青，刘厚俊 2012
技术市场的完善程度	知识产权与许可证交易费占 GDP 比重	面板数据固定效应模型	正相关	蔡冬青，刘厚俊 2012
对外开放程度	吸引外资的数量占 GDP 的比重	面板数据，随机效应模型	正向影响不显著	蔡冬青，周经 2012

表 6.2　母国因素

影响因素选取	影响因素量化	实证方法	结论	研究学者，时间
人力资本	平均受教育程度	制造与自变量的交叉项分别回归	显著正相关	陈岩 2011
	平均受教育年限法	制造与自变量的交叉项分别回归	显著正相关	李梅 2010
	每万人中科技活动人员数	偏最小二乘法主成分提取	正相关	欧阳艳艳 2010
	专业技术，科技活动，R&D 人员占总人口的百分比	制造与自变量的交叉项分别回归	正相关高技术人才影响更大	周春应 2009
经济开放程度	进出口贸易总额与 GDP 的比值	制造与自变量的交叉项分别回归	显著负相关	陈岩 2011
	外贸依存度	制造与自变量的交叉项分别回归	正相关	周春应 2009
研发水平	国内研发资本存量	制造与自变量的交叉项分别回归	显著正相关	李梅 2010
	研发经费支出占 GDP 比重	制造与自变量的交叉项分别回归	正相关影响小	周春应 2009
政府支持力度	我国签订的双边投资协议数	偏最小二乘法主成分提取	正相关，影响较小	欧阳艳艳 2010
基础设施	道路长度占地理面积密度，邮电业务总量占 GDP	制造与自变量的交叉项分别回归	正相关较大	周春应 2009
经济发展水平	GDP	偏最小二乘法主成分提取	正相关	欧阳艳艳 2010
经济结构	第二产业产值比重，高技术产业出口占总出口比重	制造与自变量的交叉项分别回归	正相关	周春应 2009
市场的自由化程度	民营企业固定资产投资比重	偏最小二乘法主成分提取	正相关	欧阳艳艳 2010
金融发展水平	金融机构年底贷款余额占 GDP 比重	制造与自变量的交叉项分别回归	不显著	陈岩 2011
	年底贷款余额与城乡居民储蓄存款余额的比重	制造与自变量的交叉项分别回归	不显著	周春应 2009

表 6.3　交互因素

影响因素选取	影响因素量化	实证方法	结论	研究学者，时间
技术差距	国内各省份与国外劳动生产率的比值	制造与自变量的交叉项分别回归	技术差距对逆向技术溢出正向影响且 U 型非线性相关	刘明霞 2010
			显著负相关	陈岩 2011
		面板门槛模型回归	存在门槛效应	李梅，柳士昌 2012
实际有效汇率	IMF 统计的实际有效汇率	偏最小二乘法主成分提取	负相关	欧阳艳艳 2010

通过上面的梳理我们可以看到，目前普遍的研究方法是在基本的逆向技术溢出模型的基础上，依据经济意义的合理性选择相关影响因素，再对这些因素进行量化，没有直接指标的寻找合理的替代指标使其量化，然后将这些变量与原模型中的国外逆向技术溢出相乘构造连乘变量，再通过回归分析等方法比较连乘变量系数与原始系数的大小变化和显著程度从而证明影响因素是否对逆向技术溢出效果存在影响。根据综述研究大部分集中在来自于母国和东道国的因素。母国因素可以理解为吸收能力，包括人力资本，研发水平，经济发展水平，经济开放程度，政府支持力度，基础设施水平以及金融发展水平等因素。这些因素通过提高人力资本的积累，技术的进步，提供更好的经济和制度环境以及给予政策扶持等从而达到提高吸收能力和水平的目的。而东道国因素我们可以理解为溢出能力和便利程度。主要被选取的影响因素包括研发投入，创新能力，经济发展水平，政府效率，开放程度，知识产权保护力度等因素。研发投入等因素决定了东道国有潜在的技术溢出可能性，发达国家由于其每年高昂的研发费用投入以及多年的存量成为了技术获取型对外直接投资的主要目的地。而政府效率，开放程度则决定了一个国家的溢出便利程度，高效的政府，高水平的对外开放都在理论上对逆向技术溢出效果产生了正向的影响。

6.2 模型建立及变量选择

在上面采用了 Bitzer 和 Kerekes 提出的改进的模型，在 B－K 模型中，计算通过 OFDI 获得国外研发资本存量的公式为：

$$LnTFP_t = \alpha_0 + \beta_1 LnSD_t^d + \beta_2 LnSD_t^{f-OFDI} + \beta_2 LnSD_t^{f-FDI} + \varepsilon_t \qquad (1)$$

其中通过对外投资 OFDI 和 IFDI 获得的国外 R&D 存量的表达式为：

$$SD_t^{f-OFDI} = \frac{OFDI_t}{K_t}\sum_{j=1}^{n} SD_{jt} \qquad (2)$$

$$SD_t^{f-OFDI} = \frac{FDI_t}{K_t}\sum_{j=1}^{n} SD_{jt} \tag{3}$$

其中 *OFDI* 和 *FDI* 分别为我国对外投资存量和吸引外资存量，$\sum_{j=1}^{n} SD_{jt}$ 为国际研发资本存量。

通过考虑了存量因素和第三国效应，我们可以更加全面体现国外的 R&D 存量对我国 TFP 的影响。为了消除政策的影响，我们引入了虚拟变量 Z：

$$Z_t = \begin{cases} 0,\ t = 1985,\ \cdots 1992 \\ 1,\ t = 1993,\ \cdots 2012 \end{cases}$$

将我们的影响因素带入模型与对外直接投资相乘制造交叉项得到我们最终的计量模型：

$$LnTFP_t = \alpha_0 + \beta_1 LnSD_t^d + X_n\beta_2 LnSD_t^{f-OFDI} + \beta_2 LnSD_t^{f-FDI} + Z_t + \varepsilon_t \tag{4}$$

我们从经济意义和理论合理以及数据可得性的角度选择了以下变量作为要研究的影响因素：

1. 母国人力资本

人作为研发和推动技术进步的主体，在吸收和转化逆向技术的过程中起到了决定性的作用，因此研究影响逆向技术溢出的因素时必定要将我国的人力资本作为重要的影响因素予以分析。而衡量一国人力资本的指标有许多，我们采取了当前学术界较为认可的平均受教育年限法。平均受教育年限这一指标考虑到了各个层次的受教育人口对于人力资本的影响，全面地反映了一国的整体受教育水平。本文参考 Yan Wang and Yudong Yao（2001）的方法，并根据当前国内教育实际情况做出相应优化调整。首先按照不同年限的教育层次我们将受教育人群分为以下 5 类，小学（PRI），初中（JUN），高中和中专（H&S），本科和大专（U&S），研究生（POS）。分别对应的教育年限为：6 年，9 年，12 年，15.5 年（大专的学时为 3 年，大学本科为 4 年，从历年毕业人数上来看，大学本科和专科的人数基本持平，专科略多，因此取 3.5 年）和 19 年。首先我们要计算每年完成各个级别的总人数。为了避免重复计算和考虑到死亡率等因素，我们粗略假定死亡率在各个年龄层次分布是平均的，我们可以得到如下计算公式：

$$H_{1,t} = (1-\delta_t)H_{1,t-1} + (PRI_t - JUN_t)$$

$$H_{2,t} = (1-\delta_t)H_{2,t-1} + (JUN_t - H\&S_t)$$

$$H_{3,t} = (1-\delta_t)H_{3,t-1} + (H\&S_t - U\&S_t)$$

$$H_{4,t} = (1-\delta_t)H_{4,t-1} + (U\&S_t - POS_t)$$

$$H_{5,t} = (1-\delta_t)H_{5,t-1} + POS_t$$

Hi，t 代表在 t 年最高学历为 i 的总人数，1~5 分别代表小学（*PRI*），初中

（*JUN*），高中和中专（*H&S*），大科和大专（*U&S*），研究生（*POS*）5类学历。δt代表每年的死亡率。由于无法找到1985年的基期数据，本文选取1983年第三次人口普查的数据作为基期，由于人口普查数据没有单独提供高中、中专和大本以及大专的数据，因此我们采取以上的分类。而普查数据也没有提供研究生的人数，但当前我国研究生数量不断增加，而教育年限也与本科有较大差距，因此本文认为应该单独列出来分析。根据历年《统计年鉴》中数据我们发现1983年之前研究生每年毕业人数较少，经过粗略计算我们将1983年的基期量定为2万人。其他历年毕业生人数可由历年《中国统计年鉴》得到。

经过上面的计算我们得到了历年的各层次最高学历的人口总数，在此基础上我们利用以下公式计算历年平均受教育年限：

$$H_t = (6H_{1,t} + 9H_{2,t} + 12H_{3,t} + 15.5H_{4,t} + 19H_{5,t})/POp_{t15-64}$$

H_t代表15～64岁人口的平均受教育年限，Pop_{t15-64}为我国t年15～64岁人口数，是通过t年总人口数＊15～64岁人口占总人口比例得到。其中总人口数来自历年《中国统计年鉴》，15～64岁人口占总人口比例来自世界银行数据库。下表为1985~2012年我国平均受教育年限变化趋势。

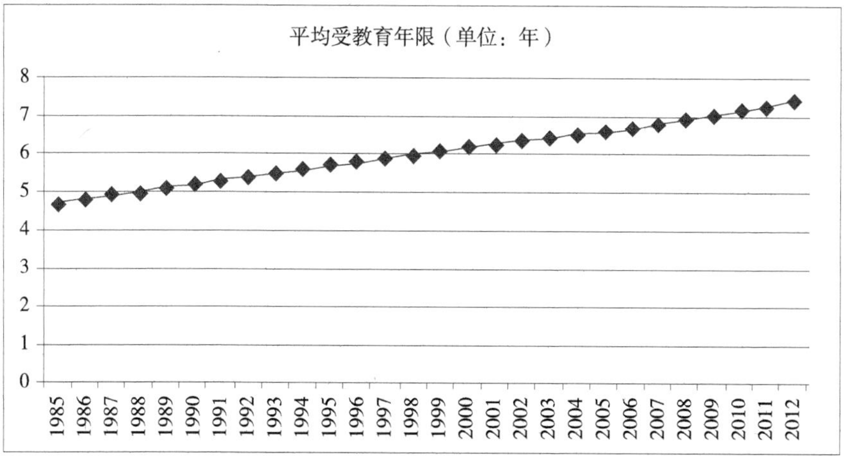

图6.1　中国平均受教育年限变化趋势

资料来源：历年《中国统计年鉴》

2. 母国研发投入存量

研发投入一方面可以提高国内技术水平，但更重要的是在不断积累的过程中提高了国内的研发创新水平和吸收能力。只有R&D积累到一定程度才能实现技术溢出的吸收和有效利用，从而促进逆向技术溢出效果。因此我们使用我国研发投入的存量来代表这种学习能力的积累。由于国内研发投入资本存量没有权威公布的数据，因此也采用永续盘存法进行估算。使用公式如下：

$$SD_t^d = RD_t/P_t + (1-\delta)RD_{t-1}^d \tag{5}$$

SD_t^d 为 t 期国内研发资本存量，RD_t 为 t 期研发资本支出。δ 为折旧本文取 5%。其中各期的研发支出取自《中国科技统计年鉴》，使用固定资产投资价格指数折算为 1985 年基期的实际支出。对于 1985 年基期的研发资本存量我们采用此公式进行估算：

$$SD_{1985}^d = RD_{1985}^d/(g-\delta) \tag{6}$$

g 为历年研发资本支出对数形式增长率的平均数。δ 为折旧同上取 5%。通过计算得到 g 为 2.6098%。由此计算出历年的研发资本存量。

3. 经济发展水平

一国的经济发展水平在一定程度上为吸收国外逆向技术溢出提供了相应的经济基础。因此我们选择将经济发展水平作为影响溢出效果的一个影响因素。而整个经济总量受多个因素影响，因此我们选取人均 GDP 作为量化指标。数据来自历年《中国统计年鉴》。

6.3 实证分析

为了消除可能存在的伪回归问题，首先我们对各变量进行平稳性检验。使用 Eviews6.0 对各个变量的原始序列和一阶差分序列进行检验结果如下：

表 6.5　各变量单位根检验结果

变量	ADF 统计量	临界值	结论	单整阶数
lnTFPt	-1.7989	-3.2334	不平稳	(1)
DlnTFPt	-4.0001	-3.6032**	平稳	
lnSDtd	-2.4718	-3.2334	不平稳	(2)
DlnSDtd	-2.1068	-3.2381	不平稳	
D2lnSDtd	-3.3545	-3.2381*	平稳	
lnSDtf - OFDI	-1.9450	-3.2334	不平稳	(1)
DlnSDtf - OFDI	-4.4082	-4.3560***	平稳	
lnSDtf - FDI	-2.5087	-3.2546	不平稳	(1)
DlnSDtf - FDI	-3.34539	-3.2381*	平稳	
lnRDGDPt	-2.07635	-3.2292	不平稳	(1)
DlnRDGDPt	-3.7826	-3.5950**	平稳	

注：计量软件 Eview s6.0。***、** 和 * 分别表示在 1%、5% 和 10% 水平上平稳。

根据该检验我们发现这些变量的原序列都是非平稳的，所以不能直接进行回归分析，但可以看到除了 $\ln SD_t^d$ 为二阶单整的序列之外，其他的数据都为一阶的单整的序列。因此我们考虑选取其他变量代替国内研发资本存量来量化我国的国内研发的投入，最终我们选取了我国当年的 R&D 投入量占当年国内生产总值的比例来作为此变量的替代。本文对这个变量的平稳性再次检查，得到一阶单整，所以我们将上述变量利用回归法，采用协整检验，最后结果以及相关显著程度如下：

$$\ln TFP_t = 0.1187 + 0.3700\ln RDGDP_t + 0.0767\ln SD_t f - OFDI + 0.0861\ln SD_t f - FDI + 0.1998Z_t + \varepsilon_t$$

$$[AR\ (2)\ = -0.4439]$$

(0.8486) (11.9098 ***) (2.9013 ***) (2.4374 **) (4.3902 ***) (-2.3153 **)

$R^2 = 0.98341$　Adjusted $R^2 = 0.9792$　$DW = 1.8759$　$F = 226.71$

最后检验回归残差的平稳性，结构如下：

表 6.6　残差协整检验

变量	ADF 统计量	临界值	结论
Resid	-4.4377	-4.3743 ***	平稳

残差在 1% 的显著性水平下通过平稳性检验，因此我们可以得到回归的变量之间是存在长期的相关关系的，并且普通最小二乘法回归分析得到的结论是可靠的。

为了研究影响因素对于逆向技术溢出效果的影响我们将影响因素与通过对外直接投资获得的国外研发溢出相乘构造连乘交叉项。回归结果如下：

解释变量	模型一	模型二	模型三	模型四
常数项 C	0.1187	-0.09	0.2232	0.0164
lnRDGDPt	0.3700 (11.9098) ***	0.3246 (7.630) ***	0.4033 (10.164) ***	0.3688 (8.4195) ***
lnSDtf - FDI	0.0767 (2.4374) **	0.09328 (0.0333) **	0.1505 (4.3616) ***	0.1571 (4.840) ***
lnSDtf - OFDI	0.0861 2.9013 ***			
H * lnSDtf - OFDI		0.0108 (3.0031) ***		

续表

解释变量	模型一	模型二	模型三	模型四
RD * lnSDtf - OFDI			不显著	
PGDP * lnSDtf - OFDI				不显著
R2	0.98341	0.9839	0.9783	0.9803
Adjusted R2	0.9792	0.9798	0.9729	0.9754
F	226.71	244.7	180.52	199.35

6.4 结论

根据回归结果我们可以看到整个模型拟合的结果非常好，说明以上三种因素可以在一定程度上解释我国 TFP 的变化，并且 3 个影响 TFP 的因素的系数都显著为正数，说明三条路径对于我国 TPF 都起到了促进作用，其他条件不变的情况下国内的研发投入资本占 GDP 的比重每增加 1%，我国 TFP 增长 0.37%。说明自主研发仍然是我国 TFP 增长的主要动力，而通过对外直接投资和吸引外资渠道获得的国外研发对 TFP 的影响则不那么大，在其他条件不变的情况下通过 OFDI 和 FDI 获得国外 R&D 存量分别增长 1% TFP 增长 0.077% 和 0.086%。相比以前学者的研究本文由于使用了存量数据，以及使用 BK 模型加入第三国因素，通过获得国外 R&D 投资存量而影响我国 TFP 的程度明显更大，这也与我们的预期相符。

当考虑了影响因素之后，只有人力资本的系数显著为正，说明我国人力资本的增长对于我国对外直接投资的逆向技术溢出效应有显著的促进作用。而研发投入和经济发展水平的系数均不显著，因此当前我国的研发水平和经济发展水平的高低对于逆向技术溢出没有显著的影响。

7. 逆向技术溢出效应的区位选择研究

7.1 我国对外直接投资的分布概况

2014 年，中国对外直接投资净额为 1231.2 亿美元，较上年增长 14.2%，截至 2014 年底，我国投资者在全球 186 个国家或地区投资企业近 2.97 万家，截至 2014 年底，对外直接投资存量达 8826.4 亿美元。2013 年上半年，我国对外直接投资主要流向了拥有高新技术的发达国家和部分金砖国家。

7.1.1 我国 OFDI 的区域分布

我国企业的对外直接投资地区基本能覆盖到国际上大多数国家（地区），但分布并不均衡，一直以来，我国对外直接投资的区域分布呈现出相对集中的特点。但随着我国对外直接投资的发展逐步完善，区位分布也渐渐呈现出多元化的态势。

表 7.1　截至 2014 年底中国对外直接投资洲际存量　　单位：亿美元

国家及地区	2014 年	2013 年	2012 年	2011 年	2010 年	2009 年
世界	8826.4	6604.8	5319.4	4247.8	3172.1	2457.6
亚洲	6009.7	4474.1	3644.1	3034.3	2281.5	1855.5
非洲	323.5	261.9	217.3	162.4	130.4	93.3
欧洲	694	531.6	369.8	244.5	157.1	86.8
拉丁美洲	1061.1	860.9	682.1	551.7	438.8	306.0
北美洲	479.5	286.1	255.0	134.7	78.3	51.8
大洋洲	258.6	190.2	151.1	120.0	86.1	64.2

我国对外直接投资存量大概有 70% 分布在亚洲地区，2014 年末，我国在亚洲地区投资存量为 6009.7 亿美元，占总量的 68.1%，主要分布在中国香港、新加坡、哈萨克斯坦、印度尼西亚、老挝、缅甸、中国澳门、蒙古、巴基斯坦、伊朗、柬埔寨、印度、泰国、越南等。（参见图 7.1）

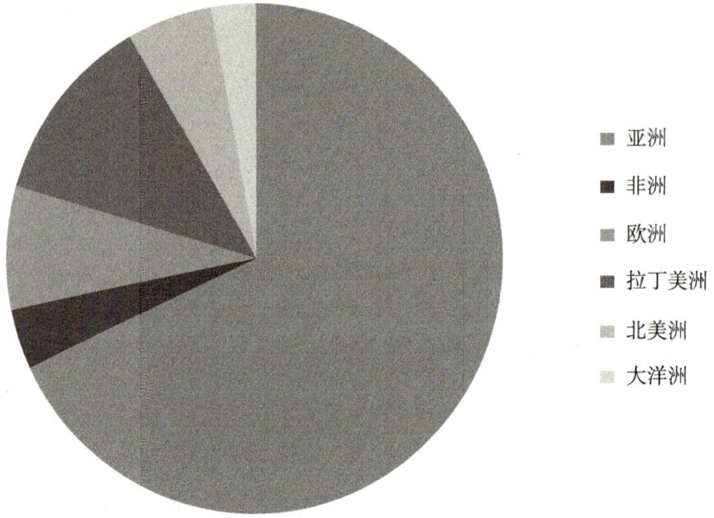

图 7.1　2014 年我国对外直接投资区域分布

资料来源：2014 年《中国对外直接投资统计公报》

我国在亚洲的投资存量最多，投资分布最广。这主要由于我国与亚洲各国家地区在地理位置上临近，而且亚洲国家尤其是东南亚各国在文化习俗和历史渊源上有共通之处，政治局势发展也相对稳定，资源禀赋上也存在较强的互补，便于对其直接投资。中国与亚洲各国的经济往来向来密切，在 2010 年中国 - 东盟自由贸易区正式全面启动后，东盟和中国的贸易占到世界贸易的 13%，是一个拥有 11 个国家的大型经济体，也是现今人口最多的全球自贸区。同时，我国的企业对东盟各国家的投资力度也在同比加大。2014 年末，在对亚洲的投资存量中，香港占亚洲存量的 84.8%，作为我国的特别行政区，不仅地理位置临近且在文化背景上有很多相似之处，这些因素都会降低投资中的市场风险，因此，我国对其对外投资存量较大。

我国企业对外直接投资的国别分布的集中性趋势更加明显，投资存量排名前 20 的国家占据了投资存量总额的 89.2%，中国香港、英属维尔京群岛、开曼群岛、美国、新加坡和澳大利亚一直是我国投资的主要国家和地区。从我国对外直接投资的历程中可以看出，发达国家一直是我国对外直接投资的重点区域，我国企业对发达国家投资，其经济发展迅速，拥有先进的管理方法和科学技术，并且投资于发达国家可以享受良好的投资环境并学习其管理方法和先进技术。

表 7.2　2014 年中国对外直接投资流量地区构成情况　　单位：亿美元

洲别	金额	同比（%）	比重（%）
亚洲	849.9	12.4	69.0
欧洲	108.4	82.2	8.8
拉丁美洲	105.4	-26.6	8.6
北美洲	92.1	88.0	7.5
非洲	32.0	-5.0	2.6
大洋洲	43.4	18.6	3.5
合计	1231.2	14.2	100.0

资料来源：中国商务部网站数据整理

由上表知，我国 ODI 地区分布不平衡，大部分集中在亚洲，其中仅对中国香港的投资就占到57.6%；对北美洲的投资主要流向美国、加拿大，对欧洲投资主要流向英国、卢森堡、德国、荷兰、俄罗斯、法国、格鲁吉亚、比利时、瑞典等，对拉丁美洲的投资主要流向英属维尔京群岛、委内瑞拉、开曼群岛、阿根廷，对大洋洲的投资主要流向澳大利亚、新西兰、萨摩亚、巴布亚新几内亚等。其分布共同特点是集中在经济发展水平较高、技术水平较先进或有特殊政策如优惠的税收政策的地区。

表 7.3　2014 年中国对外直接投资流量前十位国家（地区）　　单位：亿美元

序号	国家地区	流量
1	中国香港	708.67
2	美国	75.96
3	卢森堡	45.78
4	英属维尔京群岛	45.70
5	开曼群岛	41.92
6	澳大利亚	40.49
7	新加坡	28.14
8	英国	14.99
9	德国	14.39
10	印度尼西亚	12.72

资料来源：中华人民共和国国家统计局

2014 年中国对外直接投资流量前十位的国家（地区）见上表，中国对香港直接投资流量为 708.67 亿美元，占当年流量的 57.6%，主要流向租赁和商务服务业、批发和零售业、金融业、采矿业、制造业、房地产业等。美国为 75.96 亿美元，占总量的6.2%，主要流向制造业、房地产业、采矿业、金融业、租赁和商务服务业、批发和零售业、科学研究和技术服务业、水利/环境和公共设施管理业、建筑业等。

综上可知，中国对外投资总额逐年增加，且投资区域由原来的亚洲、欧洲、非洲逐步扩展到拉丁美洲、北美洲和大洋洲。投资流量前十位的国家（地区）中，发达国家占了很大一部分，这就看出来我国企业对外投资主要是为了学习发达国家先进的技术。

7.1.2 我国 OFDI 的行业分布

2014 年，我国有 13 个行业的对外直接投资流量超过了 10 亿美元，较上年增加 1 个。从主要行业分布情况看，除采矿业、建筑业和科学研究和技术服务业流量减少的行业，同比下降分别为 33.3%、22% 和 6.7%，其他行业均有不同程度的增幅。涨幅位居前五的行业依次有：住宿和餐饮业同比增长 200%，电力/热力/燃气及水的生产和供应业同比增长 160.3%，信息传输/软件和信息技术服务业、文化体育和娱乐业和房地产业分别同比增长 126.4%、67.7%、67.1%。同时该表也直观地反映出我国对外直接投资产业分布结构不合理，产业之间存在一定差距。

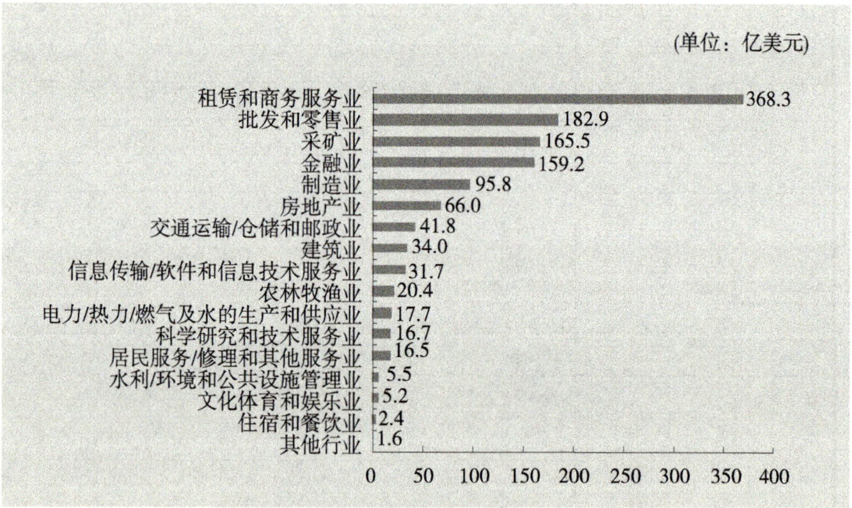

图 7.2　2014 年中国对外直接投资流量行业分布（单位：亿美元）

资料来源：中国商务部数据整理

7.2 对技术领先国的学习型投资

近年来，随着世界经济的快速发展，我国各项产业的国际化进程在不断加快，企业的国际化程度也在不断提高。我国国内的龙头企业已经逐步开始向发达国家和地区拓展，主要通过在发达国家设立研发机构等方式进行海外直接投资，我国的对外直接投资出现很明显的技术寻求特征。技术获取型对外直接投资对现阶段我国企业核心竞争力的提升具有非常重要的意义。目前，全球市场竞争激烈，我国企业要想与国际市场接轨，必须拥有核心的生产力和先进的技术。而我国企业在科技自主研发方面远不如发达国家，要想缩小与发达国家先进企业的差距，就要与发达国家和地区的先进生产力和核心技术接轨。

我国在国际分工中的最主要角色是产业链中较为低端的环节，我国一直以来的优势都是加工环节的低成本和低价格。但是，这种情况不能一直持续，我国要想持续发展，需要在国际分工中占据较重要角色，而这一切都要求企业要形成持续的核心竞争力，保持可持续发展，就更加需要技术上的创新。在各产业中，金字塔形也适用于利润分布，产业链顶端利润最为丰厚，而越往低端利润越稀薄。我国企业因缺乏核心技术而处于产业链低端，高新技术企业要想在激烈的市场竞争中脱颖而出需要核心技术和自主知识产权，以提升产品质量和核心竞争力。在企业发展中起主导作用的是科学技术，企业有先进技术做基础，才能更加高效良性发展。

发展中国家经济较为落后，经济发展中的大部分问题都是由于技术水平低下导致的，想改善这种状况，应该用科技水平的提高促进社会生产力的发展，进而解决本国经济发展中的各种问题。那么，就要进一步吸收发达国家的先进技术，缩小与发达国家发展差距。因此，我国需要向发达国家投资以学习先进的科学技术和管理经验。

7.2.1 传统对外直接投资区位选择

根据此前的研究能够看出，对传统的对外直接投资区位选择而言，起决定性的因素主要是制度因素和非制度因素两种。具体又细分为政治制度、经济制度、法律制度以及第三产业发展水平、基础设施服务、原材料成本、劳动力成本、市场规模、地理因素和文化差异等。在我国的对外直接投资中，更看重东道国的资源禀赋、市场规模和科技水平。在世界中先进的科技创新水平是发达国家的区位优势，我国对其直接投资主要是技术获取型的。

7.2.2 技术获取型对外直接投资区位选择

我国技术获取型对外直接投资是为了获取发达国家的高新技术，以提高我国企业整体的核心竞争力。因此，投资区位的选择在于获取国外先进技术，以及向国内转移。

技术领先的国家和地区资本市场成熟，拥有丰富的科研资源和高效运营的市场体系。我国企业可以通过技术获取型对外直接投资，在科技进步国家相当成熟的产业化环境中进行技术积累，在资本投资良性循环的基础上可以适当向国内转移技术转化的成果，从而帮助国内产业获取先进技术，形成核心竞争力。有利于我国国内资本市场趋向成熟稳定。

东道国拥有核心技术，而我国需要将东道国的核心技术逆向溢出到我国企业，因此东道国应具备向我国进行技术转移的相应渠道和机制。发达国家有先进的生产技术，可总是会因为种种障碍无法传输到我国，那么我们可以将相关技术的研发工作移到相应国家进行，利用当地的大规模生产设备和配套设施资源。具体在区位选择上包括两个方面：一个是技术领先国别的选择，二是东道国内区域选择。

7.2.2.1 对技术领先国的学习型投资

世界科技创新的中心主要在发达国家和地区，特别是美国、日本和欧盟。而各个行业技术存在专业性，并不是一个国家各产业都会处在世界领先地位，因此，发达国家和地区都具有各自的行业技术特长，是不同世界领先的行业的代表。

我国作为发展中国家向发达国家投资的重要目标就是学习其先进的科学技术和领先的管理经验。那么，我们就应该侧重向美国、日本、欧盟等发达国家和地区进行技术获取型的投资。从科技和经济实力上看，美国遥遥领先其他国家，其将科学技术运用到产业升级方面的能力方面也是龙头老大。美国的生物技术、微电子技术、云计算、大数据、移动金融、移动互联网、智能家居都是全球经济领先行业，很多国家的技术型产业都把研发中心设立在美国硅谷。德国的化学制品制造、电气机械和器材制造、医药制造和电子设备都处于世界领先水平，日本的人工智能、智能机器人制造、印刷机械制造、仪表仪器和办公机械制造也非常发达，还有像新加坡的生物制药、电子和精密工程以及石油加工炼制等方面也十分先进。以上这些国家和地区都拥有先进的科学技术和行业市场，我国应有针对性地对其进行直接投资，在战略上不以短期获利为目的，以技术获取为主要战略目标，进军发达国家技术研发的中心地带，争取借助技术溢出效应获取先进技术，提升我国科技水平，进而提升我国自主研发创新能力。

7.2.2.2 东道国内区域选择

在进行了宏观上的国别选择后，东道国国内区域选择仍是重要问题。此时区位选择需要考虑的因素主要是企业和东道国的大学、科研基地、研究开发中心等经济聚集城市是否接近，综合而言就是要接近技术创新的源头。跨国公司海外研发机构应临近大学和科研机构等先进技术和知识的前沿地带，这便于研发机构获取先进的技术和吸收优秀的科研人才。科研机构不仅要考虑接近技术创新的源头，还要考虑与像美国的硅谷等工业园区的距离，同时经济中心城市和技术专业化城市也在区位选择上占有较大比重的影响因素。

7.3 我国在技术密集行业及区域的技术获取型对外直接投资（TS-FDI）现状

对产业的选择和对投资区位的选择，直接关系到对外投资的成败，诚然，对二者的选择是相互关联的。明确我国在不同经济发展阶段下的技术需求是进行技术获取型对外直接投资的基础。因此我们在进行投资区位选择时，应增强对外直接投资的有效性和针对性。

7.3.1 技术密集行业的技术获取型对外直接投资（TSFDI）

一直以来，我国的对外投资行业结构不合理，以对服务业、采矿业、批发和零售业等行业的投资为主。而在中国具有比较优势的产业如建筑业、制造业等，其所占比例相对较低，尤其在高新技术产业方面的投资比重严重偏低。因此就实际情况看，我国的对外投资产业导向仍处于初级阶段。尽管近年来中国在技术密集型项目方面的投资有所增加，但总体来看，这并不能改变我国对外投资的低技术格局。

对外直接投资进行产业方向的选择，应同产业结构的发展趋势相符。目前我国的产业结构层次还比较低，高新技术产业和第三产业不会成为投资的重点产业。但是，这些产业必然成为未来我国产业的发展方向，尤其是高新技术产业。因此，对 TSFDI 而言，为了符合投资的产业结构同质化基准和辐射效应基准，投资应着重落在技术密集型产业上，尤其是产品附加值和技术含量高的行业。

目前我国经济发展急需的技术有高新电子研发技术、精密仪器制造、软件开发、LED 技术等，在进行对外直接投资时，国家也一直在关注、扶持这些领域。但在电子器件研发、运输设备制造、高分子生物学等产业上，我国的对外直接投资并未取得较大发展。

2014 年，中国在科学研究和技术服务业、房地产业、金融服务等第三产业领域的对外投资迅速增加，其中对科研技术服务业投资增长 25.4%。2014 年中国企业投资美国高科技产业投资遍布 37 个州，以加利福尼亚州和拥有独特创业产群的若干州为主，高科技产业将成为中国企业赴美投资新热点的趋势已显而易见。近年来中国对美国高科技产业的投资领域和地域明显扩展，已由电子设备、机械和汽车零部件等少数领域，延伸到新能源、航空和生物技术等更广泛领域，且主要形式是设立研发基地、制造和配送中心等创造就业的“绿地投资”项目。

中国对主要经济体对外直接投资项目的产业分布有以下特征：在技术先进的国家如美国、日本、德国，其投资目的主要是进行研发；对新兴经济体如韩国、中国香港、新加坡的投资，除了为充分利用其独特地理优势外，也逐步进入到研发领域。总体而言中国对这些经济体的投资项目呈现出技术寻求型动机，但在具体的技术服务和研发项目上，其投资侧重点则是根据各国比较优势表现出差异。

7.3.2 技术密集区域的技术获取型对外直接投资（TSFDI）

由 2014 年中国对外直接投资流量地区构成情况看，我国 TSFDI 流向主要集中在亚洲、欧洲、拉丁美洲，亚洲和拉丁美洲作为发展中国家分布较密集和要素禀赋丰裕的区域，投资流向密集并不意味着我国的对外直接投资主要是资源利用型。亚洲地区密集集中在中国香港，拉丁美洲和加勒比地区为英属维尔京群岛和开曼群岛。众知这些地区均为世界有名的避税港，因此投资流向主要集中在这些区域很可能是受地区税收优惠的驱动。但是不可否认，该类地区较为发达的经济水平、先进的技术能力等在一定程度上决定着我国对其进行的海外投资带有技术寻求的目的。

若剔除地区税收优惠政策对我国对外直接投资的影响，拉丁美洲所占投资份额会明显下降，而亚洲所占投资比例依然很大。之所以我国的对外直接投资呈现出区域差异，原因在于对发达国家及地区，如北美洲、欧洲等地的投资，主要是为了利用其先进的战略资源来作为获取对外直接投资逆向技术溢出效应的前提。而亚洲作为我国主要的投资目的地，是因为一些新兴经济体能够为我们提供先进的技术和管理经验。较拉丁美洲而言，因其自身的发展水平和战略资源有限，因此并没有吸引外商直接投资的优势。

第三篇　OFDI 逆向技术溢出的实证研究

8. 理论分析和计量模型建立

8.1 理论方法分析

技术获取型对外直接投资（TSFDI，Technology Sourcing Foreign Direct Investment）是指以寻求投资东道国的 R&D 机构、知识和效率因素、信息渠道等资源为主要动因，以提升投资母国技术落后企业创新、效率、研发能力为宗旨，以绿地或兼并收购海外研发机构为手段的跨境资本输出行为。对外直接投资是获得逆向技术溢出的重要渠道之一，而且这种逆向技术溢出对于母国整体、整个产业或母国企业的全要素生产率和专利申请数量有促进作用。

根据学者杜群阳（2004）的定义，是指以寻求投资东道国的 R&D 机构、知识和效率因素、信息渠道等资源为主要动因，以提升投资母国技术落后企业知识、效率、研发能力为宗旨，以绿地或兼并收购海外研发机构为手段的跨境资本输出行为。近年来，我国的对外直接投资呈现了以下三大特点：第一，投资目的国偏向于高收入或工业化程度高的国家，借此获得先进的硬实力和软实力；第二，我国企业在技术发达国家建立科研机构的活动日益频繁；第三，跨国并购是当今我国企业融入国际市场，参与国际分工的生力军。这三大特点都足以表明我国的外向直接投资已呈现出明显的技术寻求特征。目前中国处于从重视外商直接投资阶段过渡转型到“走出去”与“引进来”战略并重的历史时期，这一特殊时期引起了学者们对于中国对外直接投资的研究热情，虽然目前的研究数量还不是很丰富，研究层面较浅，但还是具有借鉴意义的研究成果。本文旨在梳理前人当前的研究内容和研究方式并就需要继续深入的研究议题发表看法。

8.1.1 理论及研究方法综述

8.1.1.1 关于技术逆向溢出是 OFDI 重要动因的研究

首先将“逆向技术溢出”因素纳入技术相对落后国家对外直接投资决定模型的是 Fosfuri 和 Motta。Fosfuri & Motta（1999）发展了一个关于外商直接投资企业进行投资决策的古诺竞争均衡博弈模型，在该模型中，它假设同时存在两个当地企业或厂商生产和制造非异质产品，这两家企业或厂商拥有不同的技术实力和效率水平，他们可以选择OFDI方式、出口贸易方式到其他国家抑或者不进入东道国市场。其结论是即使在出口交通成本约等于零、建立成本几乎不存在的情况下，技术不发达企业仍旧可以通过OFDI获利。通过在地理位置上靠近国外技术领先者可以获得技术的外溢，当这种逆向技术溢出效应非常显著时，技术落后企业甚至可以在国外子公司亏损的同时正常运作，但其前提条件是获取比较高的逆向技术外溢效应以抵消企业跨国经营的各项成本。

马亚明和张岩贵（2003）对Motta（1996）的模型进行了扩展，他们从技术溢出的角度出发，论证了技术不发达企业进行OFDI可能是为了地理上更加靠近技术发达企业，以便分享技术外溢的潜在正效应，而不是为了利用已有的优势。该研究与传统的跨国公司优势理论（如海默的垄断优势论与邓宁的国际生产折衷理论）不同的是，企业跨国经营的前提条件不再是企业拥有特定的垄断优势等，而是由于扩散效应受到地理位置的限制，前提条件变成企业靠近扩散源。其研究思路是企业通过对外直接投资活动获得竞争优势。他们由单向的扩散模型扩展到双向扩散模型，研究发现技术落后，效率不高或研发实力不够雄厚的厂商可能会把对外直接投资作为获取技术、寻求效率的手段。然而，技术先进的厂商却为了避免技术优势的外溢，可能会选择高代价出口。当两厂商的生产率相当时，受空间限制的影响，使得只要创建成本不是太高，技术落后企业都可能发生对外直接投资。

8.1.1.2 主要研究方法的阐述

1. CH模型及基于此模型的进一步扩展

（1）CH模型

从现有大多数以国际技术外溢为主题的相关研究和分析中可以发现，60%以上的研究方法都是基于coe - helpman模型进行的新扩展，coe - helpman模型是Coe以及Helpman两位学者于20世纪90年代中期通过一系列研究发现并提出的，这是该领域研究的创新之作。这项研究主要是用来分析全球研发资源的流动、分享与外溢，进而分析其对于各个参与方本国经济增长与技术进步的影响效应。通过一个较为简化的数学模型，我们便可以非常容易地测度沿着国际贸易（这里具体是指进口许可贸易）而产生的技术溢出效应：

$$LnTFP_i = \alpha_i + \beta_1 LnS_i^d + \beta_2 LnS_i^f + \varepsilon_i \tag{1}$$

其中i表示的是某一个国家，α_i 表示的是某一个国家的较为差异化的固定截距项，S_i^d 和 S_i^f 则分别表示的是某一国国内和某一国国外的研发资本（R&D）存量，β_1 和 β_2 则分别表示的是某一国国内和某一国国外的研发资本（R&D）存量对应的系数，ε_i 是误差项。

测度国外的研发资本存量（R&D 存量）的公式是：

$$S_i^f = \sum_{j \neq i} \frac{m_{ij}}{m_i} S_j^d \qquad (2)$$

其中 S_i^f 是某一国家或者地区 i 的国家边境之外的 R&D 存量变量，m_{ij} 是某一国家 i 从 j 国进口的贸易额对应的总体规模，m_i 是 i 国的进口许可贸易额对应的总体规模：$m_i = \sum_j m_{ij}$，S_j^d 是其他某一国 j 的边境之内的 R&D 存量。这些学者利用之前描述过的模型第一次检验了通过贸易（这里重点指的是进口贸易）渠道可以分享和获取全球的研发资源，并获得相应的外溢影响效应。

（2）LP 模型

Lichtenberg and Pottelsberghe 这两位学者于 20 世纪 90 年代中期通过研究认为之前描述的第二个公式中的权重仅仅是用来反映全球研发资源 R&D 溢出的方向，但这个公式并没有对这种影响效应的强度和大小做出一定的测度与说明，因此这两位学者也就第一次描述了研发强度的概念与存在性，即 R&D 与 GDP 的比例，并将其与进口方向上的货物贸易与服务贸易这两个项目的总体价值的乘积通过综合来运算和测量的方式来检验技术外溢知识存量的大小和具体效应方向性等问题：$S_{it}^f = \sum_{j \neq i} \frac{m_{ijt}}{y_{jt}} S_{jt}^d$。其中，$m_{ijt}$ 是投资母方的某一国 i 在 t 时期从其他某一个被投资国 j 的贸易总规模（这里具体是指进口方向上的贸易规模），y_{jt} 表示的是某一个国家 j 的 GDP。

另外，Van 针对 CH 模型的不足，提出了通过进口渠道、FDI 渠道和 ODI 渠道衡量国外研发资本对我国技术外溢程度。

CH 和 LP 模型为研究对外直接投资的逆向技术溢出搭建了主要框架，以后的国内外学者多数都是借鉴并发展这些模型以此来开展研究。

（3）BK 模型

国内有些学者用 $S_t^{f-ODI} = \sum_{j=1}^{n} \frac{ODI_{jt}}{K_{jt}} S_{jt}^d$ 测算国外资本存量，然而 Bitzer 和 Kerekes 认为该方法存在两个缺陷：一是式中 OFDI 这个变量或指标使用的是流量角度来表示的，然而在短期内，OFDI 流量的波动性从某种角度而言是会对实证的检验结果产生一系列复杂且具有较大程度的影响的；二是这种研究方法可能忽略了全球研发资源 R&D 外溢到第三个某一国家的经济影响效应，即表示为：若某一国家 A 国对另外的某一个国家 B 国投资，而没有对 C 国投资，而 B 国对 C 国也存在投资，则 C 国的 R&D 存量的溢出效应会通过 B 国间接传递到 A 国。

因此他们提出用公式 $S_t^{f-ODI} = \frac{OFDI_{it}}{K_{it}} \sum_{j \neq i}^{n} S_{jt}^d$ 来测算国外资本存量，其中 $OFDI_{it}$

是投资 i 的某一个国家对外直接投资（这里实用的是存量的角度），K_{it} 是投资 i 某一个国家国内资本存量，$\sum_{j\neq i}^{n} S_{jt}^{d}$ 是投资某一个国家 i 的边境以外其他各个国家的研发资本存量（R&D）之和，这样的测算方法充分体现了全球研发资本存量（R&D）溢出的第三国的影响和作用效果。调节系数 $\frac{OFDI_{it}}{K_{it}}$ 反映出的是投资某一个国家资本流出与资本流入所占的比重，对外投资越大，相应外溢到的国外研发资本存量越大。

（4）国内学者对于 CH、LP 的扩展

国外的研发资本存量 S_i^f 必须依赖于某种渠道才能将其作用于国内的技术进步，仇怡、吴建军（2012）考虑在开放型全球市场经济条件下，中国的科技升级潮流与技术效率提升等同时源自于某一国家国内的科学和技术创新等的研发资金与人力投入、通过 FDI 和外向 FDI 方式外溢的国外研发投入，因此他们尝试着把 S_t^{f-ODI} 和 S_t^{f-FDI} 同时放入模型中，以便考察国际资本的流入和流出带来的技术溢出效应程度，因此他们的模型是：

$$LnTFP_i = \varphi_0 + \varphi_1 LnS_t^d + \varphi_2 LnS_t^{f-FDI} + \varphi_3 LnS_t^{f-ODI} + \varepsilon_t \tag{3}$$

$$LnS_t^{f-ODI} = \sum_{j=1}^{n} \frac{ODI_{jt}}{Y_{jt}} S_{jt}^d \tag{4}$$

$$LnS_t^{f-FDI} = \sum_{j=1}^{n} \frac{FDI_{jt}}{Y_{jt}} S_{jt}^d \tag{5}$$

他们通过选取我国对外直接投资相对集中且技术水平高的九个国家（地区）① 的 OFDI 和技术创新投入产出数据，证明了通过对外直接投资能够获得国外研发资本存量的外溢效应。但是由于与吸引外资相比，我国的对外直接投资规模较小，产生的外溢效应较低。

基于 CH 和 LP 模型，也有学者通过引入交叉变量等影响因子以检验每一个变量对 OFDI 逆向技术溢出效应的不同影响效果。比如周春应（2009）在分析母国吸收能力时分别引入母国人力资本、研发水平、金融发展水平、经济开放度、经济结构、基础设施、社会资本和经济发展水平与 OFDI 的乘积作为解释变量，证实高技术人才、经济开放度、高科技产业发展和基础建设是目前影响我国外向 FDI 反向技术溢出效应的主要因素。

另外，刘明霞、王学军（2009）也引入人力资本与 OFDI 的乘数作为解释变量，其实证结果是地区差异，吸收能力影响了我国外向 FDI 的逆向技术溢出效

① 美国、德国、英国、加拿大、日本、韩国、新加坡、澳大利亚和香港。

应，而且OFDI对国内技术效率的影响不显著，国内R&D投资促进了投资母国TFP的提高和技术效率进步，同时阻碍了国内技术效率的提高。他们研究的新颖之处不仅在于分别计算出中国东、中和西部人力资本的门槛值，还在于借鉴Fare（1994）DEA（数据包络分析）的Malmquist指数法，利用DEAP2.1软件首次测算了中国各省区市Malmquist生产率指数及其分解项技术效率变化指数和技术进步指数（目前邹玉娟和陈漓高（2008）、王英和刘思峰（2008）、白洁（2009）等人的研究只涉及TFP指数），这种对TFP的分解让我们更好地了解我国对外直接投资技术溢出的性质。

2. C－D生产函数的运用

（1）柯布和道格拉斯（1928）创立了C－D生产函数，用来表示投入与产出之间的关系，其表达式为：

$$LnP = \alpha LnR + \beta LnS + \gamma LnOFDIY = AK^{\alpha}L^{\beta} \tag{6}$$

其中Y、A、K、L分别是产出、技术水平、资本存量的投入、劳动的投入，α、β分别表示资本和劳动的产出弹性。

茹运青、孙本芝（2012）借鉴C－D模型，建立了技术创新生产函数：$P = AR^{\alpha}S^{\beta}$，其中P、A、R和S分别是专利、技术、研发资金和人力资源。他们先将模型线性化然后纳入$OFDI$变量使得最后模型为：

$$LnP = \alpha LnR + \beta LnS + \gamma LnOFDI \tag{7}$$

为了考察进入方式对逆向技术溢出的影响，他们把OFDI拆分为绿地投资和跨国并购，并且运用了三种专利数据①分别进行实证检验。

3. 其他的研究方法

以往的学者大多是在CH、LP模型的基础上，从生产率角度和专利数据角度检验FDI溢出效应。而林青、陈湛匀（2008）却引进发展了Giovannni Peri（2002）的分析框架，构建反向技术知识溢出效应发生概率的静态模型和动态模型。

（1）反向溢出效应的静态模型

林青、陈湛匀由一个典型的反向技术知识溢出发生的概率模型表示为：

$$\varphi_{i,h} = \theta e^{f(i,h)} = \exp(\beta_0 + \beta_1 FDI_{ih} + \beta_2 R\&D\_\ dif_{ih} + \beta_3 EDU\_\ dif_{ih}) \tag{8}$$

推导出反向技术知识溢出模型：

$$Ln\frac{C_{(i,h)}}{P_h} = \alpha_i + \beta_1 FDI_{ih} + \beta_2 R\&D\_\ dif_{ih} + \beta_3 EDU\_\ dif_{ih} + \varepsilon_{(i,h)} \tag{9}$$

---

① 发明专利、实用新型专利和外观设计专利

模型（9）表示一国的专利引用频率只与对外直接投资、两国研发水平和教育水平的差异有关，α_i 只与投资母国相关，不存在投资东道国固定效应。

（2）反向溢出效应的动态模型

考虑到跨国公司对从东道国获取所需技术的预期会直接影响对专利引用数的预期，因此林青、陈湛匀在模型（9）中加入了专利引用频率滞后变量来反映逆向溢出效应的动态过程。采用局部调整法他们将模型改为：

$$Ln\frac{C_{(i,h)}}{P_h} = \delta\alpha_i + \delta\beta_1 FDI_{ih} + \delta\beta_2 R\&D\_\ dif_{ih} + \delta\beta_3 EDU\_\ dif_{ih} +$$

$$(1-\delta).\left(\frac{C_{(i,h)}}{P_h}\right)_{t-1} + \delta\varepsilon_{(i,h)}$$

δ 是调整系数，上面的模型表示一国的专利引用频率不仅与对外直接投资、两国研发水平和教育水平的差异有关，还与上期的反向溢出效应有关。

以上是笔者通过阅读文献，归纳出目前学者使用最频繁的研究方法。他们的研究框架可以为后来的学者铺垫坚实的基础。但是目前的研究也存在一些缺陷：首先，大多数的研究都是基于既有的数据通过计量方法的经验研究，而少有学者从理论推导上证明逆向技术溢出的存在；目前，大多数研究都是分析一国整个产业或某行业的整体数据，少有针对微观企业的研究，在少有的微观企业层面的研究，也是采用该企业整体的数据，而不是来自于具体合作项目，人才培训交流，商业战略联盟等促进技术扩散的活动。对此合理的解释是技术外溢存在连续性和滞后性，无法测量某一次国际合作的作用；另外，跨国公司内部交易合作的数据学者们一般也难以获取，因此限制了研究对象的针对性和研究结果的可信度。

8.1.2 已有研究方法的缺陷总结

对外直接投资的优势在于可以自由选择投资国、主动获取国外的先进技术而不是被动吸收外商投资的技术。当前，我国的对外直接投资处于刚刚起步，规模相对较小阶段，因此亟需大力研究对外直接投资对我国技术进步、技术升级的影响。在研究时我们可以借鉴对外投资对东道国影响的研究经验，借鉴他们比较完善的研究方法和研究思路，比如像李平、盛丹（2009）利用产业聚集研究FDI对东道国自主创新的影响，宣烨、宣思源（2012）利用产业聚集研究中国高新技术企业出口，我们也可以利用产业聚集，研究它对OFDI对母国逆向技术溢出效应的影响。再者，目前大多数学者仅仅研究中国对发达国家的海外投资无疑会高估目前我国OFDI逆向技术溢出的效果，因此研究的目的国可以扩展到中国对其他发展中国家，甚至某一个有代表性的国家。最后，研究对象需要细分到某个行业甚至微观企业及从前向关联或后向关联机制分析溢出效应对具体各个行业的影响。

8.1.3 研究方法发展的新趋势

1. 研究国别和地区的创新

目前 OFDI 逆向溢出效应的研究视角由林青和陈湛匀（2008）综合考虑母国和东道国人力资本、教育水平的差距对逆向技术外溢效应的影响具体到欧阳艳艳（2010）的集中考虑国内吸收能力的影响，蔡冬青和周经（2012）专门研究东道国研发投入、人力资本及其外资政策对技术外溢效应的影响。同样，研究区位也由王英、刘思峰、周春应、茹运青、孙本芝等学者的总体研究发展为汪斌（2010）把中国分为东、中、西三部分来研究逆向技术外溢效果的地区差异性，到刘明霞、王学军等人的省级面板数据分析以及赵伟、江东（2010）针对典型省份及典型产业的研究。研究国别和地区的这一递进关系反映学者们的研究已经由总体概括的研究深化过渡到个体化、差别化的尝试性研究。

2. 研究视角的创新

研究的内容也由比较研究通过进口、FDI 和 ODI 渠道逆向溢出的效果大小来确定主要的外溢渠道，研究进入方式对生产率或专利数据的影响等研究对外直接投资数量的外溢效果，深化为研究对外投资的质量如节奏和连续性对我国技术外溢、产业升级的影响和对于 OFDI 对母国技术外溢作用机理。李逢春（2012）通过研究发现 OFDI 中的过程变量即节奏和不规则会对产业结构的升级效果起负向作用，而且市场化程度可以正向调节产业结构升级的影响程度。此外，赵伟，江东（2009）、陈菲琼、虞旭丹（20090 和王饶立、李龙（2012）对于逆向技术外溢的传导机理都做过尝试性研究。

目前中国处于从重视外商直接投资阶段过渡转型到“走出去”与“引进来”战略并重的历史时期，这一特殊时期引起了学者们对于中国对外直接投资的研究热情，虽然目前的研究数量还不是很丰富，研究层面较浅，但还是具有借鉴意义的研究成果。

8.2 计量模型建立

根据甄别出的 TSFDI 行业数据，构建科学完整的多元线性回归计量模型度量技术获取型 OFDI（以下所指 OFDI，均是指技术获取型 OFDI）逆向技术溢出效应。

8.2.1 知识溢出的衡量

依据柯布 - 道格拉斯生产函数，可得

$$Y_t = A_t K_t^{\alpha} L_t^{\beta} S_t^{\gamma} \tag{1}$$

根据 Coe 和 Helpman（1995）的贸易溢出模型，在开放经济体中，S 取决于投资母国知识资本和投资东道国研发资本存量的知识溢出。据此，将其定义为 $S_t^{\gamma} = (SD)^{\lambda^d}(SF)^{\lambda^f}$。根据 TFP 的计算公式 $TFP = Y/K_t^{\alpha}$ ♁ L_t^{β} ♁，可得如下回归模型：

$$LnTFP_t = A_t + \lambda^d LnSD_t + \lambda^f LnSF_t + \varepsilon_t \tag{2}$$

其中，TFP_t 表示我国第 t 时期的全要素生产率，SD_t 表示第 t 时期我国的 R&D 资本存量，SF_t 表示通过不同途径传导的投资东道国研发资本存量。A_t 为截距项，λ^d 和 λ^f 表示投资母国 R&D 资本存量和投资东道国 R&D 资本存量的 TFP 弹性系数，ε_t 是误差项。

8.2.2 自主创新、吸收外资、许可贸易、对外投资对 TFP 影响的比较分析

考虑到国外的知识溢出途径包括对外直接投资、对内直接投资、进口许可贸易，即一国的技术进步不仅取决于国内研发投入，还取决于从他国获取的技术溢出，仅仅分析其中一种路径无法全面概括不同技术来源对国内技术进步的影响程度，设 $SFOFDI_t$、$SFIFDI_t$、$SFIM_t$ 分别代表第 t 时期通过对外直接投资、吸收外资、进口贸易三种途径传导的国外知识溢出，以上各途径的知识溢出均会对国内 TFP 产生影响。同时，SD_t 所表示的第 t 时期我国的研发资本存量投入会带来国内自主创新能力的提高，对 TFP 提升也会产生积极作用。综合以上各关键变量分析其对 TFP 的影响，可得如下模型：

$$LnTFP_t = A_t + \lambda^d LnSD_t + \lambda_1^f LnSFOFDI_t + \lambda_2^f LnSFIFDI_t + \lambda_3^f LnSFIM_t + \varepsilon_t$$

8.2.3 购买力平价指数调整基础上回归模型建立

在研究自主研发及国外知识溢出传导路径对 TFP 影响大小的问题时，传统的研究方法和模型较少体现出物质投入变化对 R&D 产出比率的影响，也较难分析同等投资规模时物质投入量优势的变化对我国 TSFDI 和本国研发效率的影响。因此，我们拟使用各国购买力平价指数调整回归模型，将原来以各国货币计价的数据 X 乘以 PPP 转换系数，换算为国际元，并以美元为计价单位，即：

$$LnTFP_t^* = A + \lambda^d LnSD_t^* + \lambda_1^f LnSFOFDI_t^* + \lambda_2^f LnSFIFDI_t^* + \lambda_3^f LnSFIM_t^* + \varepsilon_t$$

其中 * 为经过购买力平价调整后的数据，即

$$X_{ij}^* = X_{ij} * PPP_j$$

其中，i 为各项自变量；j 为国家。

在对原始数据进行购买力平价调整之后，调整后的回归系数能够体现出购买

力平价变化对技术溢出大小的影响。通过对比调整前的模型，研究各国购买力平价的变动趋势，能够有效地从资本投入和物质投入两方面对未来一段时间的本国自主研发、对外直接投资、吸收利用外资、进口许可贸易对于我国全要素生产率的变动趋势进行预测，并提出相应的政策建议。

另外，技术获取型 OFDI 对于母国逆向技术溢出的吸收效果受多重因素影响，包括母国的人力资本、与东道国的技术差距、母国的知识产权保护水平等因素。用 θ 代表知识产权保护水平 θ_{IP}、人力资本 θ_H、技术差距 θ_T 等影响对外直接投资逆向溢出吸收的影响因素的总和，则表达式如下：

$$LnTFP_t^* = A_t + \lambda^d LnSD_t^* + \lambda_1^f * \theta * LnSFOFDI_t^* + \lambda_2^f LnSFIFDI_t^* + \lambda_3^f LnSFIM_t^* + \varepsilon_t$$

其中 $\theta = (\theta_{IP} + \theta_H + \theta_T)$。

根据以上表达式，充分考虑到各控制变量及各影响因素的影响，建立多元回归模型科学完整的度量 OFDI 逆向技术溢出效应。

综上，要建立科学完整的计量模型，需要首先有效甄别技术获取型 OFDI 的行业数据，其次分析并度量 OFDI 及其他各关键变量通过知识溢出途径对 TFP 产生的贡献，最后结合分析多重 OFDI 逆向知识溢出吸收影响因素确定影响 OFDI 逆向技术溢出的关键因素。

9. 数据选取和处理

9.1 数据选取

9.1.1 技术获取型对外直接投资（TSFDI）数据的有效识别

1. TSFDI 识别目标

识别目标：从中国对外直接投资的行业中识别出技术获取型的行业数据，以有效甄别 TSFDI 的总量。

2. TSFDI 行业数据的筛选识别的基本思路

为区分出技术寻求型对外直接投资，采用衡量产业技术水平中使用的 R&D 强度指标（R&D intensity），来区分技术获取型 OFDI。定义如下：

$RDIi_A$ =（A 国 i 产业 R&D 支出/A 国 i 产业产出或增加值）×1000

对外直接投资母国 A 投资于东道国 B 的 i 产业，如果 $RDIi_A < RDIi_B$，那么该项投资被认为是技术获取型 OFDI。采用以上定义方法对中国向主要发达国家投资的各行业进行分析，抽取出技术获取型投资的行业数据进行分析。

9.1.2 模型指标选取

1. 技术寻求型对外直接投资（TSFDI）。技术寻求型对外直接投资是指以寻求投资东道国的研发机构、知识因素、信息等资源为主要目标，以提升本土企业效率、研发能力为宗旨，以绿地或兼并收购海外研发机构为手段的跨境资本输出行为。其特点表现为：投资方向是从发展中国家到发达国家、从技术水平低的国家到技术水平较高的国家，集中于我国本身不具有比较优势的技术密集型行业，本质属于“逆向性投资”。

2. 全要素生产率（TFP）。TFP 是指所有生产要素的生产效率，是针对全部投入要素进行的测度。它在一个更广的范围内考察生产效率的变化情况，是总产出除以综合投入要素，并且，研究的是在一个经济系统中每一种投入要素加权综合后形成综合投入的产出效率，因此有时也被称为综合要素生产率。

3. 自主创新 SD_t^d。自主创新属于一种创造活动，其概念通常是相对于技术引进与模仿而言的，一般是指通过具有自主知识产权的核心技术与知识以及在此基础上实现产品新附加值的过程。本文中自主创新 SD_t^d 使用 R&D 研发经费投入作为替代变量。

4. 国外研发资源的溢出 S_t^f 。国外研发资源的溢出主要包括以下三个方面或渠道：第一，通过对外直接投资渠道获取的国外研发资源 S_t^{ofdi} ；第二，通过吸引外资渠道获取的国外研发资源 S_t^{ifdi} ；第三，通过许可贸易渠道获取的国外研发资源 S_t^{imp} 。

9.1.3 数据来源

为保证研究数据时间序列的完整，选取联合国贸发会议 UNCTAD、世界银行数据库，结合中国统计数据，如：2004－2012 年《中国对外直接投资统计公报》《中国统计年鉴》《中国科技统计年鉴》《中国对外经济贸易年鉴》《中国商务年鉴》等做综合对比分析，得到科学且合理的计算结果。

9.2 数据处理说明

对外直接投资逆向溢出效应的研究视角由林青和陈湛匀（2008）综合考虑母国和东道国人力资本、教育水平的差距对逆向技术外溢效应的影响具体到欧阳艳艳（2010）的集中考虑国内吸收能力的影响，蔡冬青和周经（2012）专门研究东道国研发投入、人力资本及其外资政策对技术外溢效应的影响。同样，研究区位也由王英、刘思峰、周春应、茹运青、孙本芝等学者的总体研究发展为汪斌（2010）把中国分为东、中、西三部分来研究逆向技术外溢效果的地区差异性，到刘明霞、王学军等人的省级面板数据分析以及赵伟、江东（2010）针对典型省份及典型产业的研究。研究国别和地区的这一递进关系反映学者们的研究已经由总体概括的研究深化过渡到个体化、差别化的尝试性研究。

根据学者杜群阳（2004）的定义，技术获取型对外直接投资是指以寻求投资东道国的 R&D 机构、知识和效率因素、信息渠道等资源为主要动因，以提升投资母国技术落后企业知识、技术、效率、研发能力为宗旨，以绿地或兼并收购海外研发机构为手段的跨境资本输出行为。在定义中有二个隐含重点：

首先，对我国企业而言，开展以技术寻求为目标的对外资本输出，其投资方向是从技术较落后国家向技术更发达的国家、从知识效率、创新水平低的国家到知识效率、创新水平较高的国家，这种同一时间发生的大规模的投资对于投资母国的我国而言，属于一种“反向投资”。

其次，企业开展以技术获取为目标、以新建或并购海外研究机构为手段的对外资本输出。技术获取型对外直接投资的投资动因比较明确。在我国企业以市场或资源为目的进行海外投资时，不可避免地会伴有一定的管理或科技技术溢出。由于这项硬技术和软技术的获得并非某一个国家进行海外扩张或资本输出的主要目标和动因的唯一表现特征，所以该对外直接投资虽然导致了技术获得的结果，但不能被定义为技术获取型对外直接投资。

9.2.1 技术获取型对外直接投资（TSFDI）的甄别目标

1. 技术获取型对外直接投资（TSFDI）甄别目标

（1）通过对于对外直接投资总量中技术获取型投资的有效识别，试图更加科学、准确地度量OFDI逆向技术溢出效应。

（2）基于OFDI逆向技术溢出角度，建立科学准确的影响TFP的计量模型和研究方法。

（3）确定OFDI逆向技术溢出对TFP的影响程度及影响其吸收的关键因素，引导企业OFDI实践。

利用模型仿真政策改变给企业TSFDI行为所带来的影响，主要针对企业的投资方式、投资规模及对国内带来的技术传导效应等角度开展研究。

2. 拟解决的关键科学问题

（1）如何从对外直接投资总量中有效区分技术获取型投资。首先，现有的相关统计年鉴中未直接提供TSFDI的准确数据及来源；其次，在实际数据采集过程中，由于企业投资动机具有多样性、混合性的特点，即便通过调查问卷的方式也很难全面、准确地获取TSFDI的真实数量。本书区别于传统的研究方法，通过创新性指标体系的设计与建立，试图将TSFDI甄别与量化，从而有效识别出对投资母国TFP产生显著影响的技术获取型投资的真实规模。

（2）如何在OFDI对TFP影响的实证研究中，准确度量OFDI途径传导的国外研发资本存量。关于OFDI逆向技术溢出效应对TFP影响的已有研究中，大部分学者所使用的OFDI数据为对外直接投资总额，研究方法比较单一，导致其研究结论存在一定的误差。本书通过TSFDI数据的有效甄别，一定程度上削减了传统研究方法的局限性及研究结果的误差，试图显著提高通过OFDI途径传导获取国外研发资本存量的准确性。

（3）如何根据OFDI途径与其他各种途径共同作用的国外研发资本存量的传导，并结合多种OFDI逆向知识溢出吸收影响因素，准确构建对TFP影响的实证模型；如何衡量对外直接投资逆向技术溢出途径在其中的作用，及确定其具体影响程度。在获取OFDI逆向溢出途径对母国TFP影响程度的基础上，本书将该结果与其他国外研发资本溢出途径的影响结果进行对比，旨在发现OFDI传导路径中TSFDI甄别之后对母国TFP影响程度最显著的途径。

9.2.2 技术获取型对外直接投资（TSFDI）行业数据的甄别过程

以研究技术获取型投资与资源获取型、市场获取型等其他类型投资的区别作为出发点，首先从概念上针对 TSFDI 进行有效识别。其次，根据研发投入建立科学的 R&D 强度指标体系，从而将 TSFDI 进行量化区分，筛选甄别出对国内 TFP 提高有积极贡献的技术获取型投资。

1. TSFDI 识别国别

根据我国对外直接投资的区域分布，截止到 2012 年底，前 20 位的投资东道国国家地区存量已接近投资总存量的九成，反映出我国走出去企业投资决策的诸多特点，如投资区域、投资市场、投资行业领域等等。结合技术获取型对外直接投资的基本概念与含义，由于存在相对较大的技术差距，因此在投资方向上，TSFDI 一般表现为技术落后的一国向技术先进一国进行投资。为区分出技术寻求型对外直接投资主要流向，本文引入衡量产业技术水平中使用的 R&D 强度指标（R&D intensity），高水平的研发投入强度通常被定义为提高国家或地区自主研发和创新能力的重要保障，国际上通用的反映国家或地区科技创新与研发投入水平的核心指标被定义如下：

$$RDI_A = （A 国 R\&D 支出/A 国 GDP） \times 100$$

如果被投资 A 国的 R&D 强度水平高于投资母国（即中国），说明 A 国的科技创新水平高于母国，投资母国对被投资 A 国的对外直接投资有可能是以技术寻求、效率获取、创新能力培育等为主要动因的对外直接投资与海外扩张行为。

本文运用世界发展指数数据库数据。计算 1990 年到 2011 年我国前 20 位的被投资国家地区的 R&D 强度，并与我国的进行比较，包括中国香港、英属维尔京群岛、开曼群岛、美国、澳大利亚、新加坡、卢森堡、英国、哈萨克斯坦、加拿大、俄罗斯联邦、南非、法国、百慕大群岛、德国、印度尼西亚、缅甸、韩国、蒙古和中国澳门。最终确定美国、澳大利亚、新加坡、卢森堡、英国、加拿大、俄罗斯联邦、法国、德国、韩国的 R&D 强度高于我国水平，为我国技术获取型对外直接投资的主要可能流向，并计算 2004 年到 2012 年这 10 个 TSFDI 的主要目标国家的 FDI 流量占总量的比重。

表 9.1　2004 –2012 年 TSFDI 主要流向国的 FDI 流量比重

年份	占比	年份	占比
2004	6.7%	2009	10.7%
2005	27.3%	2010	12.1%
2006	5.7%	2011	21.0%

续表

年份	占比	年份	占比
2007	9.6%	2012	17.1%
2008	7.2%		

2. TSFDI 行业识别

技术寻求型对外直接投资主要集中在技术密集型行业，即用尖端而又复杂先进的科学技术才能进行工作的生产部门以及服务部门。技术密集型产业状况反映着国家科学技术发展水平，大力发展该类行业是走新型工业化道路的特点之一。

我国自公开发布《中国对外直接投资统计公报》以来，对外直接投资的行业主要包括：采矿业、租赁和商务服务业、建筑业、金融业、批发和零售业、制造业、房地产业、交通运输/仓储和邮政业、科学研究和技术服务、电力/煤气及水的生产供应业、农/林/牧/渔、信息传输/计算机服务软件业和其他行业。第一和第三产业行业属于劳动密集型产业，科技含量不高，对该产业的 FDI 多以市场和资源为主要目标。而第二产业中的建筑业主要以获得工程项目为对外直接投资的主要目的，相关技术的学习是工程进行的附属产物，所以对建筑业的投资不符合技术获取型对外直接投资的定义。所以符合 TSFDI 投资特征的行业有采矿业、制造业、电力/煤气及水的生产供应业、科学研究和技术服务和信息传输/计算机服务软件业。本文再次利用 R&D 强度指标衡量工业行业的科技投入水平，利用 2004 年到 2012 年中国统计年鉴工业行业分类数据计算，将 R&D 强度指标高于我国工业平均水平的行业认定为高科技行业。最终得出的高科技含量产业结果与 2002 年 7 月国家统计局印发的《高技术产业统计分类目录的通知》中列明的高技术产业的统计范围基本一致。其结果发现科学研究和技术服务和信息传输/计算机服务软件业电力的研发强度高于工业平均水平；制造业中的部分分支行业的研发强度高于工业平均水平，计算出高科技制造业占制造业工业生产总值的比例，并以此为基础推算出对技术密集型制造业的 FDI 量；采矿业和煤气及水的生产供应业的研发强度远低于工业平均水平，不能被归类为技术密集型产业。

9.2.3 技术获取型对外直接投资（TSFDI）数据处理结果及说明

综上所述，在我国对外直接投资统计公报中涉及的投资行业中，对科学研究和技术服务、信息传输/计算机服务软件业和部分制造业的投资能够被归类为技术获取型对外直接投资。依据行业甄别方法，抽取出技术获取型投资的行业数据，可以得出以下结果。

表9.2　TSFDI行业流量汇总　单位：亿元

	科学研究和技术服务	信息传输/计算机服务软件业	高科技制造业	行业识别总计
2004	–	–	3.7	3.7
2005	–	–	10.9	10.9
2006	–	–	4.4	4.4
2007	–	3	11.9	14.9
2008	1.7	3	8.5	13.2
2009	7.8	2.8	10.7	21.3
2010	10.2	5.1	22.3	37.6
2011	7.1	7.8	39.0	53.9
2012	14.8	12.4	46.3	73.5

基于以上对国别和行业的识别结果，本文采用交叉法，估算出2004年到2012年TSFDI。结果显示目前我国的TSFDI数量较少，还有巨大的发展空间。当前，我国经济不断增长，随着人力资本与物质、资金等资本的不断形成，以及人口红利下降等因素的影响，使得我国依靠劳动等要素禀赋优势发展模式渐渐发生本质上的变化，从而引发了原有比较优势的动态演变。随着经济逐渐过渡到新的增长特征，我国经济改革的动力愈发明显，这都对科技进步提出了更多的要求。作为技术寻求、效率和知识获取路径之一，近些年来，我国企业逐渐认识到技术获取型对外直接投资对于投资母国企业技术进步、知识获取、创新能力培育将起到重要作用。(参见表9.3)

表9.3　2004年至2012年TSFDI估算　单位：亿元

年份	行业识别总计	识别国家占比	TSFDI估算
2004	3.7	6.7%	0.2
2005	10.9	27.3%	3.0
2006	4.4	5.7%	0.3
2007	14.9	9.6%	1.4
2008	13.2	7.2%	1.0
2009	21.3	10.7%	2.3
2010	37.6	12.1%	4.5
2011	53.9	21.0%	11.3
2012	73.5	17.1%	12.6

9.3 其他数据指标的处理

9.3.1 全要素生产率

根据经典的生产函数，柯布－道格拉斯（C－D）生产函数的表达式为：$Y = AK^{\alpha}L^{\beta}$，首先对该函数进行变型、转化与推算，推导出新的经济增长核算方程式，表示如下：

$$\frac{\Delta Y}{Y} = \alpha\frac{\Delta K}{K} + \beta\frac{\Delta L}{L} + \frac{\Delta A}{A} \tag{1}$$

由（1）式移项整理得 TFP 增长率计算公式：

$$\frac{\Delta A}{A} = \frac{\Delta Y}{Y} - \alpha\frac{\Delta K}{K} - \beta\frac{\Delta L}{L} \tag{2}$$

α 和 β 的取值参照辛永容、陈圻（2009）要素产出弹性结果。

关于资本存量 K 的测算，本文采用 Goldsmith 于 1951 年开创的永续盘存法计算出 1990－2012 年各年的实际资本存量。采用相对效率几何递减模型，资本存量的估算可以写作：

$$K_t = I_t/P_t + (1 - \delta_t)K_{t-1} \tag{3}$$

计算过程中，固定资产形成总额和固定资产价格投资指数数据来源于《中国统计年鉴》，1990 年基年资本存量和折旧率主要参照张军、章元（2003）的部分做法和测算结果，然后用永续盘存法估算出 1990－2012 年的固定资本存量。

最后，使用 Y、K、L 的时序数据进行回归可以估计出平均资本产出份额和平均劳动力产出份额，然后根据索洛残值法计算出各年份的全要素生产率 TFP 的增长率。由图中可以看出，1990 年我国全要素生产率增幅为负值，20 世纪末期一直维持较低的水平，直至 2000 年我国全要素生产率增幅开始呈现稳步上扬趋势，在 2007 年达到最高值，但这种 ending 增长状态被 2008 年的全球金融危机所打断。这与我国对外直接投资的发展趋势保持一致。

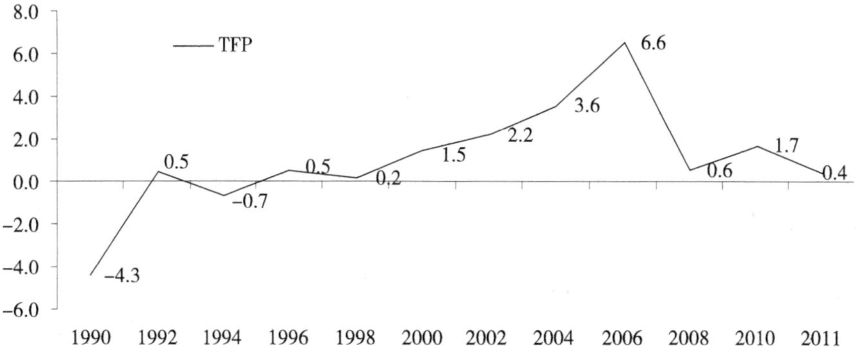

图 9.1　1990－2012 年全要素生产率增长率趋势变化

9.3.2 国内 R&D 资本存量

目前国内外学者对国内研发资本存量的测算多采取永续盘存法，公式如下：

$$S_t^d = (1-\delta)S_{t-1}^d + RD_t \tag{4}$$

其中，S_t^d 为 t 时期国内研发资本存量；δ 为折旧率，取 5% 常用值；S_{t-1}^d 为 t－1 期国内研发资本存量；RD_t 为折算为 1990 年不变价格的中国历年（1990—2012）实际研发支出，其计算方法为：将中国历年名义研发支出用消费价格指数折算以 1990 年作为计算的基期从而得到的实际值，原始计算的数据则是根据《中国统计年鉴》和《中国科技统计年鉴》计算获取的。以 1990 年为基期的研发资本存量（R&D）则是根据 Griliches 在上世纪 80 年代提出的研究方法来转化和计算得出的：

$$S_{1990}^d = RD_{1990}/(g+\delta) \tag{5}$$

其中，S_{1990}^d 表示的是基期时某一个国家国内研发资本存量（R&D）的规模；RD_{1990} 为 1990 年某一国家的国内研发支出（从名义计算的角度获得）；g 为 1990 年至 2012 年国内 R&D 支出平均增长率；δ 为折旧率取 5% 水平。

9.3.3 通过 OFDI 获得的国外 R&D 资本

对于中国通过 OFDI 获得的国外 R&D 资本的计算，参考 LP（2001）对国外知识溢出的测算方法：

$$S_t^{ofdi} = \sum \frac{OFDI_t}{Y_{jt}} S_{jt} \tag{6}$$

S_t^{ofdi} 为 t 年中国通过 OFDI 获得的国外 R&D 资本；$OFDI_t$ 为 t 年中国对外直接存量，1990－2001 年的数据来自 UNCTAD 数据库，2001－2012 年数据来自《中国统计年鉴》；Y_{jt} 为除中国之外世界其他国家国内生产总值（GDP），数据来自《国际统计年鉴》和 World Bank 数据库；S_{jt} 为 t 年除中国之外世界其他国家国内 R&D 资本存量，其计算公式为：

$$S_{jt} = (1-\delta)S_{jt-1} + RD_{jt} \tag{7}$$

为资本折旧率取 5%；S_{jt-1} 为 $t-1$ 期除中国外世界其他国家国内 R&D 资本存量；RD_{jt} 为除中国外历年世界实际研发支出，用世界实际研发支出总额减去中国实际研发支出得到，中国研发支出名义值来自《中国统计年鉴》和《中国科技统计年鉴》，再用消费价格指数折算为 1990 年为基期的实际数据；世界实际研发支出总额计算方法为：从 World Bank 数据库中得到 RD/GDP 和 GDP 的值，据此估算世界研发支出总额名义值，再通过 CPI 折算为 1990 年为基期的实际数据，其中 CPI 来自世界银行数据库。基期 S_{jt} 的计算方法为：

$$S_{j1990} = RD_{j1990}/(g+\delta) \tag{8}$$

其中 RD_{j1990} 为1990年（基期）除中国外世界研发支出额；g 为 RD_{j1990} 1990年至2012年支出的平均增长率；δ 为资本折旧率取5%。

10. 对外直接投资逆向技术溢出效应实证研究

传统投资理论认为，进行对外直接投资的都是在经营上具有优势的跨国企业。目前对外直接投资的研究更多是基于发达国家视角，也是因为发达国家的跨国公司更具备技术、管理及销售渠道等优势。以发达国家为主要视角的理论包括产品生命周期理论（Vernon）、垄断优势理论（Hymer）、边际产业扩张理论（小岛清）、国际生产折衷（OLI）理论（Dunning）以及企业内部化理论（Buckley 和 Casson）。发展中国家虽然在技术等方面不具备优势，但是它们仍然可以通过向发达国家开展对外直接投资，通过这个途径获得技术溢出，实现技术进步。针对发展中国家的对外投资活动，Buckly 指出发展中国家的跨国公司虽然不具备比较优势，但是他们通过对发达国家的对外直接投资，获取了先进的知识资产，在国际市场的竞争中占据了主角。发展中国家在对外投资活动中，特别倾向于获取知识性资产。最早研究发展中国家投资行为的是 Kogut 和 Chang（1991），他们第一次通过实证方法验证了对外直接投资的动机是获取先进技术。至此，OFDI 作为技术溢出的重要渠道成为了国内及国外学者研究的热点。

10.1 对外直接投资逆向技术溢出与母国技术进步的研究

在 OFDI 逆向技术溢出与母国技术进步研究方面，国内外学者近年来的研究方法主要是基于 Coe 和 Helpman（1995）（C－H 模型）的模型，采用全要素生产率 TFP 作为衡量技术进步的指标，他们的研究并没有引入对外直接投资作为技术溢出的渠道，仅仅考虑了国际贸易渠道。但是他们所建立的国际 R&D 溢出模型为后续研究提供了理论基础。Branstetter（2000）以投资到美国的日本企业为研究对象，主要关注它们的投资行为和创新活动，得出了日本企业在投资到美国的经营活动中提升了本企业的技术能力和创新水平，从实践角度印证了 FDI（国际直接投资）具有逆向技术溢出效应。Lichtenberg&Pottlelsberghe（2001）（L－P 模型）以 C－H 模型为理论基础，以 1971 年－1990 年间的美国、日本和欧盟等 11 国数据为样本进行研究，结果得出 OFDI 和进口能够促进技术进步。之后的研究大都是建立在 Coe 和 Helpman 的 C－H 模型和 L－P 模型基础之上。国内研究方面，关于对外直接投资逆向技术溢出效应方面的研究起步较晚，但进展很快。杜群阳与朱勤（2004）提出了技术寻求型 OFDI 的定义，并指出这种投资可以通过新建或并购海外研发机构两种方式实现资本输出。

10.1.1 C－H 模型的理论基础

C－H 模型：以函数 $Y_t = A_t K_t^{\alpha} L_t^{\beta} S_t^{\gamma}$ 为基础。根据 Coe 和 Helpman（1995）的国际 R&D 知识溢出模型，知识 S 定义为 $S_t^{\gamma} = (SD)_t^{\lambda^d}(SF)_t^{\lambda^f}$，它包含两方面，国内、国外研发资本存量的知识溢出。根据公式 $TFP = Y/K_t^{\alpha}L_t^{\beta}$ 计算全要素生产率，并建立如下回归模型 $LnTFP_{it} = A_{it} + \lambda^d LnSD_{it} + \lambda^f LnSF_{it} + \varepsilon_{it}$。其中，$i$ 国 t 时期的全要素生产率用 TFP_{it} 表示，i 国 t 时期的国内研发资本存量用 SD_{it} 表示，用 SF_{it} 表示通过不同途径传导的国际研发资本存量。A_{it} 为常数项，λ^d 和 λ^f 分别表示国内、国外研发资本存量的 TFP 弹性系数，ε_{it} 是误差项。考虑到国外的知识溢出途径包括进口贸易、对外直接投资以及对内直接投资等途径，对外直接投资作为国外知识溢出的重要传导途径，会对国内 TFP 产生影响。

10.1.2 技术进步的度量

有两种思路进行知识溢出促进技术进步的程度的测定，第一种是把 OFDI 作为其中一个解释变量，把全要素生产率（TFP）作为被解释变量进行测算；第二种是直接采用专利指标来进行测算。研究中更多采用第一种标准（Coe 和 Helpman1995，Lichtenberg 和 Pottlelsberghe 2001，Wei Zhao2010，白洁 2009、刘宏和张蕾 2011，李梅 2012），下面进行具体分析。

10.1.3 全要素生产率的测算

有两种计算全要素生产率的方法，第一种是增长核算法，先估计生产函数的形式，进而计算全要素生产率；另一种方法是基于数据包络分析（DEA）的 Malmquist 指数法，这是一个经济计量分析方法。因此国内外学者以以上两种方法为依据计算 TFP。Coe 和 Helpman（1995）、Lichtenberg 和 Pottlelsberghe（2001）、白洁（2009）、刘宏和张蕾（2011）和李梅（2012）等使用的是增长核算法，而张宏和郭庆玲（2011）、李梅和柳士昌（2012）和 Wei Zhao（2010）等计算的 TFP 所采用的是 Malmquist 指数法。

由于采用经济计量法测度 TFP，可能存在参数估计不稳定的问题，这是因为估计的参数需要先验假设的条件，另外在采样中样本观测值往往数量受限。而增长核算法能够克服以上问题，因此也是目前最普遍采用的测量全要素生产率的方法，也成为了 OECD（2001）生产率手册推荐的方法。下面，主要分析增长核算法为研究方法的研究成果。

10.2 对外直接投资渠道溢出的国外研发资本对母国全要素生产率的影响研究

对于我国 OFDI 是否促进技术进步各个学者存在不同的结论。白洁（2009）基于 L－P 模型，对国际 R&D 研发资本存量对全要素生产率产生的影响做了实证分析。得到对外直接投资逆向技术溢出促进母国技术进步的结论，但促进作用效果并不显著。刘宏和张蕾（2011）对我国 OFDI 与 TFP 的关系做实证分析，得出对外直接投资存量促进全要素生产率增长的结论。也有得出不同结论的学者。李梅（2009）研究了 OFDI 的逆向技术溢出及人力资本对其吸收能力的影响。得出对外直接投资并不对国内技术进步产生显著影响的结论。可见，国内学者对于 OFDI 所带来的逆向技术溢出效应是否促进了母国的技术进步的实证研究得出的结论并不相同。原因主要是全要素生产率以及国外研发资本存量的测度标准尚未统一。

10.2.1 国外研发资本存量的度量

下面针对国内外学者基于 OFDI 渠道传导的国外研发资本存量的计算方法进行归纳分析。这部分要计算溢出权重以及国家的选择。有关国际 R&D 技术溢出的计算思路有以下四类：一、贸易权重法。贸易权重法是由 Coe&Helpman（1995）（C－H 模型）提出的，具体形式为 $S_i^f = \sum_{j \neq i} \frac{m_{ij}}{m_i} S_j^d$。二、GDP 产出权重法。有关该方法的研究，Lichtenberg 和 Pottlelsberghe（2001）（L－P 模型）指出 Coe&Helpman 计算的以贸易额占比作为国际 R&D 研发资本存量权重的思路存在一定局限，他们的改进方法是以贸易伙伴国的总产出 GDP 作为替代权重，从而既能反映出各国 R&D 密度大小，又能体现出国际 R&D 溢出的方向。通过进口途径溢出的国外研发资本存量具体计算公式为 $S_i^f = \sum_{j \neq i} \frac{m_{ij}}{Y_i} S_j^d$。三、固定资本存量占比法。国外研发资本存量具体的计算公式：$S_i^f = \sum_{j \neq i} \frac{OFDI_{ij}}{K_j} S_j^d$，其中第 i 国向第 j 国进行对外直接投资的资本存量用 $OFDI_{ij}$，第 j 国的固定资本存量用 K_j 表示，第 j 国的国内研发资本存量用 Sd_j 表示。四、B－K 法（Bitzer & Kerekes 2008 中所采用方法）。Bitzer & Kerekes（2008）扩展了 L－P 模型，认为在投资母国与东道国双向技术溢出的基础上，还存在第三国效应，比如知识从 C 国溢出到 B 国，再通过 B 国对于 A 国的 FDI 投资溢出到 A 国，因此在计算技术溢出时应当超出投资母国东道国的双边的范畴。具体方法是：$S_i^f = \frac{OFDI_i}{K_i} \sum_{j \neq i} S_j^d$。式中：投资国 i

的对外直接投资存量用 $OFDI_i$ 表示；投资国国内固定资产存量用 k_i 来表示；投资国以外各国的国际 R&D 研发资本存量总量用 $\sum Sd_i$ 来表示，这变量就是关于通过 OFDI 途径获得的国际 R&D 知识溢出。目前国内学者在研究 OFDI 逆向技术溢出效应时计算国外研发资本存量普遍采用了 GDP 产出法，如白洁（2009）、李梅（2012）等。也有少部分学者如王英、刘思峰（2008）等采用了资本存量占比法，李燕（2013）等采用的则是 B－K 法。

10.2.2 技术溢出国的国别选择

在国外研发资本存量的计算中，有关国别的选择，不同学者也采用不同的方法。李小平（2006）选取 14 个重要的 OECD 国家来衡量其他国家的国外 R&D 资本存量。而李梅（2012）、白洁（2009）根据我国对外投资的主要目的地的 R&D 存量进行度量。在度量通过 OFDI 渠道溢出的国外研发资本存量的计算中，研发资金集中的国家和 OFDI 的投资流向国要综合考虑，能客观考量国外研发资本存量的溢出。

10.3 对外直接投资逆向技术溢出的影响因素的研究

影响因素的研究分为东道国影响因素和母国吸收能力方面的研究两个内容。由于东道国经济、资源禀赋、政治、文化等区位因素直接影响到对外直接投资的决策，是投资决策中优先考虑的因素。

10.3.1 对外直接投资影响因素研究——东道国视角

Buckley 做了针对中国 OFDI 决定因素的研究，研究结论是东道国是否存在政治风险、两国的文化相似度以及地理距离的远近都与中国的 OFDI 密切相关。国内学者张宏（2009）度量了中国对外直接投资受东道国各个区位因素的影响，得出东道国资源禀赋存在的差异、文化距离、双边贸易以及制度距离等因素都会对中国对外直接投资流量产生显著影响的结论。

10.3.2 对外直接投资逆向技术溢出影响因素研究

经济、制度等因素作为影响对外直接投资的重要因素，同样也对 OFDI 的逆向技术溢出产生重要影响。表 10.1 是国内外关于 OFDI 逆向技术溢出影响因素研究的总结。

母国吸收能力的大小会对 OFDI 逆向技术溢出的效果产生直接的影响，影响因素包括人力资本水平以及研发能力（欧阳艳艳 2010，阚大学 2010，李梅 2011，周应春 2009）。正如 Dunning（1977）所说，东道国区位因素会对投资决策起到决定性影响。因此研究中，应当将这些因素纳入进来，主要包括地理距离、文化距离、制度等变量，这些是影响对外投资的关键因素。结合上述研究内容及成果，影响 OFDI 逆向技术溢出的因素概括起来为影响对外直接投资决策的东道国以及母国的经济水平、东道国以及母国制度环境、人力资本以及科技水平等几大因素。（参见表 10.1）

表 10.1　对外直接投资逆向技术溢出影响因素的代表性研究方法

	研究重点	理论基础	研究方法
Coe&helpman (2008)	东道国制度变量	C－H 模型	面板协整分析
李梅（2011）	母国人力资本变量	L－P 模型	面板数据回归分析
阚大学（2010）	母国人力资本、经济开放度和金融发展水平变量	自定义检验模型	系统广义矩估计方法（sys －GMM ）
蔡冬青（2012）	东道国制度变量	L－P 模型	面板协整分析
周应春（2009）	母国吸收能力影响变量（研发水平、人力资本、金融发展水平等）	扩展的 C－D 生产函数	回归分析方法
欧阳艳艳（2010）	母国吸收能力、国际技术传递渠道、东道国创新能力变量综合分析	L－P 模型	偏最小二乘回归分析

10.4 计量模型设计

10.4.1 理论基础

本文参考 B—K 模型，并在此基础上作以扩展，（定义为 B—K′）加入吸收因子，

$$S_i^{f-ofdi} = Ab_i^{ofdi} \frac{OFDI_i}{K_i} \sum_{j \neq i} S_j^d \text{，} S_i^{f-fdi} = Ab_i^{fdi} \frac{FDI_i}{K_i} \sum_{j \neq i} S_j^d$$

公式中，Ab_i 为第 i 国影响对外直接投资母国吸收能力的关键因素，它直接影响到技术溢出传导到母国后能够吸收的程度，应该纳入公式中加以考虑，其他解释变量同 B－K 模型。

10.4.2 计量模型构造

在研究分析对外直接投资 OFDI 渠道获得的技术溢出对母国全要素生产率影响的同时，考虑国际直接投资 FDI 渠道所获得的技术溢出对全要素生产率产生的影响。建立回归模型如下：

$$LnTFP_{it} = C + \lambda_{it}^{fdi} lnS_{it}^{fdi} + \lambda_{it}^{ofdi} \ln S_{it}^{ofdi} + \varepsilon_{it} \quad (1)$$

在公式中，第 i 国 t 期全要素生产率为 TFP_{it}，通过 *FDI*、*OFDI* 渠道溢出的国外研发资本存量为 S_{it}^{fdi}、S_{it}^{ofdi}。进一步考虑引入母国吸收因素即研发投入强度 R&D、人力资本强度 H 等因素对技术溢出的吸收产生的影响，分别构造与 S_{it}^{fdi}、S_{it}^{ofdi}的交叉项。可得如下回归模型：

$$LnTFP_{it} = C + \lambda_{it}^{fdi} LnR\&D_{it} * S_{it}^{fdi} + \lambda_{it}^{ofdi} LnR\&D_{it} * S_{it}^{ofdi} + \varepsilon_{it} \quad (2)$$

$$LnTFP_{it} = C + \lambda_{it}^{fdi} LnH_{it} * S_{it}^{fdi} + \lambda_{it}^{ofdi} LnH_{it} * S_{it}^{ofdi} + \varepsilon_{it} \quad (3)$$

10.4.3 相关变量测算

1. 全要素生产率（TFP）的测算

总产出 Y 用国内生产总值 GDP 来表示，数据取自各年度《中国统计年鉴》，将样本期间选定 1985 -2012 年。并根据历年 GDP 指数对名义 GDP 进行平减，并折算成以 1985 年为基期的实际 GDP；劳动投入 L 以全社会就业人数来表示，数据直接取自我国历年统计年鉴；关于资本存量 k 的计算，参考张军（2003）的固定资本存量计算方法进行估算。采用 Goldsmith 于 1951 年开创的永续盘存法，折旧参考 coe&helpman（2009）的做法，取 5%。由于《中国统计年鉴》中固定资产投资价格指数的数据始于 1991 年，参考张军（2003）的做法，1985 年的初始存量数据以及 1991 年前的固定资产投资价格指数 P_t 直接取结果，以 1985 年为基期进行折算，1986 -2012 年固定资本存量的数据采用永续盘存法补齐。

由以上数据和方法得到 Y_t、K_t、L_t 的时间序列数据，进行回归分析可以估计出劳动和资本的产出弹性，进而求出 TFP。考虑政策等因素影响，在回归模型中加入时间趋势项 T。通过 Eviews 软件进行 OLS 估算，为消除自相关偏差，采用 Cochrane - Orcutt 方法消除自相关。经过回归可得 $\alpha = 0.643680$，$\beta = 0.356320$。代入 $TFP = Yt/Kt^{\alpha}Lt^{\beta}$，可得我国 1985 -2012 年全要素生产率数据。

2. 国外 R&D 资本存量的测算

研发技术溢出国的选择：根据世界 R&D 资金主要集中在 G7（美国、英国、法国、德国、意大利、加拿大、日本），以及中国对外投资主要流向除 G7 以外，俄罗斯、澳大利亚、新加坡和韩国也是主要目的国，这些国家与我国的经贸往来比较密切，因此在计算国外研发资本存量时也应纳入考虑。中国 1985 -2012 年间 OFDI、FDI 投资存量的计算采用永续盘存法，OFDI、FDI 流量数据取自 UNCTAD 联合国贸发数据库，根据《中国统计年鉴》人民币兑美元汇率以及固定资产价格指数折算为 1985 年为基期。各国研发资本存量数据取自 OECD STAN 国际经合组织数据库。由于数据库中个别国家个别年份数据缺失，通过前后两年增长率的均值方式补充缺失数据，得到 11 个国家 1985－2012 年的研发投入数据。由于 OECD 各国数据均以 PPP（购买力平价）下的 2005 年不变美元价格计算，在此基础上进一步的根据 1985－2012 年美国 GDP 平减指数（取自国际货币基金组织 IMF 数据库），将 2005 年为基期折算为 1985 年为基期。接下来，根据永续盘存法来进一步估算各国的研发资本存量数据。

3. 母国技术吸收能力的度量

人力资本强度：采用人力资本强度作为技术吸收能力的主要衡量指标，具体计算方法是以国家财政教育支出占 GDP 的比重来衡量，以此来表示单位产出 GDP 所附加的教育投入情况，从而反映出能够带来 GDP 实际产出的人力资本的教育投入强度，用来衡量人力资本这一技术吸收过程中的关键因素。数据取自中国统计年鉴。

研发投入强度：采用研发投入强度作为技术消化、吸收的关键指标，具体计算方法是以 R&D 资本投入占 GDP 的比重来衡量。研发资本投入强度主要体现单位 GDP 产出所附加的 R&D 资本投入，研发能力的强弱是技术消化吸收的关键，因此选择这一指标来衡量技术溢出的消化吸收能力。（数据来源为中国统计年鉴。）

10.5 实证检验

10.5.1 关于 OFDI 逆向技术溢出效应的实证检验

1. 平稳性检验

为了增加时间序列的平稳性，这里先对数据做对数处理，增加平稳性。单位根检验是对序列是否存在单位根的检验过程，如果存在单位根则序列不平稳，相反，则平稳。本文采用的是 ADF（Augmented Dickey－Fuller Test）来实现单位根检验，考察各变量是否平稳。具体结果如下：

表 10.2　各变量的 ADF 检验结果

变量	（C，T，L）	ADF 统计量	临界值	结果	单整阶数
lnTFP	（C，T，6）	1.429535	－3.261452*	不平稳	I（1）
D（lnTFP）	（C，T，5）	－3.325921	－3.261452*	平稳	
LnSFDI	（C，T，1）	－1.897596	－3.233456*	不平稳	I（1）
D（LnSFDI）	（C，T，6）	－5.283167	－4.498307***	平稳	
LnSOFDI	（C，0，1）	－0.144693	－2.629906*	不平稳	I（1）
D（LnSOFDI）	（C，0，0）	－2.957131	－2.629906*	平稳	
LnR&D×SFDI	（C，T，0）	－2.207968	－3.229230*	不平稳	I（1）
D（R&D×SFDI）	（C，T，0）	－5.111899	－4.356068***	平稳	

续表

变量	(C, T, L)	ADF 统计量	临界值	结果	单整阶数
LnR&D × SOFDI	(C, 0, 0)	0.422280	-2.627420 *	不平稳	I (1)
D (LnR&D × SOFDI)	(C, T, 1)	-5.756131	-3.711457 ***	平稳	
LnH × SFDI	(C, T, 1)	0.747557	-3.229230 *	不平稳	I (1)
D (LnH × SFDI)	(C, T, 1)	-3.799995	-3.595026 **	平稳	
LnH × SOFDI	(C, T, 0)	1.542716	-3.229230 *	不平稳	I (1)
D (LnH × SOFDI)	(C, T, 0)	-3.537732	-3.233456 *	平稳	

注：变量中 D 代表一阶差分，(C, T, L) 分别表示 ADF 单位根检验方程的常数项、时间趋势项和滞后阶数，滞后阶数的选择基于 AIC 和 SC 值的确定；*、**、*** 分别表示该值是 10%、5%、1% 显著水平下的临界值。统计结果来自 Eviews6.0，后续统计检验结果均来自此软件，不再注明。

由 ADF 检验结果可知，各待检验序列均不平稳，不能直接进行 OLS 回归分析。但鉴于它们都是一阶单整，所以进一步的通过协整检验，判断它们之间是否存在某种长期均衡关系。

2. 协整性检验

由于存在非平稳序列，不能直接使用回归模型。根据协整理论，如果非平稳序列的线性组合能够成为平稳序列，即达到了协整，则可以消除伪回归的问题。根据 E - G 两步法，对残差进行 ADF 检验，检验如果通过，则认为变量间存在协整关系，可以进行回归分析。针对模型（1）—（3）分别进行 ADF 检验（参见表 10.3），经检验，各模型残差序列均平稳，证明模型（1）—（3）中各变量间存在协整关系，可以进行回归分析。

表 10.3 模型（1）—（3）的残差检验结果

	模型（1）	模型（2）	模型（3）
ADF 统计量（t 值）	-4.711305	-3.668549	-4.547706
临界值	-3.769597 ***	-2.981038 **	-3.769597 ***

注：*、**、*** 分别表示该值是 10%、5%、1% 显著水平下的临界值。

3. 回归分析

依据模型（1）—（3）对各式进行回归分析，在本文的模型（1）中，OFDI 与 FDI 共同作为国外 R&D 研发资本溢出到国内的传导路径，它们对本国技术进步——即全要素生产率的变化共同产生影响，通过模型（1）的回归分析主要目标是得出 OFDI 是否对本国全要素生产率的变化起到显著影响，这种影响的效果有多大，以及 FDI 是否具有技术溢出的协同效应，效果如何；通过模型（2）、

(3)，主要是考察研发资本强度、人力资本强度这两个关键因素对国外 R&D 研发资本存量溢出的传导的影响，回归分析的主要目标是得出现阶段我国研发资本和人力资本对国外研发资本溢出的传导所起到的影响究竟是促进还是阻碍作用，影响效果是否显著。模型（1）—（3）经回归检验后，结果参见表 10.4。

10.5.2 实证检验结果分析

1. 实证结果分析

在不考虑吸收能力影响的情况下，从模型（1）的检验结果来看，lnSOFDI 和 lnSFDI 的系数分别为 0.040350 和 0.226764，且均通过了显著性检验，表明 OFDI 和 FDI 渠道均对我国全要素生产率的提高起显著的正向促进作用。FDI 渠道传导的国际 R&D 研发资本溢出效应相比 OFDI 渠道更加显著，实证结果表明，FDI 渠道溢出的研发资本存量每增加 1%，可促进我国 TFP 增加 0.226764%；而 OFDI 渠道溢出的国际研发资本存量每增加 1%，可促进我国 TFP 增加 0.040350%。OFDI 渠道逆向技术溢出对 TFP 影响效果较微弱的原因主要在于：一是我国对外直接投资发展时间较短，累计效应并不明显，虽然近年来发展迅速，但总体规模占比仍偏小；二是投资结构不均衡，对技术进步起显著作用的技术获取型投资长期以来占比偏低，这部分投资总量不足直接影响到国际研发资本的逆向技术溢出。（参见表 10.4）

表 10.4 模型（1）、（2）和（3）的回归检验结果

被解释变量 lnTFP	模型（1）	模型（2）	模型（3）
lnSFDI	0.226764 *** (11.90634)		
lnSOFDI	0.040350 * (1.736978)		
lnR&D × SFDI		−1.404112 *** (−5.701115)	
lnR&D × SOFDI		1.616671 *** (6.544611)	
lnH × SFDI			2.807418 ** (2.672036)
lnH × SOFDI			−3.624770 *** (−3.065095)
常数项	−3.965609 *** (−22.71648)	−0.867784 *** (−19.14726)	−6.263884 (−0.122113)
$R2$	0.992793	0.988015	0.992328
调整后 $R2$	0.991540	0.983080	0.990933
F 值	792.1192	200.2101	711.3661
DW	1.801200	2.028319	1.888272

注：标注星号的数值为相应变量的系数，括号内为相应系数的 T 统计量，*、**、*** 分别表示在 10%、5%、1% 的显著性水平通过检验。

在考虑了吸收能力的情况下，根据模型（2），研发投入强度对 OFDI 和 FDI 渠道溢出的国际研发资本存量的影响存在显著不同，研发投入强度能够显著增加 OFDI 渠道溢出的研发资本存量，研发投入强度与 OFDI 溢出的国外研发资本的交互项每增加 1%，可促进我国 TFP 增加 1..61667%；而研发投入强度对 FDI 渠道则起到了相反的作用，系数由正变负，表明研发投入强度的增加会阻碍 FDI 渠道溢出的国际研发资本存量。这一结论与部分学者研究的结论基本一致，即本国研发投入的增加对 FDI 溢出的国际研发资本具有反作用，主要原因在于 FDI 途径吸收的国际研发资本主要用于技术模仿，而本国研发投入的增强带来的是自主技术创新能力的提升，自身技术创新能力的增强必然会对原有的技术模仿行为带来“挤出效应”。

根据模型（3），人力资本强度的增加对于 OFDI 和 FDI 渠道溢出的国际研发资本存量也存在显著不同的影响，当前我国人力资本强度的增加对 FDI 渠道溢出的国际研发资本存量影响显著为正，系数为 2. 807418，对 OFDI 渠道溢出的国际研发资本存量影响显著为负，系数为 -3. 624770，即阻碍了 OFDI 逆向技术溢出效应的发挥。由于通过 OFDI 渠道“走出去”开展技术获取型投资多是到发达国家获取先进技术，因此相比 FDI 主动承接国际投资而言，OFDI 获取国际研发资本存量对人力资本的要求更高。而我国在“走出去”开展技术获取型投资方面仍面临人力资本积累不足的困难，国内人力资本的积累尚不能有效促进 OFDI 获取国际研发资本的逆向技术溢出。

从以上分析可以看出，通过 OFDI 逆向技术溢出推动母国技术进步的正向促进效果已见显著，虽相比 FDI 这种正向促进的程度偏低，但随着对外直接投资规模的不断增加，这种正向促进作用将愈加明显。母国研发投入的增加会增强 OFDI 逆向技术溢出的跨国流动，这是因为母国研发能力的增强会促进国外 R&D 资本溢出技术的吸收和转化，这种以研发投入为基础的技术吸收能力是 OFDI 逆向技术溢出吸收的关键；人力资本是技术转化吸收的关键，通过 OFDI 方式获取的技术溢出相比 FDI 的技术溢出对人力资本有着更高的要求。现阶段我国由于人力资本强度偏低，因而影响了 OFDI 逆向技术溢出的吸收和消化。

2. 实证检验的主要结论

以上主要从理论模型和实证分析两个方面研究了在母国吸收能力的影响下，对外直接投资逆向技术溢出对母国全要素生产率所带来的影响。理论模型方面，以 Bitzer & Kerekes（2008）提出的 B - K 模型为基础，加入吸收因子，构造 B - K 模型，从而度量通过 OFDI 渠道溢出的国外 R&D 研发资本存量。实证研究方面，基于 1985 - 2012 年中国 OFDI 及 FDI 数据，构造回归模型，衡量了 OFDI 逆向技术溢出效应及母国吸收能力产生的影响，同时充分考虑了 FDI 途径传导的国际研发溢出所带来的协同作用，经研究得出三个主要结论：一是对外直接投资作为国际 R&D 研发资本溢出的重要渠道，对我国整体技术进步的发展具有积极促进作用。主要表现为对全要素生产率的提升具有显著的积极影响，并且与通过 FDI 途径传导的国际研发溢出共同发挥作用。这说明我国经过多年的对外直接投资的发展，OFDI 逆向技术溢出的效应已经显现。二是我国研发投入强度的增加能够显著促进 OFDI 逆向技术溢出效应的发挥，但对于 FDI 传导的国际研发溢出存在“挤出效应”。研发投入强度是衡量母国技术吸收能力的重要指标，母国技术吸收能力直接对 OFDI 以及 FDI 传导国际 R&D 技术溢出传导到母国的最终效果产生重要影响。由于我国研发投入的持续增加促进了技术吸收、再创新能力的增强，自主研发、技术创新能力的增强会促进企业海外获取技术的消化吸收，而 FDI 技术溢出主要表现为同行业间的技术模仿，技术模仿与技术创新存在相互抑制的效应。三是现阶段我国人力资本强度对 OFDI 逆向技术溢出效应的影响显著为负，而对 FDI 技术溢出效应的影响则为正。由于 OFDI 逆向技术溢出的吸收相比 FDI 而言，对人力资本的要求更高，现阶段我国的人力资本水平不足，尚不能有效促进 OFDI 逆向技术溢出效应的充分发挥，且在一定程度上阻碍了这种国际研发资本溢出的传导。

第四篇　人才流动对技术进步的影响及提升 OFDI 逆向技术溢出效应的政策建议

11. 逆向技术溢出中人才流动对技术进步的影响

11.1 人力资本在技术创新中的重要作用

内生经济增长理论认为，组织要获得知识和技术等隐性产品，可以通过投入劳动、资本等生产要素的形式取得。在投入的诸多要素中，劳动即人所拥有的劳动能力起到至关重要的决定作用，在生产知识和技术的过程中是最为核心的因素，同时也是获得规模报酬递增的原因之一。并且通过投入要素生产出来的隐形知识和技术也必须以人为载体，并通过人的形式最终以人力资本的形式体现出来。因此，可以说人力资本在技术创新中的作用极为重要，不仅是知识和技术的来源，同时也是知识和技术得以表现的载体。

雅各布·明塞尔认为，人力资本在国家经济增长中起到了两个方面的作用，第一个方面是作为生产知识和技术等隐性产品的重要来源，与物质资本相配合使用；第二个方面是作为知识和技术等隐性产品的载体，成为企业持续创新的动力源泉。李京文（1955）通过研究后认为技术创新的主要来源不仅包括政府和企业等行为主体，而关系到核心技术创新的更重要来源则是知识和技术等隐性产品，而知识和技术等隐性产品的承载体则是人力资本。王金营（2000）采用“技术势差”研究了在技术传播和扩散的过程中，人力资本的流动所起到的重要作用，他认为技术在从发达国家向发展中国家传播的过程中，随着人力资本在不同国家之间流动速度的加快，会在一定程度上推动技术的扩散并促进技术的吸收能力。因此，通过以上中外学者的研究和总结可以发现，人力资本作为知识和技术的来源以及知识和技术得以表现的载体，在技术创新中起到的作用至关重要，可以说，人力资本的素质和质量决定了技术创新的最终效果。

高素质的人力资本对技术创新的作用不言而喻，首先，进行技术创新的前提是要发现当前产品和服务中存在的缺陷和不足，然后利用个体所拥有的知识和技能开发新产品和服务；其次，任何先进的新技术的创新都需要人力资本作为载体，在技术创新的过程中，人力资本在整个创新的决策、计划、实施、反馈和控制阶段贯穿始终，人力资本所具有的主观能动性决定了整个创新过程的效率和最终的创新结果。另外，由于当前国际经营环境的变化，经济全球化和一体化的加速推进，企业与企业之间的竞争也越发激烈。因此，企业在内部盈利压力和外部竞争压力的驱使下，必须不断地加快创新的速度和质量，而在创新过程中需要大量高素质的人力资本去主动地发现需求，在需求的引导和驱使下，充分利用自身所具备的知识和技能，解决技术创新过程中面临的实际困难和问题。

作为技术创新路径之一的渐进式创新区别于以往的根本性创新，渐进式创新需要在原来技术的基础上进行，而不是对原有技术的推翻和否定，是在原有知识的基础上进一步深化和系统总结。因此，企业所拥有的人力资本素质越高，就越能发现市场中蕴含的潜在的机会，在发现需求并在需求的引导下，通过整合各种资源从而在根本上实现技术创新。并且在具体的创新过程中，作为知识和技术载体的人力资本会根据所遇到的各种现实困难和问题，并通过对现有技术的局限性进行思考，在挖掘新技术的基础上进行渐进式创新。作为和渐进式技术创新相对应的根本性创新，最重要的区别在于其不是以原有的技术为基础，而是用新的技术标准来取代原有的技术，但是无论是渐进式技术创新还是根本性技术创新从本质上来讲都是来自于同样的科学，并在科学的指导下呈现出不同的分工形式。因此，当出现新的需要来进行根本性技术创新的时候，拥有高素质的人力资本可以最先识别存在的创新机会，并进而通过对企业的资源进行有效的配置，从而在对新知识和技术探索的过程中，促进根本性的技术创新。

总之，人力资本作为知识和技术的来源以及知识和技术得以表现的载体在技术创新中的作用极为重要，无论是渐进式技术创新还是根本性技术创新都离不开高素质的人力资本，人力资本在企业技术创新的过程中起到了明显的促进作用。

11.2 人才流动对技术创新的影响机制

11.2.1 国内企业更多地接触国外前沿的技术知识

随着国际分工的进一步深化和细化，技术研发和技术实力较为雄厚国家的跨国公司往往会对技术实行一定的封锁，从而不利于技术在国与国之间的传播和扩散，并且技术传播的有效性随着国家之间地理距离的增加而减弱，因此越接近先进技术的来源地就越有利于获取更为先进的技术。而获取技术的主体则是人力资本，我国科研人员通过在发达国家参与科研创新项目，能够有机会接触到一流的技术，通过技术人员的回流，也使我国企业能更多地接触国外先进的知识和理念。由此可见，人力资本的流动也为技术的获取提供了可能。

根据技术的特点和属性，可以将技术分为两种形式，分别是容易复制和学习的显性技术和不易复制和学习的隐性技术。对于显性技术而言，一般跨国公司对其封锁的程度较弱，因此发展中国家的企业要想获取则较为容易，然而对一个企业发展至关重要的则是隐性技术，代表着一个国家创新实力的发明创造中蕴含的技术多为隐性技术，所以要想从根本上提高我国企业的技术实力，在当前我国自主创新能力相对较弱的现状下，通过在国外建立跨国公司，使我国的科研人员直接接触并参与国外前沿技术的开发，了解研发过程与机理，这样我国的企业才能更好、更多地接触国外前沿技术知识。

11.2.2 提高技术获取速度和效率

在全球经济一体化加速发展的今天，国与国之间综合国力的竞争日趋激烈，而标志着一国综合国力强弱的重要标志就是其科学技术的发展水平以及持续的创新能力。因此要想进一步提升我国综合国力，在当前环境下必须加快人才和技术的流动速度，获取发达国家跨国公司的先进技术，从而从根本上接近技术创新的源头。

我国企业通过对外直接投资获取发达国家的技术可以通过两种机制来实现，一是技术的正向转移，二是技术的逆向转移。我国企业通过第一种机制获取发达国家的先进技术首先会受到技术封锁的限制，并且由于技术在转移的过程中存在较高的额外成本以及我国企业对先进技术的吸收能力较弱，使得通过该种途径的技术传播的速度和效率大打折扣。但是，采取第二种传播机制即技术的逆向转移，通过我国企业在发达国家进行直接投资不仅可以接触外国最先进的技术，而且通过加强两国企业间人才的流动，可以加速技术的传播速度和获取效率。

11.2.3 为技术创新国际化的融合创造条件

高素质的人力资本对企业的发展和科研实力的提高越来越重要，掌握先进的技术就意味着企业在未来的竞争中占据了制高点，发达国家由于综合国力较强，教育水平较高从而确保了人才的高产出效率，因此我国企业通过对外直接投资可以充分的利用发达国家的高科技人才，并且通过人才在国家之间的相互流动，能够弥补各国之间人才的不足，通过各国科技人员的相互融合，能够推动世界科技创新的发展。

2004 年，中国最大的电脑生产企业联想通过并购 IBM 的个人电脑业务，一举成为世界上举足轻重的 IT 巨头，此次并购不仅壮大了联想集团的整体实力，提高了世界范围内的影响力和品牌知名度，更为重要的是通过接纳 IBM 原来上万名的优秀员工而获取了一批重要的人才，正是通过这种人才在不同企业间乃至不同国家之间的流动，才推动了技术创新的进步，同时也打破了技术存在地域化的不足。同样身为国内通讯行业巨头的华为公司较早就在世界著名的软件中心班加罗尔设立实验室，华为外派的中方员工充分发挥自己在软件整体构架方面的优势，并且加强同印度本地员工的技术交流和合作，不仅接触到印度软件行业最为先进的技术，而且提升了华为公司的整体技术实力。通过中国与印度工程师的通力合作，华为才能更好、更快地研发出产品，这取得的一切成就都应归功于人才流动。由此可见，人才流动为技术国际化的融合创造了条件，为技术的发展和进步提供了有力的保障。

11.3 人才流动对技术创新的作用机理

11.3.1 人才流动是技术升级和经济增长的根本动力

技术必须依附于具体的人存在，由人来进行创造、掌握和应用。然后，技术升级的基础和最有效的途径是人才流动。所有技术都是由人来讲授学习。再次，技术升级的效果也受人才流动影响。技术人才的良性流动和交流，是技术升级的重要渠道。发达国家跨国公司由于技术研发实力较强，其在行业内所掌握的技术水平自然高于发展中国家企业，因此，要想直接模仿跨国公司的先进技术特别是核心技术无异于天方夜谭，但是发达国家跨国公司对本国企业的学习模仿则持有相对宽容的态度，因此，通过在技术先进的发达国家设立研发中心，并组织员工学习跨国公司的先进技术，这无疑将会对东道国技术升级和经济发展起到巨大的推动作用。

当前环境下，随着我国经济的快速发展和综合国力的持续提升，发达国家的跨国公司纷纷加强了同中国企业或科研院所的交流和合作，借此进行先进技术的研发和探索，并希望进一步扩大跨国公司的品牌知名度和美誉度。同样，我国的科研人员也可以借助于该渠道，通过加强与跨国公司的合作，接触和掌握领域内最先进的技术，并通过一定的渠道将自己掌握的先进技术传播和扩散，从而从根本上提升我国企业的整体技术水平。

11.3.2 增强技术创新的自主性和控制能力

在人才流动不是比较频繁的情况下，技术创新的自主性和控制能力会比较的薄弱。企业获取技术的途径有多种，比如通过吸引外资可以获取技术，还可以通过对外直接投资获取逆向技术溢出，在吸引外国直接投资的形式下，我国企业也可以通过技术溢出获取部分技术，然而这种形式的技术外溢由于发达国家的跨国公司对先进技术的封锁和控制，东道国只能在一定的范围内接触外方技术，从而无法从根本上获取外方保持垄断优势的先进技术，因此企业在追求利益最大化原则的动力驱使下，通过吸引外国投资的形式始终会使得东道国技术的相对滞后。

这种单纯的技术输出，并未涉及过多的人才培养乃至人才流动，这种模式并不会对我国的技术创新起到实质性的作用，也更不会使我国对技术创新有较强的控制能力。

而在另一种模式下，即母国通过向发达国家进行对外直接投资，通过直接设立企业或研发中心，并向企业和研发中心外派本方员工，通过本方员工和外方员工的交流和合作，充分利用外方先进技术和高素质的人才，介入对将来产品开发至关重要的核心技术环节，使得本方员工从一开始就接触到技术的源头，学习和掌握外方人员的管理技术、研发技术以及其他技术，从而从根本上摆脱技术对企业发展的制约作用。这样的技术人才掌握了一定的高科技技术知识，回到中国后，将会对中国企业和产业的科研开发起到至关重要的作用。同时，高新科技人才的回流定会增强技术创新的自主性和控制能力。

11.3.3 推动技术扩散和吸收能力

新技术扩散的范围和速度与一个国家的人才流动具有密切关系，人才流动速度越快，技术扩散的范围就越为广泛，技术扩散的速度也越快。中外不同学者研究都表明，处于弱势地位的发展中国家要想从技术先进的发达国家获取逆向技术溢出，加快人才流动都是必不可少的条件。加快人才流动不仅是获取技术溢出的重要途径，同时也可以在一定程度上促进发展中国家对获取的先进技术的吸收能力。很多实证研究都表明，技术相对落后的发展中国家在获取发达国家的先进技术之后，吸收能力也是影响技术最终传播效果的重要因素之一。王金营（2000）采用“技术势差”研究了在技术传播和扩散的过程中，人力资本的流动所起到的重要作用，他认为技术在从发达国家向发展中国家传播的过程中，随着人力资本在不同国家之间流动速度的加快，会在一定程度上推动技术的扩散并促进技术的吸收能力。因此，类似于我国的发展中国家要想在逆向技术溢出中获取实际的效果，就应该采取各种措施加快人才流动速度和范围，只有这样才能从根本上推动技术扩散的速度，增加技术传播的范围。

12. 提升 OFDI 逆向技术溢出效应的政策建议

12.1 国家层面的政策建议

要扩大在经济全球化背景下的技术逆向溢出效应，我们应充分利用全球资源，在全球范围内积极获取技术，在全球知识经济的竞争中努力抢占制高点。这既需要政府宏观层面的政策支持，也需要企业自身的不断努力。

在国家层面上，应从法律、政府角色、创新体系等多方面加强国内溢出机制的建设。由于我国企业技术寻求型的对外直接投资还处于起始阶段，政府尚缺乏在产业规划和布局上的整体性。因此，政府应该制定对外直接投资的总体战略，鼓励在发达国家高新技术领域的投资，加强技术溢出机制的建设，具体表现在行业引导、政府服务支持、提升研发实力等方面制定具体的措施。此外，良好的对外直接投资的外部环境的营造也需要政府的支持。

12.1.1 规范政府服务支持行为

规范政府服务支持行为，需尽快扭转我国企业“走出去”过程中无法可依的局面。作为维护对外直接投资利益最根本保障的法律体系，迄今为止，我国尚未颁布一部系统的、既符合国际规范又符合我国国情的《海外投资法》，因而难以为企业的海外投资提供规范有效的保障和服务。日本和韩国在这一点上的经验值得我们借鉴。日本先后制定了《进出口交易法》《贸易保险法》《进出口交易法》《外汇和外贸管理法》等一系列法律法规，其内容涵盖了对外贸易和对外投资等方面。韩国从 20 世纪 70 年代起专门制定了《扩大海外投资法案》《外汇管理章程》等。通过这一系列的法律法规及政策安排，日本和韩国不仅根据自身经济发展的需要明确了境外投资的基本战略，而且让境外投资有章可循，有法可依，切实维护了本国投资者的利益。

我国商务部 2009 年 1 月为促进和规范我国企业的对外直接投资出台了《境外投资管理办法》，该办法很大程度上明确并简化了审批程序，强化了政府管理和服务功能的原则，对境外投资过程中的某些具体行为加以规范，但涉及面还比较有限，如投资目标、投资主体、投资形式、资金融通等方面还有细化的空间。

2014年4月8日，国家发改委发布了《境外投资项目核准和备案管理办法》即“国家发改委第9号令”，公布了境外投资项目核准与备案的管理办法。规定今后除涉及敏感国家和地区、敏感行业的境外投资项目外，对于中方投资额在10亿美元以下的境外投资项目全部实行备案制，对于地方企业实施的中方投资额在3亿美元及以上的境外投资项目，由国家发改委备案；其余由地方企业实施的境外投资项目，由各省、自治区、直辖市和计划单列市和新疆建设兵团等投资部门来进行备案。

2014年4月16日，商务部发布了《境外投资管理办法（修订）（“征求意见稿”）》，向社会公开征求意见，其目的是进一步促进和发展境外投资，并提高境外投资便利化水平。“征求意见稿”与现行的《境外投资管理办法》相比，前者最明显的变化体现在审批规定上，即“企业境外投资涉及敏感国别（地区）和敏感行业的，报商务部核准”；其余境外投资，报商务部和地方省级商务主管部门备案即可。

然而，尽管以上的政策有所放松，但仍有观点认为政策细节及执行层面仍有细化的余地。例如，9号令中有关并购贷款的相关政策还有进一步放开的空间。9号令第二十四条规定，若项目未按规定权限和程序核准或者备案，有关部门不得办理相关手续，金融机构不得发放贷款。

在鼓励和支持企业对外直接投资方面，我国应进一步完善法律法规，为企业海外投资提供规范的保障和服务，确保在实现国家利益最大化的基础上，为对外直接投资企业提供范围广泛的支持。

12.1.2 明确政府对投资进行监督的角色定位

2013年9月27日，国务院批准了《中国（上海）自由贸易试验区总体方案》，其中明确了对区域内企业境外投资管理方式的改革、对外投资服务促进体系的构筑，如对境外投资设立企业实行以备案制为主的管理方式、对其余项目实行备案制、加强对境外投资的事后管理和服务以及对自贸区内各类投资主体开展的多种形式的境外投资加以支持。监管机构的监管方式主要从以严格的项目审批为主要手段的微观管理方式逐步转变为以日常的事后监管为主的宏观管理方式。而原来的审批制每个环节都要经过审批，如发改委要签路条，商务部要审批，多个环节十分复杂。从审批制到备案制，如果仅从一单业务的角度来说，看到的是时间上的便利。但其背后真正的含义体现的是政府职能的转变。

如果将试验区内的各项政策扩展到国家层面，监管部门就能明确自己的监管角色定位，提高境外投资审批手续的透明度和规范性，同时企业的审批成本也会降低。由此可见，政府的监管部门可以转变角色，适当放松对微观投资行为的管制。对于体现国家利益的重大项目的对外投资，监管部门应实行严格的审查、批准制度。对于一般项目可尊重企业作为投资主体的意愿，由企业在进行充分的可行性研究的基础上，自担风险地进行，监管机构重点审查项目的真实性和企业资金的合法性。

12.1.3 建立并完善国家的科技创新体系

对外直接投资逆向技术溢出效应能在多大程度上促进母国技术进步取决于母国的吸收能力。母国的吸收能力越强，越能够将新技术纳入母国的生产经营活动过程并加以有效利用，越能够对一国国内的技术进步产生推动作用。正如前面所论述的，一国吸收能力的高低与自身的经济基础和创新能力是密不可分的。

因此，我国应努力构建并完善以拥有自主知识产权为特色的国家创新体系，尤其对地方产业集群内核心企业的成长加以关注和对创新人才的培养加以重视，支持企业的研发活动。很多专门技术是无法通过技术引进方式获得的，只有完善国家创新体系从而使得企业拥有更多的自主知识产权才能避免对发达国家形成技术依赖。地方产业集群内核心企业成长的关注，对地方产业集群发展的扶植，都能够完善集群内科技创新体系。通过在集群内部企业间和集群间结成紧密而稳定的分工协作体系，关联产业的技术和产品水平会得到提升，从而国家层面的技术创新也就实现了。

12.1.4 鼓励引导国内企业对发达国家的高新技术产业集群投资

扩大政府对对外直接投资重点扶持的领域，重点鼓励、引导国内企业投资于发达国家具有竞争优势的高新技术产业集群投资。

在我国当前对外开放的总体战略中，政府的优惠政策较多地集中于境外加工贸易和境外矿产资源开发等领域，如果技术寻求型的对外直接投资能够被纳入到政府重点扶持的领域，那么这类投资项目将会获得政府更多的资源和优惠政策。当前这类技术寻求型对外直接投资领域可包括信息技术、航空航天、生物工程、新能源、新材料、海洋等知识密集型产业。此外，国家还可以通过各项政策鼓励、引导国内企业向发达国家具有竞争优势的高新技术产业集群投资。

现在各个国家的政策对于我国国有企业尤其是中央企业戒备心很重，我们要正视国有企业对外直接投资所面临的挑战，不仅仅是长期性的，而且从政策走势来看，未来国外政策对我国国有企业对外投资的限制只会更广更严，不太可能通过政府间的协议或其他途径得以解决。

因此，在政府对对外直接投资重点扶持的对象上，可以扩大重点扶持的范围，不仅仅包括中央企业在内的国有企业，还可以将重点扶持的对象扩大到其他所有制的投资主体，特别是扶持具有巨大发展潜力的民营企业，集中力量支持包括民营企业在内的各种所有制投资主体从事技术获取型的对外直接投资。

12.1.5 在融资渠道、财政、税收等方面实施激励措施

对技术获取型的对外直接投资投入更多的资源和优惠政策可体现在财税、金融政策和信息服务等方面提供支持。

目前，国家对民营企业的海外投资没有明确的限制，但民营企业海外投资面临很多挑战，其中最主要的问题是资金短缺。商业银行一般对风险投资持十分谨慎的态度，海外投资由于风险较大，而民营企业应对经营风险的能力相对于中央企业较弱，因而商业银行对这一类贷款的发放限制较多，直接影响了民营企业对海外投资资金的获取。尽管我国已成立了出口信用保险公司，开展了对境外直接投资的承保业务，但业务覆盖的范围和所起到的作用还十分有限。

在资金获取方面，政府可以开拓融资渠道，为企业提供宽领域的出口信贷，同时放宽贷款担保的限制，扩大出口信贷的适用范围，如允许我国金融机构的境外分行向我国的境外企业发放贷款，支持符合条件的企业在国内外资本市场上市或发行债券等；降低企业融资的利率和保险费率，减轻企业的财务负担。商业银行对于技术获取型对外投资企业的融资，可以因投资阶段的不同采取不同的融资方式或给予不同的融资限额。

在财政政策支持方面，可以设立海外投资发展基金、中小企业海外产业投资基金、与国家利益密切相关的产业投资基金等，建立与完善企业的基金支持体系，充分发挥投融资平台的作用。

在税收方面，对对外直接投资的企业可以给予一定程度的减免税政策，尤其是对能带动出口、开发自然资源和引进先进技术的项目更应给予税收优惠。

12.1.6 完善利率制度改革与汇率制度改革

由于种种原因，我国的利率水平都不是市场化的利率水平，不能有效地反映资本市场的要求，并且我国的实际利率水平多年来都是负的，这种非市场化的利率水平的确定机制以及长期以来存在的负利率在一定程度上对我国对外直接投资影响显著，并呈现出正相关关系。另外，有研究表明，我国的对外直接投资受汇率波动较为敏感，投资东道国货币相对于人民币的价值越低，中国对其直接投资量也越大。

在我国企业大手笔对外并购、对外直接投资风起云涌的背后，隐藏着诸多风险，其中不容忽视的是汇率风险。如果企业采用现金并购方式，就会面临收购币种、购汇时机的选择问题。因企业并购从开始签约到最后结算的时间间隔往往较

长，其间若汇率的不利波动，很可能会给企业带来损失。20 世纪末，日本也曾出现过企业对外并购的狂潮，但许多并购案以失败告终，其中最直接的原因就是汇率波动带来的投资失败。

2014 年 2 月以来，人民币对美元不再一路高歌，开始呈现贬值趋势。未来，人民币汇率双向波动或将成为常态，国内企业的对外并购无疑将会面临更大的挑战。

针对汇率风险，目前常见的缓解方式是，并购双方通常约定按一定的比例由双方共同承担。显然，这种方式治标不治本。要想标本兼治，使用外汇期货、期权等金融衍生工具必不可少。但在国家层面上，不可否认目前国内外汇避险工具不足、避险成本偏高。

为此，政府应进一步完善汇率制度改革和利率制度改革，尽早建立以供求为基础的市场化的利率机制和汇率机制，积极稳健地开放资本项目，鼓励企业积极开展包括金融证券在内的对外投资，创造条件为企业开展对外直接投资融资、咨询等服务创造条件。对此，相关对外投资企业一方面需要提高外汇风险管理的意识，将其纳入企业整体战略；另一方面也要加强对外汇人才储备和培养，深入研究汇率走势，顺势而为。

12.1.7 建立中国企业全球网络

这需要发挥政府的对外投资服务功能，推动政府积极搭建平台。为了给对外直接投资的企业提供更多更好的对外服务，商务部应建立境外投资国别投资环境库、发布对外投资国别的产业导向目录，帮助企业了解投资东道国的投资政策、双边合作概况和优惠投资安排情况等。驻外经济商务机构、各进出口商会、贸促会及企业等可以以撰写年度报告和不定期报告的形式，将海外投资政策信息、商情信息、企业运行信息作为核心，以互联网、书籍等作为传播媒介，综合反映境外中资企业在东道国（地区）投资经营中遇到的各类障碍、壁垒及相关问题，形成一个由政府进行资助、市场化运作的信息服务系统。

政府也可以组织由企业管理者和政府官员参加的投资代表团到目标国家考察，借以发现投资机会并通过与高层政府官员会谈，达到撮合投资的目的。另外，海外投资的可行性研究、人员培训和法律帮助等由行业协会提供的技术援助也是必不可少的。

在某些东道国，由于商会等准政府、民间平台的缺失，我国企业在海外投资过程中，仍然严重依赖于以乡土地缘关系为主导的机构，如同乡会、省市级商会等，或者是依赖于他国的机构，如世界华商联合会等，从企业和政府管理角度出发，应致力于搭建自己的平台，服务于我国的企业。这类平台包括类似中国美国商会、中国欧盟商会等形式，我国还可以在美国、欧洲、拉美等地建立自己的商会，比如中国拉美商会，采取以民间力量为主、政府参与支持的模式。这些机构有助于搭建我国企业的全球网络，组织开展投融资洽谈会、商品交易会等活动，也可以提供诸如信息服务、项目对接等有偿服务。

12.1.8 加强与东道国的经济外交

到目前为止，为吸引对华投资，我国已与 115 个国家（地区）签订了双边投资促进和保护协定，其中多数是与来华投资的国家签订，但未将我国的境外投资列为重点。为此，应调整我国在国际投资协议中的谈判地位，体现在对外直接投资中的东道国和母国的双重身份，增加我国企业对外直接投资支持性的条款。可以加强双边和多边的经贸磋商，与更多国家（地区）签订避免双重征税协定、经济合作协定、司法协定等政府间协定，营造良好的国际环境。

12.2 产业层面的政策建议

从产业层面来讲，为提升对外直接投资逆向技术溢出效应，应积极调整对外直接投资的产业类别，有效发挥行业协会的服务和协调作用，还应探索设立高新技术产业海外投资基金以及积极创建境外工业园区从而形成产业集群效应。

12.2.1 积极调整对外直接投资的产业类别

通过对近年来中国对外直接投资的产业类别来看，截至 2013 年底，中国对外直接投资几乎覆盖了国民经济所有行业，其中租赁和商务服务业、金融业、采矿业和批发零售业所占的比重在中国对外直接投资总量中的比重达一半以上，而作为获得东道国逆向技术溢出的主要产业——制造业所占比重则一直较低。积极推动我国制造业和优势产能“走出去”，在当前劳动力、融资等经营成本持续上升，资源环境的约束加大，我国传统的比较成本优势逐步丧失的背景下，不仅是扩大国际投资与经贸合作的重要机遇，形成外贸新的增长点，也是推动国内产业优化升级的重要力量。同时加大中国优势制造业对外直接投资的力度，特别是对拥有技术先进的欧美日等发达国家的投资，如通过设立技术研发中心、跨国并购等方式有效地获取东道国的逆向技术溢出效应。

另外，从国际上其他国家对外直接投资的经验来看，不仅存在发达国家的制造业对外直接投资的案例，比如日本丰田汽车公司在美洲、亚洲和欧洲都设有全球性的生产和研发机构；还有发展中国家制造业对外直接投资的众多案例，比如印度的塔塔集团、韩国的三星电子等。发展中国家的制造业通过对外直接投资，不仅把原有的企业价值链延伸到全球，形成了全球产业链，对各种资源还能更好地开发、整合和利用，包括东道国先进的管理经验和技术资源。因此，应抓住我国当前对外投资快速发展的良好机遇，通过资金、税收以及汇率等方面的支持，鼓励我国企业积极进行跨国并购以及在发达国家设立生产和研发机构等多种形式获取东道国逆向技术溢出的效应。

12.2.2 有效发挥行业协会的服务和协调功能

行业协会是介于政府和企业之间、商品生产者与消费者之间，承担起服务、咨询、沟通和协调功能的社会中介组织。行业协会作为一种自发形成的组织，不仅代表着行业内全体企业的共同利益，而且可以为行业内企业提供一定的帮助和指导作用。我国对外直接投资虽然近些年发展速度较快，但起步较晚的现实使得整体的竞争能力和抗击国际风险的能力仍然较为脆弱。特别是中国企业在参与国际大型并购的时候，由于东道国政府对外资并购的限制和歧视等原因导致中国企业海外并购的失败率居高不下。此时，中国企业不仅需要政府加大支持力度，同时更要充分利用行业协会的作用，通过行业协会出面帮助单个企业解决面临的问题。另外，在需要与东道国政府往来的时候，也应该充分发挥行业协会的沟通和协调作用。

但是，目前中国大部分行业协会在运作过程中不仅存在资金匮乏、制度不健全以及规模弱小等问题，并且在这些问题的制约下使得无法吸引到高素质的优秀人才，从而也无法为中国企业“走出去”获得逆向技术溢出提供独立和公正的服务。因此，鉴于目前的发展现状，中国的海外投资企业应该通力合作，进一步加强协调和沟通，大力招募优秀人才，逐步建立起制度健全、运作规范、规模庞大的能够保持独立性和公正性的行业协会，真正承担起保护行业内各企业利益责任的协会。

12.2.3 探索创立高新技术产业的海外投资基金

技术寻求型对外直接投资一般集中具有较高技术含量、较大投资风险、获取较长投资收益的行业，所投资的行业虽然存在的风险较大，但是一旦投资成功，就可取得长期可持续的收益，因此这些行业的发展对我国长远的经济发展具有相当大的战略意义。因此，根据技术寻求型对外直接投资的特点，我国可以借鉴美国、日本等发达国家的经验创立高新技术产业的海外投资基金，20 世纪 50－60 年代，日本政府为鼓励本国企业进行对外直接投资，通过以政府出资的形式设立海外投资基金，为本国企业解决资金匮乏等问题以及提供风险贷款等服务，取得了良好的投资效益。我国已于 2005 年设立了“中国石油产业投资基金”（ICC-PI），该基金由中国基金论坛有限公司作为基金规划和辅导人，以中国及亚太能源市场为轴心，以中国石油民营化为方向。在全球发起设立的“中国能源概念”基金，以中国及亚太能源市场为轴心，主要提供地区间的资源互补及相关投融资支持等服务。因此，从产业层面上，我国可以借鉴“中国石油产业投资基金”的设立方法，通过加强相关部门之间的合作，设立“中国高新技术产业的海外投资基金”，对涉及核心技术的投资领域予以重点支持，加快高新技术产业的研究开发、成果转化以及工业化进程，缩短与技术先进国家的差距，从而提高我国企业的技术水平。

12.2.4 积极创建境外工业园区，形成各具特色的产业集群

加强与东道国的经济外交可以为企业对外直接投资营造良好的外部环境，同时还应该积极创建境外工业园区形成产业集群。

建立境外工业园区可以将中资企业集聚，提高抵御海外各种风险的能力，并有利于政府部门为企业集中提供外交、安全、保险等方面的服务；各项咨询活动的集约化，也可以降低企业海外经营的信息成本。此外，产业集群还有利于上下游企业之间产生互补和协同效应，提高企业的综合投资效益。

境外工业园区可以分为不同的形式，如境外出口加工区、境外科技园区等。建立境外出口加工区，通过为区域内的企业提供特殊的加工贸易管理政策，吸引中国资本和企业进入，推动具有国际竞争能力的出口加工业的发展。还可以通过境外科技园区规避发达国家的技术出口管制，还能够获取和利用发达国家的最新技术，缩短新产品开发周期，加速国内的产业升级。政府应根据东道国的比较优势以及投资目的，积极开展侧重点不同的境外工业园区的建设。

12.3 企业层面的政策建议

企业在对外直接投资的过程中应当增加在发达国家的技术导向型对外直接投资，增强企业在全球的网络嵌入能力，进一步提升自主创新能力，以最大限度地获取技术溢出效应。

12.3.1 增加在发达国家技术导向型对外直接投资的比重

欧美等发达国家通常拥有良好的投资环境，更为重要的是，这些国家还是先进生产、管理、研发技术的拥有者。随着信息技术革命的兴起，发达国家作为全球科学技术和先进技术的领先者，在计算机、生物工程、新材料、航天航空等领域都具有领先地位。发达国家已成为我国提高科技水平、管理能力的重要源泉之一。我国企业由于自身一些条件的限制，可在这些国家进行对外直接投资，有意识地获取技术溢出效应。

12.3.2 改进企业进入模式

企业为了最大限度地获取技术溢出效应，可以探索各类进入方式，可通过新建、国际并购、联盟、合资与项目合作等方式获取企业所需要的技术资源，加大与当地企业的合作。新建模式通过建立外部联系获得相关技术或资源。并购模式直接拥有目标技术的企业，通过将双方资源整合，易于先进技术的获取。通常联盟方式包括相互持股、双合资、平衡投资、协作、技术互换、单项许可转让、供应合同等形式。相互持股表现为那些为巩固良好合作关系的企业通过购买对方的少量股份而结成的联盟。双合资表现为通过联盟建立两个合资企业，让各自的母公司拥有较多的股份。平衡投资表现为企业间以少数股权参与的方式进行技术研究合作，借助于海外的人力资源、信息等，成本降低，研发风险分散，对东道国的最新研发信息与情报进行追踪。协作表现为联合开发技术、联合营销等方面的合作。供应合同表现为企业之间关于某些产品的购买或提供签订合同进行合作。

我国技术获取型的对外直接投资企业应对这些模式的特点和实施要求充分了解，充分考虑所需技术溢出的特性、东道国和企业文化特征等因素从自身的实际情况出发，选择有效的进入模式，在当地寻求适合的上下游企业进行合作，并重视境外企业的研发活动。充分利用境外企业接近当地技术资源的优势，跟踪先进技术，将企业获取先进技术和前沿信息的空间扩展。因此在技术水平先进的发达国家境外企业的研发活动可更好地获取技术的外溢效应。

12.3.3 加强企业的技术嵌入能力

为了真正嵌入当地具有竞争优势的产业集群，获取由此所带来的各种逆向溢出效应，企业在对外直接投资过程中可以在以下几方面做出努力。

1. 加强与东道国的各种联系

企业在对外直接投资过程中，力争让东道国子公司或研发机构充分了解当地的经济、文化、法律等，在运行机制、管理结构、组织体系等方面尽可能地与当地企业保持一致，努力与当地企业、科研机构、行业协会、政府建立联系并保持良好关系。

与当地政府建立良好的关系，有利于企业把握当地经济政策、发展方向和发展动态，更好地利用政府的优惠政策，尽可能地获取政府的政策支持。与当地的行业协会保持良好的关系，有利于利用其提供的各类市场信息和客户资料，并借助于此平台，增强与行业内的信息交流与联系。与当地的高等院校、科研机构保持良好的关系，有利于进行互利的项目合作，获取前沿信息，实现知识的商业化运作。

2. 实行人才当地化策略

有研究表明，发达国家的人力资本对发展中母国的技术逆向溢出效应有明显的正效应。如果能提高雇佣发达国家当地人才的比例，尤其是高层管理人员和科研骨干，并与他们进行充分的沟通，将显著地提升我国企业的技术水平，有利于当地子公司科研能力和管理能力的提高。

12.3.4 提升企业的技术吸收与消化能力

技术的逆向溢出效应与企业的吸收能力存在正效应，吸收能力越强的企业，越能有效地利用外部技术研发溢出的正外部性促进自身的技术创新。而对外直接投资的技术逆向溢出效应的提升又必须与自主创新、技术吸收与技术引进结合起来，一方面以较低成本引进、吸收外部溢出技术可以避免因重复研发导致的资源浪费，另一方面又能培育自主研发与创新体系。为此企业可以在以下几点加大力度。

1. 加强人力资源管理

从人员的聘用制度、培训制度、奖励制度几方面加强人力资源的管理。完善的聘用制度、广阔的个人发展空间有利于吸引适合企业发展的懂得相关技术且富有创新精神的国际化优秀人才，派出员工到发达国家学习可以为企业进行技术获取型对外直接投资奠定坚实的人才基础与人力资源的保障。培训内容包括技能、文化、思想意识等各个方面，企业内部定期的培训制度可以不断改善、提高人员自身的素质、知识储备、经验交流及学习的积极性。层次分明的奖励制度、优厚的待遇可以激发员工对外部知识的吸收并与他人交流共享的积极性，提高员工个人的吸收能力。

2. 建立开放的、共享的学习机制

企业能否获得先进知识与企业自身的学习能力和吸收能力密切相关。企业内部的知识共享、转化及利用离不开与企业的组织结构、文化、沟通机制。企业与外部知识源的沟通交流的基础是企业自主创新的愿望以及从外部获取知识的方式。通常，企业通过对外直接投资的方式从海外机构获取知识包括三个相互关联的阶段：海外分支机构获得知识的阶段、将知识传递给母公司的阶段和母公司内部消化吸收知识的阶段。在任何一个阶段形成的知识学习能力、学习机制都将对知识转移的有效性产生直接影响。在坚持自主创新的基础上，建立开放的、共享的内外部学习机制将会促进企业吸收能力的提高。

12.3.5 处理好海外技术获取与母公司自主研究开发的关系

过于依赖国际并购将导致企业研究开发投入严重不足，而研究开发活动是企业提升技术水平和增强吸收能力的基本途径。增加研究开发投入与提高研究开发活动效率有利于企业对外直接投资逆向技术溢出效应的提升。企业在进行技术获取型对外直接投资时，不应盲目进行跨国并购，应增加研究开发投入，并采取相应措施切实提高自身研究开发活动的效率，提升对外直接投资逆向技术溢出的效应。这样才能够最大程度上缩小我国企业与发达国家企业的技术差距，有能力到发达国家开设研发机构、并购发达国家的高新技术企业或与其合作开发新技术，紧跟世界最新技术的前进步伐，步入技术进步的良性循环。

参考文献

[1] Cantwell J. "Tolentino P. E. Technological Accu – mu – lation and Third World Multinational", Discussion Paperin International Investment and Business Studies, Universityof Reading, 139 (7), 129 – 157 (1990).

[2] Kogut, B. &S. J. Chang, "Technological Capabilities and Japanese Foreign Direct Investment in the United States," The Review of Economics and Statistics 73 (3), 401 – 413 (1991).

[3] Grossman G M, Helpman E., "Trade, Knowledge Spillovers, and Growth," European Economic Review 35 (2), 517 – 526 (1991).

[4] Yamawaki, H. "International competitiveness and the choice of entry mode", The Review of Economics&Statistics 83: 490 – 497 (1993).

[5] Neven, D. &G. Siotis, "Foreign direct investment in the European Community", Oxford Review of Economic Policy 9: 72 – 93 (1993).

[6] Helpman D T C E., "International R&D Spillovers", European Economic Review 39, 859 – 887 (1995).

[7] Christensen, Y. J. and Snyder, J. "Progressive Research On Degenerate Alliance", The American Political Science Review, 91 (4), 919 – 922 (1997).

[8] Borensztein E, De Gregorio J, Lee J. "How Does Foreign Direct Investment Affect Economic Growth?" Journal of International Economics 45 (1), 115 – 135 (1998).

[9] Van Pottelsberghe De La Potterie B, Lichtenberg F R., "Does Foreign Direct Investment Transfer Technology Across Borders?" The Review of Economics and Statistics 83, 490 – 497 (2001).

[10] Cantwell, J. &C. Noonan, "Technology sourcing by foreign – owned MNEs in Germany", EIBA Annual Conference, Athens, Dec. 8 – 10 (2002).

[11] Driffield N. & J. H. Love, "Foreign Direct Investment, Technology Sourcing and Reverse Spillovers," The Manchester School 71 (6), 659 – 672 (2003).

[12] Hermes and Lensink, "Foreign Direct Investment, Financial Development and Economic Growth", The Journal of Development Studies, (40) 142 – 163 (2003).

[13] Griffith, R., R. Harrison&J. Van Reenen, "Technology souring", Royal Evonomic Society Annual Conference, No. 12 (2004).

[14] Driffield, N., M. henry&J. H. Love, "Linking motivation and effect", European Trade Study

Group in Dublin (2005).

[15] Vahter, P. &J. Masso, "Home versus host county effects of FDI", Willian Davidson Institute Working Papers Series, No. 820 (2005).

[16] Branstetter L., "Is Foreign Direct Investment a Channel of Knowledge Spillovers? Evidence from Japan's FDI in the United States," Journal of International Economics 68 (2), 325 - 344 (2006).

[17] Mathews, J. A., "Dragon Multinationals: New Players in 21St Century Globalization", Asia pacific Journal of Management, (23), 5 - 27 (2006).

[18] Morck, R., Yeung, B. and Zhao, M., "Perspective On China's Outward Foreign Direct Investment", Journal of International Business Studies, (39), 337 - 350 (2008).

[19] Ramasamy, B. and Yeung, M., "The Determinants of Foreign Direct Investment in Services", World Economy (33), 573 - 596 (2010).

[20] Sivak, R.; Caplanova, A. and Hudson, J., "The Impact of Governance and Infrastructure On Innovation", Post - Communist Economies, 23 (2), 203 - 217 (2011).

[21] 杜群阳，朱勤. 中国企业技术获取型海外直接投资理论与实践 [J]. 国际贸易问题，2004 (11).

[22] 郭飞，黄雅金. 全球价值链视角下 OFDI 逆向技术溢出效应的传导机制研究——以华为技术有限公司为例 [J]. 管理学刊，2012 (3).

[23] 李梅，柳士昌. 人力资本与国际 R&D 溢出——基于 OFDI 传导机制的实证研究 [J]. 科学学研究，2011 (3).

[24] 李梅，柳士昌. 对外直接投资逆向技术溢出的地区差异和门槛效应——基于中国省际面板数据的门槛回归分析 [J]. 管理世界，2012 (1).

[25] 刘宏，张蕾. 中国 OFDI 逆向技术溢出对全要素生产率的影响程度研究 [J]. 财贸经济，2012 (1).

[26] 欧阳艳艳. 中国对外直接投资逆向技术溢出的境外地区分布差异性研究 [J]. 华南农业大学学报，2012 (1).

[27] 茹运青，孙本芝. 我国 OFDI 不同进入方式的逆向技术溢出分析——基于技术创新投入产出视角的实证检验 [J]. 科技进步与对策，2012 (10).

[28] 沙文兵. 对外直接投资、逆向技术溢出与国内创新能力——基于中国省际面板数据的实证研究 [J]. 世界经济研究，2012 (3).

[29] 赵伟，古广东. 中国企业跨国并购现状分析与趋向预期 [J]. 国际贸易问题，2005 (1).

[30] 赵伟，古广东，何元庆. 外向 FDI 与中国技术进步：机理分析与尝试性实证 [J]. 管理世界，2006 (7).

[31] 冼国明，杨锐. 技术积累、竞争策略与发展中国家对外直接投资 [J]. 经济研究，1998 (11).

[32] 赵伟. 外向 FDI 与中国技术进步机理分析与尝试性实证 [J]. 管理世界，2006 (7).

[33] 林青，陈湛匀. 中国技术寻求型跨国投资战略：理论与实证研究——基于主要 10 个国家 FDI 逆向技术溢出效应模型的测度 [J]. 财经研究，2008 (6).

[34] 曾剑云等. 交换威胁、技术寻求与无技术优势企业对外直接投资 [J]. 世界经济研究，2008 (2).

[35] 汪琦. 对外直接投资对投资国产业结构调整效应及其传导机制 [J]. 世界经济与政治，2004 (1).

[36] 茹玉骢. 技术寻求型对外直接投资及其对母国经济的影响 [J]. 经济评论，2004 (2).

[37] 王英，刘思峰. 国际技术外溢渠道的实证研究 [J]. 数量经济技术经济研究，2008 (4).

[38] 张军. 解释中国经济增长下降的长期因素 [J]. 经济学，2002 (2).

[39] 江小娟. 我国对外投资的战略意义与政策建议 [J]. 中国外汇管理，2000 (11).

[40] 马亚明，张岩贵. 技术优势与对外直接投资：一个关于技术扩散的分析框架 [J]. 南开经济研究，2003 (4).

[41] 邹玉娟，陈漓高. 我国对外直接投资与技术提升的实证研究 [J]. 世界经济研究，2008 (5).

[42] 项本武. 东道国特征与中国对外直接投资的实证研究 [J]. 数量经济技术经济研究，2009 (7).

[43] 陈立敏. 外商来华直接投资与中国企业对外直接投资的差异分析 [J]. 亚太经济，2008 (5).

[44] 崔彩周. 中国企业对外直接投资与产业结构优化问题研究 [J]. 甘肃理论学刊，2007 (5).

[45] 郭志仪，郑钢. 境外直接投资与发展中国家产业结构升级研究 [J]. 宏观经济研究，2007 (8).

[46] 冼国明，杨锐. 技术积累、竞争策略与发展中国家对外直接投资 [J]. 经济研究，1998 (11).

[47] 赵伟等. 外向 FDI 与中国技术进步机理分析与尝试性实证 [J]. 管理世界，2006 (7).

[48] 程惠芳. 对外直接投资主体比较优势与竞争力发展路径 [J]. 浙江社会科学，1998，(5).

[49] 邢建国. 发展中国家国际直接投资的产业选择 [J]. 经济研究，1997 (3).

[50] 鲁明泓. 国际直接投资区位决定因素 [M]. 南京：南京大学出版社，1999.

[51] 周春应. 对外直接投资逆向技术溢出效应吸收能力研究 [J]. 山西财经大学学报 2009 (08).

[52] 刘凯敏，朱钟棣. 我国对外直接投资与技术进步关系的实证研究 [J]. 亚太经济，2007 (1).

[53] 李磊，郑昭阳. 议中国对外直接投资是否为资源寻求型 [J]. 国际贸易问题，2012

（2）.
［54］揭水晶，吉生保，温晓慧. OFDI 逆向技术溢出与我国技术进步——研究动态及展望［J］. 国际贸易问题，2013（8）.
［55］刘宏，秦蕾. 中国 OFDI 逆向技术溢出效应对国内技术进步影响的实证研究［J］. 中国科技论坛，2013（5）.
［56］欧阳艳艳，郑慧欣. 中国对外直接投资逆向技术溢出的境内地区差异性分析［J］. 国际商务——对外经济贸易大学学报，2013（1）.
［57］吴建军. 中国 ODI 技术进步效应的影响因素研究——基于东道国的分析视角［J］. 经济经纬，2013（3）.
［58］朱彤，崔昊. 对外直接投资、逆向技术溢出与中国技术进步［J］. 世界经济研究，2012（10）.
［59］张海波，俞佳根. 对外直接投资对母国的逆向技术溢出效应——基于东亚新兴经济体的实证研究［J］. 财经论丛，2012（1）.

后　记

呈现在读者面前的这本著作——《第四路径：中国 OFDI 逆向技术溢出效应研究》一书，是作者在总结多年来教学和研究成果的基础上撰写而成的。自 20 世纪 60 年代以来，随着发达经济体海外直接投资的快速发展，垄断优势理论、边际产业理论、内部化理论、产品生命周期理论以及生产折衷理论等一系列对外直接投资理论相继出现，这些理论从不同角度对跨国公司对外直接投资的决定因素、投资动机以及行为方式等进行了解释。20 世纪 80 年代以后，随着发展中国家对外直接投资的不断兴起和蓬勃发展，传统对外直接投资理论显然对这种"双边投资"的新现象无法进行合理的解释，于是又催生了小规模技术理论、技术地方化理论、技术创新产业升级理论以及战略管理理论等来解释这种"双边投资"的新现象。作为世界上最大的发展中国家，中国对外直接投资从无到有、从小到大、从弱到强，对外直接投资流量连续两年位列全球前三位，并在 2014 年首次进入流出资本高于流入资本的元年时代。多年来我在从事跨国公司和对外直接投资的研究中，对中国对外直接投资的快速兴起和蓬勃发展现象一直保持着高度的关注和足够的敏感性，并从不同视角对该现象进行研究和追问，也陆续做出了一些相关的研究成果。

既然中国在大量吸收发达经济体 FDI 的过程中伴随着技术溢出，那么中国大规模的对外直接投资是否也伴随着一定的逆向技术溢出呢？如果存着逆向技术溢出，那么这种溢出的传导机制有哪些？会受到哪些因素的影响？如何来进行实证检验？技术溢出以后如何提高中国企业的自主创新能力等就成为困扰我的一系列问题，同时也成为我近年来研究的重点和方向，当这一切问题思考成熟的时候，本书的撰写就成了水到渠成的事情。围绕中国对外直接投资逆向技术溢出这一主题，近年来我先后在《财贸经济》《国际贸易》《国际贸易问题》《国际经济合作》《中国科技论坛》《经济理论与经济管理》等期刊上发表了与本书研究方向一致的学术论文，其中提出的新观点和研究视角的创新性都得到了业内学者、跨国企业经营者以及政府相关人员较高的评价和赞许，这些都给了我进一步系统研究以持续动力和鼓舞。因此可以说本书是在近年来中国对外直接投资快速发展以及中国亟需增强自主创新能力和建设创新型国家的双重背景下，结合自己的研究领域和研究专长，以解释并力求解决中国经济发展过程中出现的新现象和新问题为宗旨，对自己的思考结果和研究成果以专著的形式呈献给读者的“佳肴”。

本书在编撰和通稿的过程中，首都经济贸易大学经济学院副教授于晓云，博士研究生于晓云、范丹、吕宁、刘新宇、霍忻、梁文化、刘东丽，硕士研究生张依、张馨予、苏杰芹、薛斌、王一楠、米硕、闫建、谢铮、张然、曾琬婷等做了大量的辅助工作。张然、宋喆、邢梦玥同学做了校对书稿的工作。

本书主要供相关学者研究参考使用，国际贸易、世界经济学科高年级本科生和研究生也可作为课外参考读物，也可供其他对该领域感兴趣的读者参阅。

本书在写作过程中，参考了国内外已经正式出版的相关专著和大量的文献，并得到了许多专家的帮助，他们提出了宝贵的修改意见。此外，本书出版还得到了经济日报出版社各位编辑等有关人员的大力支持，在此，向他们表示诚挚的谢意！我所带的一些博士生和硕士生也参与了本书的一些工作，在这一过程中他们得到了锻炼，学习和科研能力得到了提高，我由衷地感到欣慰！

由于国际直接投资和经济全球化的迅猛发展，且囿于我们知识视野和学术水平的局限，本书肯定存在值得进一步探讨和需要发展的地方，恳请广大读者予以指正，以便今后对本书作进一步的完善和修订。

刘宏

2016 年 4 月